COMMENT ON DEVIENT ALCHIMISTE

Directeur de *L'Hyperchimie*
Secrétaire Général de *L'Association Alchimique de France*
Délégué Spécial du Suprême Conseil de l'Ordre Martiniste

> « Celui qui recommence ses essais avec patience réussit quelquefois. »

Comment on devient Alchimiste

Traité d'Hermétisme et d'Art Spagyrique basé sur les clefs du Tarot

(Quatre portraits et nombreuses figures)

PRÉFACE DE PAPUS

AZOTH

ÉDITION DE « L'HYPERCHIMIE »

CHAMUEL, Éditeur
PARIS — 5 Rue de Savoie — PARIS

1897

(Tous droits réservés)

8°R
14409

OUVRAGES DE L'AUTEUR

La Vie et l'Ame de la Matière; *Essai de Physiologie chimique.*

L'Hylozoïsme; l'Alchimie; les Chimistes Unitaires. — Introduction de P. Sédir.

L'Alchimie. (Ed. du Mercure de France).

L'Attraction Moléculaire.

Comment on devient Alchimiste.

L'École Occultiste Contemporaine.

Influence de la Lumière Zodiacale sur les Saisons et la variation d'Éclat des Étoiles.

L'Hyperchimie. — Revue d'Alchimie et d'Hermétisme (mensuelle).

EN PRÉPARATION :

La Palingénésie Hermétique.

Le Livre du Trépas et de la Renaissance. (Roman ésotérique).

F. JOLLIVET CASTELOT
Directeur de *L'Hyperchimie*
Secrétaire Général de *L'Association Alchimique de France*
Délégué Spécial du Suprême Conseil de l'Ordre Martiniste

> « Celui qui recommence ses essais avec patience réussit quelquefois. »

Comment on devient Alchimiste

Traité d'Hermétisme et d'Art Spagyrique
Basé sur les clefs du Tarot

(Quatre portraits et nombreuses figures)

PRÉFACE DE PAPUS

AZOTH

ÉDITION DE « L'HYPERCHIMIE »

CHAMUEL, ÉDITEUR
PARIS — 5, Rue de Savoie — PARIS
1897
(Tous droits réservés)

TABLE DES MATIÈRES
CONTENUES DANS CET OUVRAGE

Préface	VII
Dédicace	3
Index bibliographique	5
Introduction	7
Généralités sur la Matière, la Force et l'Atome	15

PREMIÈRE PARTIE

L'Alchimie et la Kabbale

Tarot : Septénaire des Principes

I. L'Alchimie kabbalistique	31
II. Le Tarot Alchimique	59
III. Principaux Hermétistes	71

DEUXIÈME PARTIE

Comment on devient adepte

Tarot : Septénaire des Lois

I. Ascèse Magique vers l'Adeptat ; l'Adepte. Entraînement ; laboratoire ; correspondances magiques ; réalisation.)	79

II. La journée de l'Alchimiste. 119
III. Catéchisme de l'Alchimiste; Statuts des philosophes Inc 128
IV. L'Alchimiste et la Religion; l'Alchimie et les sociétés Initiatiques 198
V. Le Souffleur (Le sorcier de l'Alchimie). . . . 205
VI. Esquisse des Sanctuaires Hermétiques Anciens 209

TROISIÈME PARTIE

Pratique

Tarot : Septénaire des Faits

I. Preuves de l'Unité de la Matière. (Allotropie; composition des métaux.) 223
II. L'attraction moléculaire. 259
III. La pierre philosophale. (Le Mercure des Philosophes; l'Elixir). 276
IV. La Palingénésie; Gamahès; Matérialisation métallique. 302
V. Théories et recettes anciennes 317
VI. Théories et Recettes modernes 370
VII. Appareils; instruments; produits 396
VIII. Bibliographie alchimique générale 401
IX. Statuts de l'Association Alchimique de France. 408

ALBERT POISSON (PHILOPHOTES)

dans son laboratoire

PRÉFACE

Jadis, la Science était vivante, c'est-à-dire qu'elle était organisée dans la moindre de ses sections en corps, âme et esprit, et qu'à côté de la partie physique, du cadavre, il y avait toujours une partie métaphysique. L'étude des sciences était donc autant une question religieuse qu'une question intellectuelle, et les travaux d'oratoire appuyaient et illuminaient les travaux de laboratoire. Telle est la raison des sanctuaires d'Égypte et du titre de prêtre dont s'honoraient les savants. — Chaque science, constituée en Thèse, Antithèse et Synthèse, vivait réellement en une Mathèse complète. Tous ces mots paraîtront incompréhensibles à beaucoup de contemporains ; aussi les expliquerons-nous de notre mieux.

Prenons comme exemple l'*Alchimie*. Dire que l'Alchimie est le premier balbutiement de la saine Chimie, c'est écouter les rêveries des encyclopédistes et de leurs successeurs et remplacer l'enquête sérieuse par des phrases sonores.

Dans les sanctuaires anciens, la Nature était étudiée dans son Corps, dans sa Vie et dans son Esprit, et le tout formait une seule et unique science. L'étude du Corps enseignait les lois de l'*organisation* universelle, aussi bien sociale que naturelle ; l'étude de la Vie permettait de saisir les lois de *transformation* et donnait à l'adepte le pouvoir de transmuer les métaux vils en métaux parfaits et les animaux et les végétaux sauvages en animaux et végétaux utilisables pour l'homme ; enfin, l'étude de l'Esprit permettait de saisir les lois de *création* et donnait à l'adepte le pouvoir, non pas seulement de transformer, mais de *créer* des êtres vivants dans certaines conditions (1).

Aux XIVe, XVe et surtout XVIe siècles de notre ère, une réaction, depuis longtemps menaçante, se produisit progressivement. *Toute la partie Physique des sciences, tout ce qui avait rapport au cadavre devint l'objet exclusif de l'étude des écoles officielles de science et toute la partie métaphysique (Vie et Esprit) fut rejetée loin des centres officiels d'enseignement sous le nom de* Sciences occultes.

(1) Voy. les Homuncules du Cte Kueffestein dans la Revue *L'Initiation* du 8 mars 1897.

Ainsi toute la partie physique de la Chimie, celle qui conduisait à l'anatomie du corps de la Nature et à la classification de ses éléments constituants, celle qui était réservée aux garçons de laboratoire et aux débutants, demeura la seule étudiée dans les écoles, et toute la partie métaphysique et vivante fut reléguée dans les oubliettes sous le nom d'*Alchimie*, le nom que les Arabes donnaient à l'ensemble de la Science chimique.

Mais il ne faut pas croire que la Science vivante cessa pour cela d'être étudiée. M. Jollivet Castelot nous démontre très bien le contraire dans son bel ouvrage. Les Sociétés secrètes d'initiés conservaient intactes et vivantes les traditions kabbalistiques constituées en corps (ou Massora), en vie doublement polarisée (Mishna-Ghemarah) et en Esprit (haute Kabbale : Bereschit-Mercavah-Tarot). De même la Nature était étudiée dans ces centres secrets par le Chimiste (1er degré), par l'Alchimiste (2e degré) et par le Philosophe Hermétique (3e degré). Le Tarot (Thôra-Rota), comme l'a très bien compris et montré M. Jollivet Castelot, servait de clef de transposition universelle pour les trois ordres d'études.

Tant que les chimistes, ces garçons de laboratoire révoltés, se contenèrent de faire des classifications, ils purent mépriser leurs maîtres; mais, du jour où ils voulurent faire la *philosophie* de leur science, ils furent bien obligés de revenir au bercail et de reconnaître que ceux qu'ils appelaient « ces rêveurs, ces enfants, ces fous d'alchimistes » possédaient *seuls et de toute antiquité* cette clef de l'unité de la matière et de l'unité de plan d'organisation de la Nature, après laquelle les modernes savants courent toujours.

Initié martiniste en 1882, j'eus le grand bonheur d'être appelé à l'initiation alchimique en juillet 1883. Mon ami, M. Jollivet Castelot, me pardonnera de lui demander quelques pages pour reproduire ce document que je reçus le 2 juillet 1883 et que je publie pour la première fois; il avait bien intéressé mon cher Poisson, si cruellement enlevé à notre affection.

Homme.
Tu as voulu connaître notre foi; tu as voulu être des nôtres. Notre porte n'est pas fermée : elle est ouverte à tous ceux qui savent pénétrer dans le temple. Nous n'avons pas de prêtres, et tu peux aussi bien arriver à la foi seul que par les secours d'un adepte. Notre devoir se borne à te montrer la route. Tu dois la suivre seul après.

Écoute.

Tu ne sais rien et tu veux apprendre. Pourquoi ? Tu es malheureux et tu veux être heureux. Tu crois que la science te donnera ce bonheur que tu convoites ; tu crois, par le travail, vaincre l'ennui qui t'oppresse.

Écoute.

Tout cela est vrai. Tu pourras être heureux ; mais il ne faut pas croire que la Science, la vraie Science, te rendra heureux par l'argent ; il ne faut pas venir vers nous si tu veux une Science qui te conduise aux honneurs.

Si tu comptes sur la Science pour « arriver », va dans les Facultés. Là on t'apprendra tout ce qu'il faut pour être beaucoup de chose si tu veux travailler ; par là tu parviendras aux dignités, mais jamais au bonheur. La jalousie, l'ambition t'accapareront ; tu passeras ta vie dans une colère continuelle, ne sachant contre qui ni contre quoi t'insurger.

Tu souffriras autant qu'on peut souffrir dans ton esprit, car tu professeras. Si tu es indépendant, tu seras malheureux, car tu sentiras que ce qu'on te fait dire est faux. Si tu es soumis, tu seras malheureux, car tu verras qu'arrivé aux honneurs les plus hauts tu es aussi malheureux qu'auparavant.

Ce bonheur que tu cherchais étant jeune, tu le chercheras encore étant vieux, et, perdu dans les dédales de la Science actuelle, tu sentiras toujours en voyant la Nature qu'il te manque quelque chose.

Écoute.

Le véritable adepte doit être indépendant.

L'Alchimie ne te donnera pas la fortune corporelle ; elle te donnera une fortune plus durable, une fortune que les malheurs ne peuvent ébranler, la fortune spirituelle.

Pour autant que tu souffres, tu seras toujours plus heureux que le savant rongé par la jalousie ou par l'orgueil et que le riche rongé par l'ennui. L'ennui, l'ambition et l'orgueil fuiront loin de toi, et, par là, tu seras supérieur à tous les hommes.

Si tu n'es pas fortuné, tu vivras en travaillant, mais tu ne dévoileras pas les secrets que tu auras saisis. Chaque jour t'apportera un nouveau lot de richesse intellectuelle, et ton travail te semblera chaque jour plus aisé.

Bientôt tu arriveras à travailler moins pour les hommes et plus pour la Foi, et tes goûts seront assez modestes dans le bonheur pour te contenter de peu.

Ne crois pas que mes paroles soient dénuées de fondement. A l'appui de mon dire, je te citerai l'exemple de plus de deux mille des nôtres ayant vécu calmes et modestes au milieu des guerres les plus cruelles, au milieu des siècles les plus bouleversés, et toujours le bonheur souriait à leurs vœux. Alors, arrivé à cette apogée du bonheur intellectuel, quand tu verras Dieu se manifester à toi, quand tu seras juste et sage, pour quelque modeste que soit l'emploi que tu occupes parmi les hommes, tu seras toujours supérieur au savant officiel.

Les deux routes te sont ouvertes : tu peux choisir. Je te répète que nous ne pouvons te donner aucun bien-être matériel; nous ne pouvons que t'accorder le bonheur spirituel.

Écoute.

Avant d'entrer dans le livre de Dieu, il te faut regarder les hommes.

Regarde cet ami qui vend son ami pour de l'or; regarde ces hommes qui s'entre-détruisent pour l'or; regarde les prêtres qui sont rongés par l'ambition des honneurs; regarde ce médecin qui tue les hommes pour gagner plus et ne pas s'avouer impuissant; regarde autour de toi : tu ne verras partout que la chasse à l'or. Toi-même tu es venu vers nous, croyant être plus vite riche. Crois-tu donc, insensé, que nous aussi nous soyons lancés dans le courant qui conduit au désespoir? Crois-tu donc que les alchimistes sont aussi malheureux que les autres hommes? Je te dis que nous sommes heureux au milieu de tous les malheureux enfiévrés d'aujourd'hui; ne crois donc pas que nous pensons à l'or.

Et les véritables adeptes qui ont trouvé ce secret à la foule, comme le témoignent les pièces d'or exposées encore aujourd'hui dans les musées étrangers, ces adeptes, dis-je, sont morts sans léguer leur secret, car ils connaissaient trop les hommes. Si la transmutation existe, l'adepte ne la rêve pas pour la richesse qu'elle lui procurera. Il la rêve parce que c'est une occasion de plus pour lui de se trouver près de Dieu et de le prier.

Si tu étudies la Nature, n'oublie pas que tes découvertes ne doivent pas être racontées à tous indifféremment.

Vois que les adeptes se méfient des hommes et qu'aussitôt qu'ils ont donné quelques conseils à celui qui leur en paraît digne, ils le laissent seul dans la Nature.

L'adepte doit être solitaire dans ses travaux et quelques élèves seulement doivent en avoir connaissance.

Si tu veux léguer tes travaux aux descendants, suis les conseils de nos Maîtres.

Hermès le trismégiste, qui savait l'histoire de la Lune et du Soleil; Jehan, de Londres, qui savait expliquer les signes hermétiques, et nos autres grands maîtres recommandent tous de ne parler que par paraboles.

L'orgueilleux ne doit pas connaître notre langue; il doit en rire, et c'est là sa punition.

L'ambitieux ne doit pas être des nôtres, car tant qu'un homme est ambitieux il est attaché par quelques liens au phlegme des humains et il ne doit pas comprendre Hermès.

Ne t'emporte jamais quand l'ignorant raillera nos maîtres devant toi, quand on les traitera de fous ou de mystiques. Observe, Prie et Tais-toi.

Enfin s'il t'arrive quelque malheur de la part des hommes tu sauras l'endurer quand tu auras entrevu la grande loi de Dieu.

Le premier éclat de l'or pur te fera oublier bien des injustices et si quelque jour tu as le cœur gonflé par l'ingratitude d'un ami, l'exaltation de l'air par le feu saura te montrer la voie de la sagesse.

Mon fils tu as entendu, réfléchis bien et si tu

te décides tu entreras résolument dans la voie de Dieu.

Nous avons tenu nos promesses mon fils, nos conseils t'ont montré la route du bonheur, c'est à toi de la parcourir et par là nous verrons si tu es digne d'être un adepte.

Si après avoir examiné la nature tu trouves le chemin de la vérité, sois persuadé que nous ouvrirons tes yeux et alors je serai heureux car j'aurai un adepte à qui confier nos découvertes.

Alors confiants tous deux dans la loi de la nature nous verrons s'agiter les hommes autour de nous et nous attendrons dans le bonheur le moment de nous mêler au concert sublime de la Divinité. »

*
* *

Ainsi, Chimie, Alchimie, Philosophie hermétique forment les trois échelons qui du laboratoire élevaient l'initié jusqu'à l'oratoire en passant par la réalisation artistique. De là l'axiome : *Labora, Opera, Ora... et invenies.*

Généralement l'Alchimiste localisait ses efforts dans l'étude des lois de *transformation* ; car la pratique de l'évolution des métaux n'était pour lui que l'application d'une loi générale dont Darwin et ses disciples n'ont retrouvé qu'un bien petit côté.

De même que trois sortes d'applications : application des forces physiques ou chimie, application des forces vivantes ou alchimie et application des forces spirituelles ou philosophie hermétique et théurgie marquaient les trois étapes de la réalisation générale ; de même chacune de ces trois applications pouvait être exécutée par trois voies ou moyens. Pour l'alchimie, application médiane qui seule nous intéresse ici, ces trois voies étaient la voie du feu ou voie sèche, la voie d'eau ou voie humide et la voie mixte, humide au début, sèche à la fin qui est généralement la plus usitée.

Mais dans cette humidité même se cachait un profond mystère. Les alchimistes savaient fort bien que la Terre était un organisme vivant, ainsi que nous l'a révélé en ces dernières années Louis Michel de Figanières (voy. sa *Vie Universelle*). Or, de même que le sang humain a deux courants, le courant artériel et le courant veineux, de même le sang terrestre ou l'eau a deux courants : le courant artériel ou atmosphérique partant du cœur (Océan) pour s'électriser au contact de la Lumière solaire dans l'atmosphère (poumons terrestres) et retomber sur les montagnes, et le courant de retour purement veineux, formé par les ruisseaux, les rivières et les fleuves et ramenant à l'Océan purificateur les déchets de l'organisme terrestre.

Prendre de l'eau de rivière pour les opérations humides c'est donc prendre une substance usée et contaminée. Aussi les alchimistes n'emploient-ils pour cet usage que *la rosée*, véritable sang artériel de la terre et tellement chargée de dynamisme, tellement spiritualisée que le premier rayon solaire la vaporise instantanément (1). L'eau de pluie était, elle, réservée au lavage de vases destinés à contenir les esprits.

Mais tout cela le lecteur le trouvera avec détails dans l'ouvrage présent construit sur les trois septénaires : septénaire des Principes, septénaire des Lois et septénaire des Faits correspondant respectivement aux trois plans d'étude dont nous avons parlé.

Les fraternités initiatiques devront à M. Jollivet Castelot un appui puissant dans la renaissance ou mieux dans la rejustification, de l'Alchimie. Elles sauront s'en souvenir à l'occasion.

Pour l'instant félicitons hautement l'auteur de sa science, de son courage et de sa méthode.

---

(1) Remplissez une coquille d'œuf vide, de rosée, bouchez avec de la cire le petit trou qui a servi à emplir la coquille et exposez au Soleil. La coquille d'œuf s'élèvera dans les airs.

Son livre est original et personnel et il est digne d'un membre des initiations traditionnelles. Que l'auteur me permette, en terminant, de le remercier du grand honneur qu'il a bien voulu me faire en me priant d'écrire cette préface et de le féliciter d'avoir dédié son ouvrage à l'instaurateur de la voie qu'il illustre aujourd'hui : ce savant élevé et modeste que fut Albert Poisson.

Dr PAPUS.

LA TABLE D'ÉMERAUDE[1]

Paroles des Arcanes d'Hermès

Il est Vrai, Il est Certain, Il est Réel : Que Ce qui est en Bas est Comme Ce qui est en Haut, Et Ce qui est en Haut Comme ce qui est en Bas : Pour l'Accomplissement des Merveilles de la Chose Unique.

Et de même que toutes Choses se sont faites d'un Seul, par la Médiation d'un Seul : Ainsi Toutes Choses sont Nées de cette même unique Chose, par Adaptation.

Le Soleil est son Père ; la Lune est sa Mère ; Le Vent l'a porté dans son Ventre ; la Terre est sa Nourrice.

C'est là le Père de l'Universel Télesme du Monde Entier. Sa Puissance est entière quand elle s'est métamorphosée en Terre.

[1] Le secret du Grand œuvre se trouve en ce vieux texte des Mystères Egyptiens.

Tu sépareras la Terre du Feu — le Subtil de l'Epais avec délicatesse et une extrême Prudence.

Il monte de la Terre au Ciel, et de rechef il descend du Ciel en Terre, et Il reçoit la Force des Choses d'En Haut et d'En Bas.

Ainsi tu auras la Gloire de l'Univers entier ; Par là toute obscurité s'enfuira de Toi.

Là réside la Force forte de toute Force qui vaincra toute chose subtile et pénètrera toute chose solide.

Ainsi l'Univers a été créé. De là proviendront des adaptations merveilleuses dont le Mode est ici.

C'est pourquoi je fus appelé Hermès le Trismégiste possédant les trois parties de la Philosophie de l'Univers tout entier.

Ce que j'ai dit est complet sur le Magistère du Soleil.

CE LIVRE EST RESPECTUEUSEMENT ET FRATERNELLEMENT DÉDIÉ

A LA MÉMOIRE D'ALBERT POISSON

LE RÉNOVATEUR DE L'ALCHIMIE

Votre Esprit est entré dans l'Immortalité, Maître Vénérable — et vos travaux profonds et consciencieux inspirent aujourd'hui la Science régénérée.

Au fronton de cette Œuvre : La Renaissance Alchimique *— qu'il nous est donné de poursuivre après vous, en nous inspirant de vos idées — Votre Nom est superbement inscrit.*

Fondateur de la Société Hermétique, vous dirigeâtes ce courant magique de la Tradition; nous n'abandonnons point cette tâche ingrate, mais fertile. Vos pieux amis s'y sont consacrés, fidèles à votre Désir : Les docteurs Papus (G. Encausse) et Marc-Haven (Lalande), puis F. Ch. Barlet, Stanislas de Guaïta, Paul Sédir, et votre humble disciple que je suis — encore.

Ce Livre expose, développe parfois, comparati-

vement à la Science actuelle, les Enseignements, les Pensées qui furent vôtres.

Relié à votre extra-terrestre Gloire, par l'intermédiaire du Canal Occulte — je vous considérai, durant l'élaboration de ces pages, comme mon précieux Inspirateur.

Il n'était donc que juste de vous dédier ce modeste Traité d'Art Spagyrique, tout imparfait qu'il soit — et ce m'était aussi un Plaisir : l'hommage d'une véritable Oraison que je formule ci-comme :

Puisse votre Influence de Grand Initié, d'Adepte, s'attacher, du lieu où resplendit votre Ame Pure, à la diffusion des Idées émises en ce volume, lesquelles, à défaut d'autre valeur, possèdent celle — rare peut-être en ce jour — d'avoir été méditées avec une pleine sincérité, en projection vers le Vrai Absolu,

Je vous en prends à témoin,

F. JOLLIVET CASTELOT ⊙

OUVRAGES CONSULTÉS ET UTILISÉS

Théories et Symboles des Alchimistes, par A. Poisson, 1 vol. Chacornac, Paris.

Cinq Traités d'Alchimie, par A. Poisson, 1 vol. Chacornac.

Traité de Magie Pratique, par Papus, 1 fort vol. Chamuel, Paris.

Traité Méthodique de Science Occulte, par Papus, 1 fort vol. Chamuel.

Le Tarot des Bohémiens, par Papus, 1 vol. Chamuel.

Les Origines de l'Alchimie, par Berthelot, 1 vol. Steinheil, édit. Paris.

Introduction à la Chimie des Anciens et du Moyen-Age, par Berthelot. 1 vol. Steinheil.

De l'Allotropie des Corps Simples, par Daniel Berthelot, 1 volume.

L'or et la Transmutation des Métaux, par Tiffereau. Chacornac, 1 vol.

Introduction à une Chimie Unitaire, par A. Strindberg, 1 broch. *Mercure de France*, Paris.

Hortus Merlini, par Auguste Strindberg. — Edition de l'*Hyperchimie*, 1 vol.

L'Alchimie et les Alchimistes, par L. Figuier, 1 vol. Hachette, Paris.

Les Miroirs Magiques, par Sédir. Chamuel.

Le Vitriol Philosophique et sa Préparation, par Tripied, 1 broch. Chamuel.

Iatrochimie et Electro-Homéopathie, par Saturnus, Chamuel, 1 volume.

Au Seuil du Mystère, par St. de Guaïta, 1 vol. Chamuel.

Le Serpent de la Genèse : La Clef de la Magie Noire, par de Guaïta, 1 vol. Chamuel.

La Clef des Grands Mystères, par Eliphas Lévi, : vol. Alcan.

Histoire de la Magie, par Eliphas Lévi, 1 vol. Alcan.

Dogme et Rituel de Haute-Magie, par Eliphas Lévi, 2 vol. Alcan.

Comment on devient Mage, par le Sâr J. Péladan, 1 vol.

Comment on devient Artiste, par le Sâr Péladan, 1 vol.

La vie de Maître Arnauld de Villeneuve, par Marc Haven, 1 vol. Chamuel.

Le Roman Alchimique, par Louis Lucas, 1 vol.

Théories Modernes de la Chimie, par Lothar-Meyer, 2 vol. Carré-Paris.

Traités de Bernard le Trévisan et de Zachaire sur la Philosophie Naturelle des Métaux (rares).

Traité de Nuisement sur les trois principes (très rare)

Le livre des Figures de Nicolas Flamel.

Traités de Synésius et d'Artephius (très rares).

L'Étoile Flamboyante, par le baron de Tschoudy (rarissime).

Bibliothèque des Philosophes Chymiques. 4 vol., in-12 (très rare).

Histoire de la Philosophie Hermétique, par Lenglet-Dufresnoy, 3 vol., in-12.

L'Hyperchimie (revue).

L'Initiation (revue).

La Thérapeutique Intégrale (revue).

INTRODUCTION

L'ouvrage qu'il nous est donné de présenter aujourd'hui aux Adeptes comme aux amateurs des « Vieilles Sciences » se recommande, croyons-nous, à l'attention des esprits sincères.

En effet, nous avons tenté — bien imparfaitement, nous l'avouons d'ailleurs sans préambule — de reconstituer en son intégrale Synthèse « la Vieille Science » de l'Alchimie, de l'Art Spagyrique, qui n'est point, on le verra, une Science Morte, mais bien une Philosophie très vivante et très féconde. Issue des Sanctuaires, des Temples de l'Antiquité Khaldéo-Egyptienne, et antérieurement encore, des Collèges Initiatiques de l'Atlantide, de la Lémurie et des Aryens (ce qui nous reporte a plus de 40.000 années dans le Passé! mais nous ne voulons point aborder ici ces problèmes de l'Occultisme absolument secret et transcendental), l'Alchimie, application directe de l'Hermétisme, se base sur la Tradition Immuable, révélée en dernier lieu par les livres hiéroglyphiques et symboliques de la Kabbale.

Grâce aux formules, aux Méthodes de la Spagyrique, le savant peut opérer la transmutation des corps et des métaux. Mais pour atteindre absolument ce but, le savant doit prouver à ses pairs que l'évolution morale a suivi chez lui le développement intellectuel.

Sinon, nous l'affirmons, sa conception de l'Alchimie restera toujours incomplète. Car l'Hermétisme étant une Philosophie, une réelle Métaphysique, possède des principes et des lois dont l'application expérimentale ne peut être acquise que par les hommes délivrés des passions enchaînantes.

Telle fut toujours l'assurance des Grands Hermétistes sur ce point : elle n'a pas changé au sein des Sociétés Alchimiques depuis l'époque des mages égyptiens; l'ensemble de la Science Spagyrique a été légué, de siècle en siècle, aux Adeptes sincères et sérieux de cette respectable Tradition.

Nous pensons que le moment est venu d'exprimer brièvement, mais dans son ensemble, la doctrine Alchimique, d'indiquer aux esprits loyaux et de bonne volonté : Comment on devient Alchimiste. Lorsqu'ils auront lu ces pages, ils ne douteront plus, nous l'espérons du moins, de la Renaissance totale de l'Alchimie, Renaissance qui s'accentue, parallèlement à celle de l'Occultisme en général — depuis dix années — et que reconnaissent, constatent, tous nos contemporains.

Tour à tour, les grands journaux, les austères revues, se sont occupés de ce mouvement transformateur des connaissances humaines établies et routinières : Le Figaro, le Gaulois (sous la signature du distingué Henry Désormeaux) le Petit Journal, la Revue Scientifique, le Cosmos, la Science Illustrée, pour ne citer que quelques-uns, ont suivi, avec parfois un véritable intérêt, les tentatives répétées de ces derniers temps, ont reconnu la Renaissance des diverses sciences occultes en général, et de l'Alchimie en particulier (1).

Nos efforts sont récompensés au-delà de notre espoir ; notre revue L'Hyperchimie a pris place parmi les organes d'avant-garde de ce siècle, et nous en sommes profondément heureux pour le triomphe de l'Œuvre et le labeur désintéressé de nos vaillants collaborateurs.

Le Traité que nous offrons, répandra peut-être, quelques germes nouveaux dans les esprits dégoûtés de l'Analyse excessive et du Matérialisme impuissant.

---

(1) La Science moderne a retrouvé le fameux alkaëst ou dissolvant universel tant raillé, des anciens alchimistes C'est le Fluor, isolé momentanément par Moissan, et auquel rien ne résiste. Ces fous d'alchimistes ne l'étaient point tant !

Est-ce à dire qu'il ne s'adresse qu'aux Initiés, aux disciples de la Mystique rationnelle ?

Non point : notre pensée fut plus vaste, et nous écrivîmes ces pages pour les scientistes comme pour nos confrères de la Rose-Croix, du Martinisme, du Groupe Esotérique — pour les Initiables comme pour les Initiés.

Chacun, nous voulons le croire, y rencontrera une page capable de l'intéresser, une partie formant un tout par elle-même, bien que les trois divisions du Livre se relient intimement et nécessairement pour les Initiés.

C'est ainsi que les feuillets intitulés : Généralités sur la Matière-Force et l'Atome, *esquissent les théories hyperchimiques d'une façon générale, servant de clef à la suite de notre volume. On y contemplera le Mécanisme Atomique, la Vie spéciale, l'Unité, de la Matière.*

La Première Partie *embrasse l'Alchimie et la Kabbale ; elle est réservée à nos frères des différents groupes, aux néophytes qui y trouveront peut-être quelques renseignements. Elle constitue en tout cas la base méthodique de notre œuvre, on le comprend sans peine.*

La Deuxième Partie *envisage :* L'Ascèse Magique : Comment on devient Adepte. *Nous y formulons les conditions psychiques nécessaires à l'Aspirant pour s'élever jusqu'à l'Initiation hermé-*

tique parfaite. Ici encore, nous ne nous adressons pas aux savants positivistes, ni aux sceptiques, Il faut que le terrain moral et intellectuel soit préparé, pour qu'y lève cette fleur d'Altruisme et d'Abnégation que tout homme pourtant a le devoir de cultiver.

Les règles de l'Ascèse magique, de l'entraînement progressif, exprimées d'après les préceptes de nos Maîtres, résumées ensuite dans le Catéchisme de l'Alchimiste, n'étonneront que les profanes qui se diront : quel rapport existe entre la Maîtrise des Sens et l'acquisition de la Pierre Philosophale ? Laissons sourire les ignorants ; notre tâche est de les éclairer sans hâte ni brusquerie : avant de les amener à nous, descendons jusqu'à eux.

Les hommes de science, les scientistes comme doivent les appeler les Initiés, seront plus à l'aise au milieu des recettes, des expériences consignées dans la Troisième Partie *ou :* Pratique.

Sans doute, feuilleteront-ils d'un doigt dédaigneux les procédés anciens dans lesquels, cependant, il y a beaucoup à glaner pour le chercheur sagace; mais nous les prierons de bien étudier et de renouveler les travaux modernes d'Auguste Strindberg, de Th. Tiffereau, ces transmutateurs contemporains.

Les procédés apparaissent très simples et très

clairs ; ils fournissent de l'Or en petite quantité seulement, il est vrai, différant en cela de l'Or que donne la Pierre Philosophale ; *mais justement cela prouve la véracité de ce que nous avancions plus haut : à savoir que l'*Adepte seul *connaît le secret de l'Elixir.*

Néanmoins, que MM. *les chimistes méditent ces superbes productions récentes,* perfectibles lentement jusqu'à la fabrication artificielle et industrielle de l'Or et des Métaux ; *qu'ils méditent également le chapitre des* Généralités sur la Matière-Force et l'Atome !

Là réside leur Bréviaire à eux, du « Comment on Devient Alchimiste. » Nous les mettons ainsi sur la voie de l'Hermétisme, comme nous plaçons les Aspirants sur le chemin de l'Adeptat, par la Méthode d'Ascèse Magique. L'Analogie règne sur tous les Plans !

En ces pages ayant trait à l'Atome ainsi qu'en celles qui se rapportent aux transmutations de Strindberg, de Tiffereau, nous avons pris en quelque sorte le savant, réfractaire mais non entêté, sceptique seulement; nous l'avons conduit par l'Analogie, l'Expérience, la Logique, jusqu'à l'idée de la Transmutation chimique.

Nous avons fait appel à ses souvenirs : il croit à l'Evolution générale de l'Univers, au darwinisme, au transformisme végétal et zoologique ; il croit en des dogmes chimiques très absolus tels que l'Atomisme, l'Ether, les Poids atomiques et moléculaires, loin d'être prouvés cependant. Il sait que l'Allotropie des Corps dits « simples » (par eux) existe.

Eh bien ! qu'il nous laisse réunir tous ces faits litigieux, toutes ces théories; qu'il nous permette de les présenter à l'appui de notre Doctrine, et qu'il veuille bien suivre avec attention et sans moquerie nos aperçus unitaires et hylozoïques.

Hypothèse ! Hypothèse, s'écriera-t-il. — Soit ! Admettons un instant que notre Doctrine soit hypothétique. Nous affirmons que le Dualisme officiel ne l'est pas moins, et que le Champ reste libre.

Mais notre conviction en l'Hermétisme demeure inébranlable, disons-le en terminant ces quelques mots d'introduction.

Nous espérons même la communiquer à une minorité d'esprits libres, indépendants.

Berthelot, Figuier, Crookes, Moïssan, Frémy, Naquet, et bien d'autres, proclament leur sympathie envers le Système Unitaire. Nous voulons plus : nous voulons qu'ils reprennent les expériences, les recettes que nous leur soumettons et qu'ils les consacrent par la valeur incontestable de leur grandiose autorité !

Nous, hermétistes obscurs, aurons provoqué la Renaissance de l'Alchimie, alors, l'aurons dégagé *à nouveau des ténèbres dans lesquelles on voulait essayer de l'anéantir ; cette tâche suffit à notre ambition.*

Puisqu'il faut auprès du Public la consécration officielle d'une Doctrine, que nos grands chimistes contemporains donnent un diplôme en due forme à l'Alchimie Glorieuse, Etincelante.

L'heure en est venue.

Et ils auront ainsi bien mérité de la Science et de la Vérité !

L'Auteur
14 décembre 1896.

GÉNÉRALITÉS SUR LA MATIÈRE LA FORCE ET L'ATOME

Nous n'avons point à examiner ici les diverses théories qui furent émises sur la Matière, la Force et les molécules, puis les atomes ; nous ne faisons point l'historique de la question ; nous nous contenterons d'envisager les grandes lignes du problème, la solution qui s'impose à la science d'aujourd'hui ; nous adressant à des lecteurs déjà instruits, au courant de ces doctrines, nous ne faisons que les rappeler, renvoyant à nos ouvrages antérieurs ceux qui voudraient approfondir le chapitre.

Nous devons supposer admis pour la plupart, *en théorie*, l'Unité de la Matière, de la Substance, le système *dynamique* connu des Egyptiens et des Indous initiés de l'Antiquité, appelé *Idéalisme* : mais nous préférons le terme *Dynamisme* beaucoup plus scientifique.

Donc ce n'est qu'une esquisse présentée ici, pour la clarté générale du système hermétique.

∗

Le système atomique véritable se base sur l'Ether (Akasa-lumière astrale, c'est-à-dire fluide universel des Kabbalistes, que nos lecteurs connaissent) et le principe d'Evolution.

C'est le seul système rationnel d'accord avec l'idée de l'Infini, avec la présence évidente de l'ondulation éthérée.

La Matière — ou ce que nous nommons ainsi, ce qui nous paraît une entité résistante et indépendante de la Force, bien qu'il n'en soit rien en réalité, comme nous allons l'établir — est composée de molécules ; ces molécules sont formées de particules presque infinitésimales : *les atomes chimiques* ou *matériels;* mais cet atome représente déjà un degré d'évolution de l'Ether ; ce n'est point le germe, la semence matérielle.

L'atome est constitué par les *particules* d'Ether. (Voir Lothar-Meyer : *Les Théories Modernes de la Chimie*, 5e édition ; Lodge : *Théories Modernes de l'Electricité* ; Gaudin : *Le Monde des Atomes.*)

Il y a donc d'autres atomes en réalité que l'atome chimique ou aggloméré ; ces autres atomes sont les particules éthérées, diffusées, *divisibles à l'infini*, elles, germes de la Matière évolutive contenant en eux le premier principe évolutif.

De leur réunion naît *l'atome chimique* base

des autres et complexes combinaisons, point stable et sans doute (mais pas sûrement) inaltérable sous les pressions du milieu.

Dès lors, nous voyons que rien ne s'oppose à ce que la Matière soit divisible à l'infini, en admettant une sorte de point fixe qui est *l'atome chimique*, puisque l'Ether est de la Matière à l'état *presque fluidique*, matière formée de particules toujours plus infinitésimales. Formé par l'Ether, l'Atome est orienté, provoqué par l'Ether. Il y a donc une période négative succédant à une période positive (l'Ether contenant l'Electricité sous ses deux formes vibratoires).

Et nous voyons que l'Ether (la lumière astrale des kabbalistes, ne l'oublions point) est de la Matière à l'état presque fluidique ; c'est-à-dire donc en fin de compte, de *l'énergie compactée* : l'Ether se réduit en énergie, comme l'ont prouvé les savants parvenus à l'Unité des forces.

L'Energie une, se manifeste de diverses manières, suivant son degré de compaction ou son nombre de particules éthériques. C'est toujours l'Energie identique, mais sous forme de chaleur lumière, électricité, magnétisme, son, etc., etc., ou si l'on préfère, c'est toujours la Force sous apparence de diverses énergies résultant de la compaction de cette Force.

Nous arrivons donc, résolvant tout, toute

« matière » en énergie, par nos analyses, à constater ceci : que toute matière se résout en énergie, en force (1) ; donc nous identifions, presque, l'Energie et la Matière, en affirmant que la Matière n'est que de l'Energie compactée (théorie indoue).

Peut-être pouvons-nous établir cela par la polarité signalée plus haut, par la période négative, puis positive, en disant : La Substance se polarise en Force et Matière, deux principes de la Substance unique, deux formes de cette Substance.

Force et Matière, ou mieux la Trilogie : Force^{+}, Energie^{neutre}, Matière^{-}, se résolvent en la Substance qui est le Tout, Neutre par excellence, *Brahman*, Principe absolu.

La Force apparaît période +, la Matière période —, et l'Energie *neutre par rapport aux deux termes* précédents, forme par le *Mouvement*, la résultante des deux apparences, Père et Fils ; nous avons alors la Trinité : Père, Fils St-Esprit, *Une en la Substance*, 3 apparences donc, la Substance seule étant Immuable, Absolue, Eternelle, Identique.

Cette Trinité apparaît bien kabbalistique, occultiste, et nous renvoyons à ses divers aspects hermétiques : Soufre, Sel, Mercure, etc...

(1) Tous les phénomènes sont des mouvements.

La Maya indoue se contrôle par notre système : la Matière n'est bien qu'une Illusion, point du tout une *entité, une distinction réelle* ; elle se transforme, se meut, change ; ses formes sont très diverses, et par évolution elle devient énergie, puis force, en la Substance, tandis que par Involution (1), la Force devient Energie et Matière, ce qui est représenté par le sens des courants + et —, par la marche de compaction ou de décompaction, par les degrés de cette compaction qui explique les différents degrés ou états de la Matière.

Nous concevons donc maintenant le phénomène de la pénétrabilité de la Matière (2), sachant que cette forme se transmue en énergie, qu'elle n'a rien d'absolu, n'est qu'une illusion à nos yeux, illusion formée par le sens de la période du courant qui nous affecte sous l'aspect Matière en un de ses sens (Matière : Énergie compactée et polarisée en sens inverse ensuite, de + devient — pour tendre au + ; provoque alors les phénomènes dits matériels. Compaction dynamique = Matière).

---

(1) Involution par contraste avec la marche précédente, mais évolution encore en considérant la direction du simple au composé en tant qu'agglomération moléculaire.

(2) La Matière n'est qu'une expression de la Force, un devenir de la Volonté, n'est que l'objectivation, la représentation de la Volonté.

Et la Volonté prise en ce sens, est une *Energie Universelle*.

Et nous pouvons écrire : Telle est l'organisation, telle est l'idée que nous nous faisons du Monde, donc de la Matière. Répétons-le : elle n'a rien de réel, de personnel, d'individuel ; ce n'est qu'un phénomène de la Substance, phénomène ondulatoire, tandis que la Force demeure + et l'Énergie neutre, *par rapport les uns aux autres.*

Et n'oublions point que la Substance étant le *Tout*, rien *n'est*, en somme, que la Substance, rien ne peut exister en dehors de la Substance ; en Elle se meuvent les apparences, les illusions ; elle seule est Immuable et Identique. Elle se définit *Hermaphrodite*.

Donc voici bien établie la notion triple de Force-Energie-Matière ou Intelligence-Energie-Matière.

En fin de compte, ce sont trois aspects du Principe, se transmuant l'un en l'autre et ne faisant qu'un entre eux et un avec la Substance.

L'atome chimique apparaît donc un *centre de force matériel,* d'après la définition précédente : il est indivisible par les agents physico-chimiques dont nous disposons, semble-t-il ; il est, répétons-le, une agglomération de particules éthériques, lesquelles particules constituent des centres de force compactée ou d'énergie compactée.

Le point de départ de la matière dans son évolution, c'est donc l'*Ether*, la lumière astrale, le plan d'*Energie* compactée.

Au-dessus se trouve le Plan *Force* ou Intelligence, forme lui-même de la Substance.

Mais l'Ether est lui-même polarisé, en ses particules, par l'Electricité qui s'y trouve contenue à l'état neutre : elle est *positive* d'une part, *négative* de l'autre ; lorsque ces deux mouvements se rencontrent naît l'Electricité vive, proprement dite et qui se manifeste physiquement, luminifèrement, calorifiquement, etc...

L'Ether constitue donc le protoplasme de la Matière, son élément le plus simple. Il remplit l'Espace infini.

En son sein se trouvent les vortex éthériques, tourbillons atomiques, cycloniques, électriques.

L'Ether a pour qualité : l'Evolution.

Evolution des atomes, évolution de la Matière, évolution des composés chimiques.

Un composé est formé d'atomes diversement orientés, groupés, dirigés.

Ce sont ces orientations, groupements, directions différents, qui communiquent aux corps leurs divers aspects, leurs qualités différentes.

Et par la doctrine envisagée plus haut, nous avons constaté qu'il n'y a qu'une seule sorte d'Atomes primitifs ; les molécules constitutives des différents corps ne diffèrent donc que par le nombre, le groupement et les mouvements des atomes qui les composent.

Les corps sont *un* : l'Unité de la Matière résulte de l'Unité de la Substance. Un le Tout.

Tous les corps sont des modifications polymériques du seul et même Élément :

L'Éther, lequel se présente sous des condensations inégales, infinies.

Ou bien on peut encore écrire : il n'y a qu'un Élément : l'Éther ; tous les corps en dérivent, en sont les transformations allotropiques, isomériques et surtout polymériques..... L'Unité règne dans la Matière, et l'Univers forme une seule Unité, une seule Harmonie.

Nous pouvons ici résumer la question parcourue : nous voyons donc que Force et Matière, ou si l'on veut Intelligence, Énergie, Matière, constituent les formes de ce Tout que nous nommons Substance et qui est l'Absolu.

Ce sont donc les trois formes d'un même Principe ; la Force est le principe, le géniteur ; la Matière est la mère, la matrice ; l'Energie : le Mouvement issu des deux apparences.

Intelligence, Énergie, Matière, ne peuvent être séparées, sont aussi indispensables l'une que l'autre, car elles constituent l'Univers, la Nature,

La Force est *unique*. Il n'y a *qu'un Atome* et *qu'une Force* subissant la loi d'Évolution et celle d'Involution.

L'Électricité, la Chaleur, la Lumière, le Son,

sont des formes de l'Énergie, des changements secondaires de la Force; leur substance est toujours l'atome, mais ces transformations ne sont que des aspects différents et momentanés du Principe Immortel, en équilibre mathématique constant, ce qui nous a mené à proclamer le Dynamisme.

C'est-à-dire que la Matière n'est pas une entité, étant uniquement amenée par les groupements d'*atomes* (énergie compactée, force compactée) les seules individualités existantes et éternelles (Monades en rotation).

**

La Trinité : Matière, Energie, Intelligence est donc une radiation de la *Force-Substance*, dirigée par l'Evolution.

Cette Trinité, une dans son essence, constitue l'Univers, et c'est une Loi que l'Intelligence anime avec l'Energie toute Matière, proportionnellement à l'Evolution, en raison directe du Progrès (Ce principe de l'Involution momentanée de l'Intelligence, de sa descente aux Enfers après crucifixion (1)

---

(1) Crucifixion, parce que *condensation* de lumière astrale.

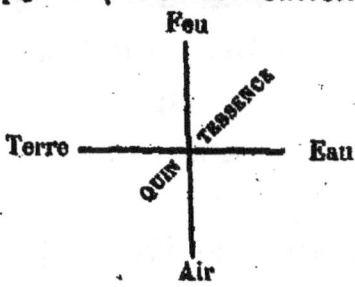

est symboliquement représenté par cette figure magique dont les initiés tireront les diverses expressions).

✡

L'Hylozoïsme s'impose d'ailleurs absolument sitôt qu'on étudie la Nature sans idée préconçue.

L'Analogie démontre la Vitalité de chaque chose, et sachant que tout atome est un être (la Tradition ne laisse pas de doute à ce sujet, la Science moderne confirme d'ailleurs ces vues) nous inscrivons en impérissables lettres cette loi de l'Occultisme, tant oubliée hélas ! des contemporains :

« *Tout ce qui est vit, évolue, se transforme* ».

La Vie Universelle anime tout de son rayonnement, car le Mouvement, l'Energie, c'est la Vie, et nous pouvons constater par toute la Matière, les lois de l'Hérédité, de la Mémoire, de l'Instinct, etc...

Tout atome *centralise* de l'Intelligence, de l'Energie et de la Matière ; c'est donc bien un centre substantiel, un être, lequel va évoluer, se transformer, acquérir toujours plus d'Intelligence et de Matière, *évolution involutrice*, jusqu'au moment où les incarnations diverses étant accomplies, l'être abandonnant progressivement la Matière trompeuse, lourde et emprisonnante, deviendra centre toujours plus absolu d'Intelligence ou de Force (*évolution proprement dite, évolution absolue*) suivant les révélations de l'occultisme.

L'*involution spirituelle* apparaît donc l'*évolution de la matière*, du simple (Ether, particules éthériques) au composé, (corps divers de la Nature).

L'*évolution proprement dite* forme la marche en sens inverse, c'est-à-dire la résolution des êtres matériels en Energie et Intelligence de plus en plus supérieures, lorsque leur temps d'*incarnation* se trouve achevé.

Il y a donc un mouvement universel d'*Expiration* (involution spirituelle ou évolution de la matière) et d'*Aspiration* (évolution absolue, spirituelle).

Et ici nous touchons au Grand Arcane, à la Loi de direction du *Serpent Astral*. Ceux qui devront comprendre, saisiront la portée de ces indications.

Le tableau de la page suivante fera apercevoir le double courant.

Pour ce qui concerne les détails de l'Hylozoïsme et de l'Unité de la Matière, nous nous permettrons de renvoyer aux ouvrages d'Eliphas Lévi (1), de Papus (2) et aux nôtres (3).

Nous nous contenterons ici, pour terminer, de

---

(1) *Dogme et Rituel de Haute-Magie*, 2 vol ; *Clef des Grands Mystères*, 1 vol ; *Histoire de la Magie*, 1 vol.

(2) *La Pierre Philosophale*, 1 broch. *Traité Méthodique de Science occulte*, 1 vol.

(3) *La Vie et l'Ame de la Matière*, 1 vol.; *L'Hylozoïsme, les Chimistes Unitaires*, 1 vol.; *L'Alchimie*, 1 broch.

> Substance Hermaphrodite
> Identique — Une — Immuable — Infinie
> L'Etre – Centre absolu – Centre de Tout
> O – א – 1

Involution spirituelle   Evolution spirituelle
(*Evolution de la Matière*)   (*Evolution absolue*)

Intelligence - Force.   Intelligence - Force.
Energie.   ↓   ↑   Energie.
Matière.   Matière.

Ce que l'on peut résumer en un seul tableau, par double courant indiqué par la flèche, courant opposé.

Neutre = { *Absolu*, Substance, *Aour*, Grand Télesma } { Intellig. ou Force, Energie, Matière } { ou *od* (polarisation subtile) / ou médiateur plastique (*bipolaire*) / ou *ob* polarisation fixe. }

La substance polarisée en Force et Matière, Mâle et Femelle, qui donnent naissance au mouvement ou vie (Enfant). Force et Matière ne font qu'un en la Substance, car ils sont indissolubles de même que le troisième terme, Energie, Mouvement ou Vie (Voir fig. ci-dessous).

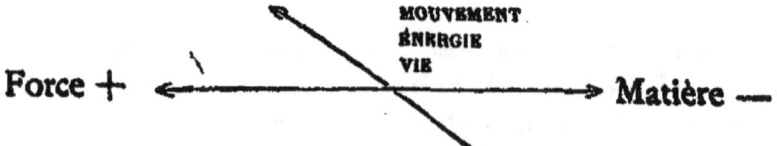

tracer ces quelques lignes d'explication comme défense du système unitaire :

Le Dualisme apparent ou la Complexité apparente de l'Univers ne peuvent s'imaginer si l'on remonte à l'origine absolue du Monde. A cette origine que l'on ne saurait accorder qu'à chaque nébuleuse individuellement (puisque l'origine *absolue* de la Nature semble être une hypothèse inconcevable, attendu qu'*Infinie*, la Nature l'est dans le Passé comme dans l'avenir) figurant chacune un Monde, l'Unité seule pouvait *exister*, unité progressive qui était et qui est : l'Éther, père de l'Hydrogène d'où proviennent l'Oxygène, l'Azote, le Carbone, etc... (combinaisons dues aux vortex éthériques).

L'Hydrogène est, était réellement bien Hermaphrodite (comme la Substance) enfantant le Dualisme, la Trinité, la Multiplicité, par ses groupements, ses condensations croissantes ou inégales.

En résumé, telle pourrait s'imaginer la Genèse :

Éther (forme élémentaire de l'électricité à l'état latent, c'est-à-dire $+$ et $-$; forme embryonnaire de toutes les énergies), Hydrogène, précédé peut-être de l'Hélium, Phosphore, Azote ou Ammoniaque, Carbone, Oxygène, Chlore, Soufre, Sélénium, Tellure, etc..., (combinaisons polymériques de l'Hydrogène si l'on veut ou de l'Hélium, mais mieux encore de l'Éther évolué).

De plus, chaque atome et par conséquent donc,

chaque atome d'Hydrogène est doué des propriétés + et —, verticalement et axialement comme le montre le schéma.

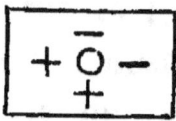

L'Hydrogène peut donc être considéré comme Androgyne, de même que l'Ether ou que la Substance Absolue, l'Être.

La Matière se définit ainsi *radicalement Une !*

Au point de vue métaphysique, nous pouvons établir maintenant, cette proposition : La Nature *est* l'Être, puisqu'elle *est Tout* provenant de la Substance absolue ; la moindre parcelle de matière, émanée de l'Être — et qui retournera à Lui — conserve donc en elle le mystérieux, mais universel Principe de Vie. L'Absolu est comparable à la Flamme, toute chose à une étincelle de cette Flamme. Oui, Il est la *Lumière* qui brille et brûle au travers de l'Espace Infini ; oui, tout atome, toute molécule, tout être peut s'appeler l'étincelle, constitutive pour sa part de l'éternelle substance avec laquelle il finira par s'identifier, et cette étincelle c'est l'âme, peut-être le monadique Ego !...

PREMIÈRE PARTIE

L'ALCHIMIE ET LA KABBALE

Tarot : Septénaire des Principes

                    Correspondances.

1. Bateleur.   Force ; Absolu ; Dieu ; Mâle.
2. Papesse.   Matière ; Nature ; Féminin.
3. Impératrice. Energie ; Mouvement ; St-Esprit ; Neutre.
4. Empereur.   Vie ; Naissance ; Croix Symbolique.
5. Pape.   Intelligence universelle.
6. Amoureux.   Equilibre ; Analogie des Contraires.
7. Chariot.   Lumière astrale ; Réalisation.

Le lecteur trouvera de lui-même, facilement, l'application de ces correspondances, en étudiant les rapports de l'Alchimie et de la Kabbale indiqués dans nos chapitres. Pour le point de vue purement spagyrique, qu'il se rapporte au *Tarot Alchimique*.

CHAPITRE PREMIER

L'Alchimie Kabbalistique

Nous allons exposer succinctement, en ce chapitre, les rapports qui existent entre l'Alchimie traditionnelle et les révélations de la Kabbale.

La Kabbale, on le sait, constitue la Doctrine Ancienne absolument parfaite ; originaire des temples aryens, indous, égyptiens, chaldéens, elle devint ensuite la propriété exclusive de la race sémitique ; car les prêtres juifs, seuls alors, se rattachaient intimement aux Initiations de l'Egypte.

Les données de la Kabbale s'adaptent aux trois Plans de la Nature : plan intellectuel, astral, matériel ; l'Hermétisme, en conséquence, ne fournit toutes ses clefs que Kabbalistiquement ; l'alchimiste est toujours — aujourd'hui comme autrefois, — un prêtre, qui base ses travaux d'ordre physique et d'ordre moral, sur les hiéroglyphes et les calculs algébriques de la Genèse Primordiale, laquelle n'est autre encore que le *Tarot*. Tarot et Kabbale sont synonymes : la Kabbale interprète seulement l'alphabet d'Hermès. Tout le succès de l'Œuvre, on le verra par la suite, dépend donc de l'évolution du Mage-Alchimiste, sur l'Echelle Tri-Une de la Vérité.

Le tableau ci-contre, tiré de la très profonde étude du Maître Ed. Blitz, parue dans l'*Initiation*, indique les correspondances entre les opérations du Grand Œuvre et les signes du Zodiaque, d'une part, les planètes influençant le résultat, d'autre part ; et enfin les corrélations qui existent entre les forces de la Kabbale, personnifiées par les fils de Jacob, et les gemmes diverses.

La Kabale enseigne une Doctrine absolument Unitaire ; c'est ce qui constitue sa puissance métaphysique et scientifique stupéfiante pour qui ne l'a point étudiée. La Kabbale est basée sur cette idée : Toutes les lettres naissent d'une seule, Iod, dont elles expriment tous les aspects. Or, Iod représente, signifie, l'Unité Universelle, la Force Identique ; les multiplicités apparentes de l'Univers se résolvent toutes en cette Unité, dont elles ne font qu'exprimer les diverses transformations.

En Alchimie, l'*Unité* est analogiquement représenté par le point ●.

Tous les nombres dérivent de l'Unité et ne sont que des aspects différents de l'Unité toujours identique à elle-même.

TABLEAU DE LA SYMBOLIQUE HERMÉTIQUE DU RATIONAL
(Tiré de la Maçonnerie d'York de M. E Blitz ; *Initiation* 1895.)

Gemmes du Rational	Couleur des Gemmes	Corrélation des fils de Jacob avec les Pierres du Rational	Planètes attribuées aux fils de Jacob	LE ZODIAQUE — Signes attribués aux fils de Jacob	LE ZODIAQUE — Symboles	LE ZODIAQUE — Signification des symboles en Hermétisme
Sardoine	Brun-foncé	Ruben	♄	Verseau	♒	La Multiplication
Topaze	Jaune	Juda	☉ ou ☽	Lion	♌	La Digestion
Émeraude	Vert	Lévi	☽ ou ☉	Gémeaux	♊	Fixation
Escarboucle	Rouge	Benjamin	♂	Capricorne	♓	Fermentation
Saphir	Bleu	Joseph	♀	Vierge	♍	Distillation
Jaspe	Jaune orangé	Manassé	♃	Scorpion	♏	Séparation
Ligure	Vert pomme	Zabulon	☿	Cancer	♋	Dissolution
Agathe	Gris strié noir	Issachar		Taureau	♉	Congélation
Améthyste	Rouge violacé	Gad		Sagittaire	♐	Incinération
Chrysolithe	Jaune d'or	Dan		Balance	♎	Sublimation
Onyx	Blanc grisâtre	Nephtali		Bélier	♈	Calcination
Béryl	Vert sombre	Aser		Poissons	♓	Projection

C'est du point que naissent toutes les figures géométriques, et toutes ces figures ne sont que des aspects différents du point (Papus : *Traité Méthodique de Science occulte*).

Deux sera représenté par la ligne — (la première figure à laquelle le point donne naissance, est la ligne; et 1 donne naissance à 2).

L'Actif sera représenté par la direction verticale $|$.

Le Passif, par la direction horizontale —.

Le Ternaire (réunissant les opposés 1 et 2) est représenté par le triangle, donc 3 = △

Mais à partir du nombre 3, les chiffres recommencent l'universelle série; 4 est une octave différente de 1; ce seront donc les combinaisons des termes précédents qui représenteront les autres figures.

Quaternaire (4) $\begin{cases} 2 \text{ forces actives} & || \\ 2 \text{ forces passives} & = \end{cases}$ = □

Une production amenée par le 4 se détermine par un point central de convergence ou par la croix, image de l'Absolu $+$.

La Croix, en Alchimie, nous indique donc la différenciation du centre Unitaire en quatre apparences ou Éléments : Air, Eau, Feu, Terre, se résolvant en la Substance.

Au chiffre 5, répond l'étoile à 5 pointes.

Six = 3 + 3 ou les deux ternaires △ ▽, l'un positif, l'autre négatif.

Sept = 4 + 3 ou △ □ le ternaire auquel se joint le quaternaire.

Huit = 4 + 4 □ □.

Neuf = 3 + 3 + 3 ou △ △ △.

Dix = le Cycle Eternel ou ○.

Telle apparaît la Géométrie Kabbalistique résumée, dont on a sans cesse besoin, soit pour les opérations magiques, soit pour lire couramment les auteurs anciens. Il faut surtout bien se pénétrer, pour comprendre la Kabbale, de l'Unité du Tout, de la Substance, qu'elle affirme sans cesse par ses analogies : « Toutes les Séphiroth ou Nombre, sont une seule et même force modifiée différemment suivant les milieux qu'elle traverse. »

Ce Principe admis, nul ne pourra étudier les livres kabbalistiques, sans en admirer la logique rigoureusement mathématique.

Pénétrons, à présent, dans les explications du Symbolisme des signes alchimiques; les correspondances multiples, développées en quelques lignes, permettront à l'étudiant de suivre la Méthode de l'Hermétisme.

Voici les principaux signes kabbalistiques de l'Alchimie :

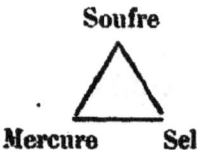

Le Triangle exprime les trois principes : Soufre-Mercure-Sel.

Les deux triangles s'embrassant, enveloppés par le *cube* représentent la fusion du Macrocosme et du Microcosme — du Fini et de l'Infini — du Haut et du Bas — l'analogie présidant au Mécanisme de ces deux Plans : « *Ce qui est en Haut est comme ce qui est en Bas...* » La Terre est le reflet du Ciel ; le Monde le reflet du Monde Divin ; la Nature le reflet de l'Astral et de l'Archétype.

Cette figure nous montre à merveille le Principe de l'Involution des forces divines en la Matière, et de l'Evolution de la Matière vers les Sphères supérieures. C'est là *le sceau d'Hermès*, le grand pantacle ou sceau des sceaux, par lequel les alchimistes désignent les opérations les plus secrètes, les plus occultes du Grand Œuvre. Ce sceau est l'étoile à six pointes. Cette étoile représente la réunion des quatre éléments le feu, l'eau, l'air, la terre. En Philosophie hermétique, elle résume le premier aphorisme d'Hermès Trismégiste : « Il est vrai, sans mensonge, certain et très véritable. Ce qui est en bas est comme ce qui est en haut, et ce qui est en haut est comme ce qui est en bas, pour accomplir les miracles d'une seule chose » (Ed. Blitz : Symbolisme de la Maçonnerie d'York). Le sceau d'Hermès, ou étoile à six pointes, n'est pas toujours entouré du cube, qui représente la *perfection de l'Œuvre*.

Le *Soufre*, le *Sel*, le *Mercure*, s'écrivent ainsi :

$$\varphi \ \ominus \ \text{☿}$$

Comme correspondances essentielles, nous indiquerons de suite que :

Soufre = terre = Force.
Mercure = eau = Matière.
Sel ou Arsenic.
Quintessence = Sel = Mouvement = Ether.

L'Unité indique celle de la Substance, de la Matière, de la Force, comme nous l'avons vu plus haut.

Le Binaire : les 2 pôles de la Substance : Force

et Matière, qui donnent naissance au 3ᵉ terme : le Mouvement, c'est-à-dire la Vie.

Le Ternaire, très important s'adapte Kabbalistiquement à la Trinité Alchimique ainsi notée :

Père : ש Soufre, le Feu, Positif . . } Esprit. } Intelligence.
Fils : מ Mercure, l'Eau, Négatif.. } Corps. } Matière.
Saint-Esprit : א Air, l'Air, Neutre, intermédiaire entre les deux, et résultant de leur action réciproque............................. } Ame.. } Energie.

Le Ternaire se prête d'ailleurs à une quantité d'interprétations Kabbalistiques, dont nous tirons les plus nécessaires. (Voir le tableau ci-dessous).

	Matière.	Energie.	Intelligence.
	Corps.	Corps astral.	Esprit.
	Mercure.	Sel.	Soufre.
	Solide (fixe).	Liquides.	Gaz (Volatil).
Mondes :	Physique.	Astral.	Archétype.
	Corporel.	Passionnel.	Intellectuel.
Plans :	Physique.	Psychique.	Spirituel.
Mondes :	des Faits.	des Lois.	des Principes.
	Matière.	Force.	Esprit.

On trouve ainsi que :
Energie = Corps-Astral = Sel ;

Matière = Mercure = Solide = (fixe).
Intelligence = Esprit = Soufre = (volatil), etc.

Le *Quaternaire* signifie les 4 Eléments ou états de la Matière :

| Terre ✡ | Eau ▽ | Air ✡ | Feu △ |
| Solides. | Liquides. | Gaz. | Matière radiante. |

Le *Quinaire* : Terre — Eau — Air — Feu — Protyle : Ether ou Quintessence.

Septénaire et Octave.— Etats supérieurs encore de l'Ether, mais hypothétiques. Là seraient les atomes ultimes, constitués par la dernière particule éthérique, la plus légère, la plus ténue ; les autres états comporteraient des atomes composés de particules de plus en plus nombreuses, suivant d'ailleurs la théorie atomique que nous avons donnée ; en somme ces états constitueraient la raréfaction de plus en plus complète de ce que nous nommons la Matière ; on arriverait ainsi aux dynamides simples, au dynamide essentiel, centre de force par excellence, substance une, d'où, par transformations, proviennent les masses atomiques plus ou moins agglomérées ; mais nous ne pouvons savoir encore si ces sept états de l'Ether sont absolus, au delà du nombre cinq qui établit l'Ether proprement dit. Ces études ont été tentées avec des sensitifs, mis en état de somnambulisme ; leurs dires ne sont point confirmés encore (Voir l'article du *Lotus Bleu*, du 27 févr. 96).

En somme, nous croyons que pour l'heure, on peut s'en tenir à la théorie générale émise, basée sur les tourbillons éthériques, vortex polarisés qui seraient presque l'atome ultime. Quant à l'atome chimique, on doit le concevoir comme résistant seulement aux pressions de l'Ether, mais en réalité formé des particules éthériques ou atomes premiers.

L'Ether contient en germe, en puissance, tous les éléments chimiques réalisables qui, en fin de compte, après l'*Involution*, se résolvent par *Evolution* (double courant ↑ ↓) en éther, principe commun — après avoir passé du plan solide aux plans : liquide, gazeux, radiant (*évolution*) (analyse) ou inversement du plan éther aux plans : radiant, gazeux, etc... (involution, synthèse des Eléments).

**

Les alchimistes prêtaient et prêtent grande attention à la position des planètes, lors de leurs recherches, car elles influencent les drogues, les matières, par leurs tourbillons magnéto-électriques. Nous n'avons point à entrer dans des détails à ce sujet ; le lecteur se reportera aux traités d'Astrologie pour les calculs délicats ; nous n'avons à nous occuper que de la *correspondance* des astres avec les corps principaux :

Les états *actif* et *passif*, étaient représentés par le Soleil (☉) et la Lune (☽).

Leur action réciproque donne naissance aux quatre éléments figurés par la Croix ✚ (v. plus haut).

♄ Saturne, c'est la Lune dominée par les Eléments (étudier le signe).

♃ Jupiter, ce sont les éléments dominés par la Lune.

♂ Mars, c'est la partie ignée du signe zodiacal du Bélier agissant sur le Soleil.

♀ Vénus, c'est le Soleil dominant les éléments.

La synthèse de tous les signes précédents constitue Mercure contenant en lui le Soleil, la Lune et les Éléments ☿.

Voici la correspondance du septénaire alchimique (les 7 métaux principaux) avec les planètes :

☉	— Or	— Soleil.
☽	— Argent	— Lune.
☿	— Mercure	— Mercure.
♄	— Plomb	— Saturne.
♃	— Étain	— Jupiter.
♂	— Fer	— Mars.
♀	— Cuivre	— Vénus.

※

Le savant Kabbaliste Edouard Blitz a condensé en sa magistrale étude que nous avons déjà citée : *Symbolisme de la Maç∴ d'York*, le symbolisme de l'Alchimie Kabbalistique. Nous devons résumer cette question si bien traitée, pour les lecteurs de notre ouvrage.

Le Rouge : figure la couleur emblématique du Soufre des Ph∴.

Blanc : couleur du Mercure des Sages, et principalement de la quintessence (qui est composée des parties les plus actives des corps). — *Bleu :* symbole de l'Eau Alchimique.

Sang : la médecine alchimique qui guérit la lèpre.

Eau de Sang ; eau exaltée : le mercure dans l'opération de la médecine de premier ordre, c'est-à-dire pendant qu'il se purifie par lui-même avant de parvenir au blanc ; la préparation de l'eau de sang constitue la première opération du magistère.

Jour : équivaut au jour de la Genèse ; il signifie le temps de la digestion hermétique.

5 : le nombre 5, moitié ou centre de 10, nombre des composés, est le symbole de la quintessence universelle dont l'hiéroglyphe est l'Etoile flamboyante.

10 : Unité suivie du zéro, l'alpha et l'oméga, la synthèse parfaite, l'Absolu.

Ternaire Alchimique : Sel, Soufre et Mercure.

Novaire ou Triple Ternaire de la Kabbale : Kether, Binah et Chochmah, dans le monde divin ; l'Esprit, l'Ame et le Corps, dans le monde humain ; le Gazeux, le Liquide et le Solide, dans le monde matériel.

Binaire : Le Fixe et le Volatil — la Solution et la Coagulation ; la Matière et l'Esprit ; le Bien et le Mal...

Trois Mondes : Archétype ou divin — Astral — des Éléments.

Feu Central de la Nature : Inri, dans le Monde des Éléments (ésotérisme de ce mot : Igne natura renovatur integra : La Nature entière est renouvelée par le feu). *Od* ou Astral, dans le monde des Orbes (le Serpent Astral en est l'ésotérisme) ; la Parole (יהוה) dans le Monde Divin (Iodheve ; ésotorisme : Iod י Esprit Mâle = Soufre ☿ ; Hé ה, Substance Passive = Mercure ☿ ; Vau ו, Union féconde des deux principes = Azoth des Sages ; Hé. ה, Fécondité de la Nature = le Sel ⊖. Ce mot est le mot hermétique par excellence, définissant le Grand Arcane de la Nature, la Force, la Matière, l'Energie. Voir : *Le Tarot Alchimique* qui le développe).

Exaltation. Veut dire, en Alchimie, purification,

perfection; *Pierre exaltée :* c'est la poudre de projection parfaite.

Les Douze Opérations Alchimiques de l'Œuvre :

Signes du Zodiaque.			Opérations.
1°	♈	Bélier.	La Calcination = putréfaction, matière au noir.
2°	♉	Taureau.	La Congélation = Coagulation.
3°	♊	Gémeaux.	La Fixation = cuisson de la matière putréfiée.
4°	♋	Cancer.	La Dissolution = réduction d'un corps en sa matière première.
5°	♌	Lion.	La Digestion = préparation à la dissolution.
6°	♍	Vierge.	La Distillation = circulation de la matière appelée Rebis.
7°	♎	Balance.	La Sublimation = purification de la Matière.
8°	♏	Scorpion.	La Séparation = effet de dissolution d'un corps par son dissolvant.
9°	♐	Sagittaire.	L'Incinération = opération préparatoire à la Multiplication.

10°	♑	Capricorne.	La Fermentation = séparation du Soufre d'avec le Sel.
11°	♒	Verseau.	La Multiplication = renouvellement des opérations avec des matières exaltées.
12°	♓	Poisson.	La Projection = transmutation.

Vingt et un (3 × 7). Représente le symbole le plus caché de la Matière cuite et digérée au blanc parfait : c'est le nombre de la réalisation qui demande un travail de 21 jours — 21 (3 ✶ 7) donne 10, symbole de l'Alliance de l'Être (1) et du Non-Être (0), du Tout et du Rien.

⁎

Comme *Symbolisme Général*, nous savons que les deux chérubins qui couvraient l'Arche Sainte de leurs ailes, les 2 tables de la Loi données à Moïse et qui s'y trouvaient encloses, symbolisaient le Mâle et la Femelle de l'Univers, le *Père* et la *Mère* alchimiques : le Soufre et le Mercure, l'Actif-Passif, le Fixe-volatil le Chaud-Froid, la Force-Matière.

Les Chérubins forment la synthèse des 4 animaux Kabbalistiques : le *Lion*, symbole du Fixe, du Soufre ; l'*Aigle*, du Volatil, du Mercure ; le *Taureau*, hiéroglyphe de la Matière du G∴ O∴ ; l'*Homme*, emblème du Fixe — (étudier l'*Apocalypse*, à ce point de vue). Ces animaux symbolisent aussi le Nom Incommunicable : Iod-He-vau-He : Iodheve.

***

Un des maîtres Kabbalistes actuels, l'occultiste si connu : P. Sédir, présentait (Introduction à notre ouvrage : *L'Hyglozoïsme l'Alchimie*...) en ces termes concis, la meilleure signification des notions de l'Alchimie traditionnelle :

Pour manier la Nature, il faut connaître son principe. *Le Centre* est le point de départ de toute manifestation, de tout développement, de toute différentiation. Les Centres de toutes choses proviennent de trois, et ces trois proviennent de l'Un (1).

Toute chose, enseigne Paracelse, contient sa forme, sa nature cause de la forme, et son germe qui est l'humide radical, le baume du ☿, contenu dans les quatre éléments.

---

(1) La Grande Loi, en effet, s'inscrit :
Unité (1).
Départ de l'Unité, multiplicité (2).
Retour à l'Unité (3).

Le germe d'une chose ou sa semence, est appelé ☿ à cause de sa fluidité et de son adhérence : c'est une vapeur humide possédant une chaleur interne qui est évertuée au sein des quatre éléments par l'action du centre de la Nature ou Archée. La semence d'un corps n'est que le 1/800 de son poids.

Le principe d'individuation des choses est la force de concentration, d'astringence qui resserre autour des centres les divers matériaux qui nagent au sein des *Eaux primordiales*. Ces Eaux sont le miroir où vient se refléter la Grande Trinité divine ; c'est en leur sein que sont contenues toutes les potentialités de l'Univers.

Leur base est l'élément ultime, la *Quintessence*, forme suprême de la *Substance*. Au sein de cette mer informe joue la force d'attraction, à laquelle s'oppose la force d'expansion. De leur lutte naissent l'Eclair ou le Feu produisant, par sa chute, la sécheresse de l'élément Terre, et par son action sur la Grande Matrice, une émanation aérienne dont la résolution produit l'Eau Elémentaire.

Soufre ♀ C'est l'âme lumineuse des choses, leur principe interne, le premier temps de leur ternaire générateur. A la fois céleste et terrestre, père de toute spiritualité et de toute corporéité, père des métaux et leur transmutateur, père des êtres, il contient l'Eau et l'Huile, les propriétés célestes et terrestres. Caché dans le centre de l'humide radical, il y est couvert d'une écorce dure qui détruit la putréfaction ; on lui donne la forme d'un aigle volant et on l'appelle ferveur sèche, *chaud inné* ; il est la force animique, l'énergie intellectuelle.

Sel ⊖, *mixte coagulé* ou *terre rouge* : est la forme du corps, l'aspect sensible, l'ipséité, le fixe impondérable, qui tend au repos central. Correspond à l'élément Terre.

Mercure des Ph∴ ☿ : est la force vibratoire, universelle, le fluide sonique. Le point de génération du Mercure est la force astringente ; il se manifeste par le choc des mouvements rectilignes dans l'Eau Universelle. La loi du Mercure est le Senaire (triple binaire ou double ternaire), son schéma le caducée, exprime ces propriétés. Il a été nommé *Azoth*, Magnésie Universelle, l'androgyne ailé et barbu, dissolvant universel, *Aob*, etc.

Sédir dit très bien que l'alchimiste doit donc agir sur l'âme des corps, sur leur faculté d'adaptation de l'interne à l'externe, et de l'externe à l'interne, par laquelle ils vivent, et qui s'appelle le ☿ des Ph∴.

Eliphas Lévi exprimait ainsi le problème hermétique :

« Accumuler et fixer dans un corps artificiel le calorique latent, de manière à changer la position moléculaire de corps naturels par leur amalgame avec le corps artificiel. » (1)

Le calorique est renfermé dans le Mercure des Ph∴ et l'on verra aux chapitres postérieurs (3ᵉ Partie) que, une fois ce ferment trouvé on le fait agir sur l'argent, puis sur l'or préparés, ce qui donne deux autres ferments, et la coction de ces trois ferments dans le fourneau produit la Pierre dans son premier état.

**

Un des traités les plus profonds et les plus symboliques sur l'Alchimie Kabbalistique, est celui de l'*Asch Mézareph* du Juif Abraham, reproduit par Eliphas Lévi dans la *Clef des Grands Mystères*.

Par malheur, l'on ne possède plus que des fragments de ce livre qui donne des renseignements précieux sur les Grands Secrets de la Philosophie

---

(1) L'Analogie nous démontre en particulier que le jeu des Atomes est semblable à celui des Planètes. Les atomes doubles, les molécules, diatomiques, tri, quadri, pentatomiques représentent les systèmes planétaires composés gravitant autour d'un centre : un Soleil. Le mécanisme des molécules tournant l'une autour de l'autre est aussi le mécanisme des Etoiles, des amas stellaires. Donc, les groupements moléculaires formant des corps, des figures, les astres doivent, dans l'Espace, tracer des corps inconnus de nous, des cristallisations diverses. La même Loi régit le Macrocosme et le Microcosme !

Hermétique. Nous allons l'analyser en quelques pages, car on y trouve de multiples conseils qu'il faut méditer pour parvenir à la connaissance de la Pierre.

« Vous qui aspirez à l'accomplissement du Grand Œuvre, soyez grands et simples comme Élisée. Ce que vous voulez, c'est une royauté et non un brigandage. Vous devez quérir et non usurper la richesse. »

« Sachez maintenant que les mystères de la Sainte Kabbale sont aussi les mystères de la Nature et que les secrets emportés d'Egypte par Moïse ne diffèrent pas de ceux d'Hermès. »

Nous voyons nettement ici les orignes de la Science Hermétique : elle remonte aux temps antiques de la Khaldée et de l'Egypte ; puis fut transmise aux Hébreux, et de là se répandit par le monde afin d'illuminer plus tard, quelque peu, la Grèce, mais rester toujours l'apanage de quelques initiés tels que les Rose + Croix, les Templiers, les Alchimistes.

Poursuivons nos aperçus :

La racine métallique universelle correspond à Kéther, Kabbalistiquement ; elle se trouve cachée dans tous les métaux ; elle est démontrée par ses diverses formes.

♄, Le Métal noir, le dernier et le premier des métaux, correspond à Chochmah, à cause de sa pesanteur et de sa nature opaque et terrestre ; il est appelé le père qui dévore ses enfants ; mais il en est un qu'il ne dévorera pas lorsqu'on lui aura donné à la place la pierre rouge et verte qui est le véritable Abadir, le ♂ 33 philosophique (Antimoine ou Cinabre).

♃ L'Étain, à la chevelure blanche, est le correspondant de Jupiter et de Binah. Il détrône son père et s'empare des foudres du Ciel. C'est un juge sévère et lorsqu'il parle, c'est avec une voix stridente.

La Lune ☾ correspond à Chesed, à cause de sa blancheur et de ses usages.

♂ Le Fer est le microprosope des métaux ; c'est le seir Ampin de la kabbale métallique. Il correspond à Tiphereth, à cause de son éclat, de sa vigueur et de ses triomphes ; il est fort, il est beau comme Mars. Netsah et Hod sont représentés par le laiton rouge et le laiton blanc : airain et cuivre, métaux androgynes qui sont deux en un, et figurés par les colonnes Jakin et Bohas du Temple de Schlomoh.

Jésod est le ☿ : le générateur et comme le sperme des métaux.

Malchuth est la ☾ (1) des Sages, l'▽ (2) phi-

(1) Argent.
(2) L'Eau Philosophique, provenant de la dissolution du Mixte.

losophique, l'$\triangle$ (1) d'$\odot$ (2), la femelle du serviteur rouge.

Voyons maintenant comment l'auteur symbolise les couleurs de la Matière dans l'Athanor :

« Je te ferai visiter Daniel dans la fosse aux lions. Il y a trois lions dans la fosse : le lion vert (3), le lion noir (4) et le lion rouge (5). Le nom commun du lion se trouve exprimé dans les paroles de Jacob, dont le nombre est 209, et en ajoutant l'א du Sepher Jesiraz, c'est-à-dire l'Unité intelligente, vous avez le nombre de Naaman le Syrien, le ♀ (6), lépreux de nature que le ☿ (7) doit purifier sept fois...

Mais comme tu ne dois point t'arrêter au ☿ (mercure) vulgaire, qui est un sperme avorté et mort du règne métallique, prends le moindre nombre d'Ariat et de Naaman,

$$\begin{array}{r}210\\1\\2\\\hline 3\end{array}$$

et le moindre nombre de Kéther qui se traduit en nombre par

$$\begin{array}{r}21\\2\\1\\\hline 3\end{array}$$

(1) Le Feu.
(2) Soleil ou Or.
(3) Matière fixe.
(4) Mixte.
(5) Matière volatile.
(6) Cuivre.
(7) Le soufre philosophique.

Et tu sauras alors ce que c'est que notre lion. »

(Que le lecteur veuille bien se reporter à notre étude sur *le Tarot alchimique ;* il établira les rapports que nous ne devons point exprimer autrement). « Les mots lionceau et verdeur ont le même nombre 310, qui donne 4, c'est-à-dire la 4ᵉ voie du Sépher et le 4ᵉ signe de l'Alphabet sacré, » (V. *le Tarot Alchimique*).

Nous attirons l'attention sur cet extrait d'une importance capitale pour l'essai du Grand Œuvre traditionnel :

« Réunis maintenant toute ta pensée pour comprendre le mot qui signifie le lion féroce... le lion vainqueur des lions ; il est appelé לכיא, au livre des Proverbes, et le nombre de ces deux noms est 43, qui, décomposé et additionné, donne 7 comme le nombre 106 du mot בד, le métal ou le métalloïde central, qui est l'aimant de l'aour métallique, le serviteur à la crinière rouge, dont le nom est phed ou plombaya, et que tu dois reconnaître à ce signe ☿ ».

Les analogies se poursuivent ainsi, rattachant le ☿ au léopard de Daniel, indiquant les produits intermédiaires entre les ☉   etc...

Nous ne pouvons analyser phrase par phrase l'*Asch Mézareph :* cela nous entraînerait dans des détails trop particuliers ; puis ce volume relevant de la Haute Initiation Hermétique ne saurait s'expliquer ; on ne communique point aux hommes la lumière intrinsèque de l'Initiation ; il faut que l'appelé y parvienne en *soi*, individuellement, c'est-à-dire par ses propres efforts : il est alors : l'*Elu*.

Mais nous nous arrêterons cependant sur les grandes lignes, afin de soumettre aux étudiants alchimistes les principaux enseignements de la Kabbale métallique.

Voici les conseils au sujet du ☿ (1) dans la science des minéraux :

« Ce principe se réfère à Binah, à cause de sa chaleur, et dans la décade de Binah, il est représenté par Géburah ou ○ nommé Charuz, dont le nombre réduit est 7 ♂ —. L'arcane de la science doit être Charuz, c'est-à-dire un ☉ (2) déterré avant sa parfaite cuisson. Celui-ci est le ☿ (3) qui donne la couleur ignée pénétrante et changeant les métaux impurs, tels que ♂ (4) avec ☉, ☿ avec △ (5), pleuvant sur les métaux immondes ; tu dois excaver ce ☿ ; excave le donc des ▽ (6) et tu obtiendras du △ de ▽. Si ton sentier est

---

(1) Soufre essentiel.
(2) Or.
(3) Soufre.
(4) Antimoine.
(5) Feu.
(6) Eau.

droit devant le Seigneur, le ♂ surnagera sur ♃. Va donc au Jourdain avec Elisée.

Mais qui racontera le Géburah du Seigneur ?

Plusieurs cherchent d'autres ☿, mais celui qui est entré dans l'enclos des sentiers réservés, aura la vraie intelligence, car les ☿ de l'*od* et du ♁, dont l'extraction est enseignée par plusieurs, est facile. Ainsi de ☉ du ♂ et de ♁, lesquels après les tonnerres sont recueillis au moyen d'un ☿ changé en ⁰₀⁰ (1) rouge par le mélange du vif argent humide. Ils sont la vraie teinture de la lune. »

Hod correspond à l'airain, au cuivre, au laiton, dans la Kabbale naturelle. Le nom de l'airain possède un nombre identique à celui du serpent. C'est pour cette raison dit l'*Asch Mézareph* que le serpent d'airain de Moïse est l'emblème du règne androgyne de ♀.

Le ♄ philosophique est encore de l'or blanc, car de lui provient l'argent, si on sait le traiter suivant les procédés voulus, qui consistent *en partie*,

---

(1) Huile Ph∴ ; le moyen, *esquissé*, d'extraire le Mercure Ph∴ de l'Od et de l'antimoine ou Arsenic, consiste à dissoudre les métaux voulus, à les réduire d'abord en vitriol des Sages, puis à quintessencier leur Principe Un, lequel s'unissant, par l'intermédiaire du vif-argent, aux vibrations subtiles du Magnétisme électro-chimique, peut se transformer par *la Volonté* du Mage, en or, en argent, etc.

F. J. G.

à le faire agir sur du salpêtre mélangé à du sable fin ; naturellement on agit par chaleur progressive.

Ce ♄ possède le germe de toutes choses ; mais la grande difficulté consiste à le préparer comme il faut.

A propos de l'étain, faisons remarquer un curieux rapport Kabbalistique et scientifique. Un des nombres Kabbalistique de ce corps est 194 qui, additionné suivant la Kabbale donne 14 ;

$$\begin{array}{r} 1 \\ 9 \\ 4 \\ \hline 14 \end{array}$$

14 se réduit en le quinaire, 5, qui, doublé, fait 10, nombre analogue à celui de l'étain propre qui est 46 (6 + 4 = 10), or le *poids atomique* de l'étain étant 118 se réduit donc kabbalistiquement en

$$\begin{array}{r} 1 \\ 1 \\ 8 \\ \hline 10 \end{array} = 10$$

également. Ceci mérite d'être pris en considération par les chercheurs.

Définissons maintenant encore quelques rapports de l'Alchimie Kabbalistique : le fer est attribué à Tiphereth — le cuivre à Netzah et Hod — le vif-argent à Jésod ; établissons ce tableau qui montre mieux ces corrélations.

▽ visqueuse Kéther, ☿.
⊖ ou ☉ Chochmah, ♄.

☿ Binah.
☾ Gèdulah.
☉ Gèburah.
♂ Tiphereth.
♃ Nésach.
♀ Hod.
♄ Jésod.

Le ♄, Saturne Ph∴ est appelé Tout; il contient en effet les 4 éléments : le △ ou ☿ des Ph∴, l'air diviseur des eaux, l'eau sèche et la terre du ☉ merveilleux; il renferme aussi les 4 écorces, décrites en Ezéchiel.

Le ☿ des Philosophes possède un signe infaillible qui est le suivant :

Dans une chaleur convenable, il se couvre d'une pellicule très mince à la vérité, mais qui est déjà un ☉ pur et légitime, et cela en très peu de temps. Voyez, à la troisième partie de *Comment on Devient Alchimiste* les expériences modernes de Strindberg, lesquelles confirment, par l'expérience, cet enseignement (pellicule d'or sur ses préparations de soufre, fer et ammoniaque).

Nous conclurons en affirmant que : LE MERCURE UNIVERSEL EST PARTOUT. C'est le Principe de la Matière, le Menstrue, le Dissolvant universel, *le fluide éthérique dynamisé*. — Le véritable Adepte sait donc, réduisant les corps en leur quintessence suprême, les transmuter tous, car : les ondulations astrales *provoquent* les positions ou les *neutralisent*. En ce précepte réside le secret absolu de la Transmutation. L'Adepte agit sur l'Astral ; et ce qui fait sa puissance, encore, c'est qu'il n'ignore point : « Que la lettre tue et l'Esprit vivifie ! »

CHAPITRE DEUXIÈME

Le Tarot Alchimique

Combinaisons naturelles et inconnues appliquées à l'Hermétisme.

Au moyen du Tableau formé par une combinaison spéciale du Tarot, nous offrons aux chercheurs un résumé inédit des opérations alchimiques diverses. De là le nom de *Tarot Alchimique* donné par nous à cette disposition des lames ; nous nous sommes uniquement basé sur le superbe travail de Papus : *Le Tarot des Bohémiens*. A lui donc, en réalité, revient l'imagination de ce nouveau jeu synthétique.

Tableau de Concordance des Arcanes majeurs

	RAPPORTS	SIGNIFICATION
1re Lame (*aleph*). Le *Bateleur*.	(Iod). Kabbale : Kether.	*Force attractive* (et par développement dans les trois mondes) : *Affinité — Soulphre. - Acide. — Matière* Une. — *Adepte*.
2e Lame (*béth*). La *Papesse*.	(Hé). K : Chocmah, R. astrologiques : Lune Lundi.	*Matière presque inerte, passive.* Reflet de 1, *le Bateleur. — Mercure. — Base. — L'Initiation*.
3e Lame (*ghimel*). *Impératrice*.	(Vau) K. Binah-Astrologie : Vénus, Vendredi.	*Sel. — Médiateur. — Esprit vivifiant. — Mouvement*.
4e Lame (*daleth*) L'*Empereur*.	(Hé). K : Chesed. Astrologie. Jupiter, Jeudi.	*Azoth* (Lumière astrale ; fluide éthéré).
5e Lame (*hé*). Le *Pape*.	K : Péchad. Astr. Bélier, Mars.	*Quintessence* (Reflet d'Azoth).
6e Lame (*vau*). L'*Amoureux*. Répétition de l'arcane 1 ; équilibre de l'azote et de la quintessence = Éléments.	K : Tiphereth. Astr. Taureau, Avril.	*Feu. — Air. — Eau. — Terre.*
7e Lame (*zaïn*). Le *Chariot*. Tendance à l'équilibre, c'est-à-dire à la combinaison des éléments pour se réaliser ensuite en se séparant.	K : Hod. Astr. Gémeaux, Mai.	Le *Fixe* et le *Volatil*.
8e Lame (*heth*). La *Justice*. — L'*Existence élémentaire*.	K : Nizah. Astr. Cancer, Juin.	*Hydrogène. — Feu.*
9 Lame (*teth*). L'*Hermite*.	K : Jesod. Astr. Lion, Juillet.	*Oxygène. — Air.*
10e Lame (*iod*). La *Roue de Fortune*.	K : Malchut. Ast. Vierge, Août.	*Azote. — Eau.*
11e Lame (*caph*). La *Force*.	A : Mars, Mardi.	*Carbone. — Terre.*
12e Lame (*lamed*). Le *Pendu*.	A : Balance, Septembre	Le *Vitriol* (Dissolution de Métaux).
13e Lame (*mem*). La *Mort* (Equivaut au principe transformateur, à la forme plastique).		*Les semences métalliques préparées et mises en contact.*

14e Lame (noun). La *Tempérance*. Involution ou descente de la force volatile dans la Matière ; Feu dans l'Athanor.	Astr : Scorpion, Octobre.	Matière à la couleur verte (Régime de Mercure).
15e Lame (*samech*). Le *Diable*. Résultat de la chute : *Le Dragon du Seuil*, car ici va se produire le grand changement.	Astr : Sagittaire, Novembre.	*Noirceur de la Matière* (Régime de Saturne).
16e Lame (*haïn*). La *Maison-Dieu*. Destruction divine ; moment définitif. La Chute ; car l'action se produit pour amener la Pierre.	Astr : Le Capricorne, Décembre.	Commencement du *Blanc* (Régime de Jupiter).
17e Lame (*phé*). Les *Étoiles*. Expansion des fluides. — Espérance.	Astr : Mercure, Mercredi.	*Couleur blanche* (Régime de la Lune).
18e Lame (*tsadé*). La *Lune*. Avec ce 3e septénaire finit l'involution, c'est-à-dire la descente de l'Esprit dans la Matière ; les trois dernières cartes montrent les forces retournant à leur principe commun par l'évolution.	A : Verseau, Janvier.	Couleurs variées de l'œuvre (Moment critique). Passe au rouge-brun (Régime de Vénus).
19e Lame (*coph*). Le *Soleil*. La Nutrition et la digestion des Matières (Règne minéral).	A : Poissons, Février.	*Couleurs de l'Iris* (Régime de Mars).
20e Lame (*resch*). Le *Jugement*. Le Mouvement propre ; la Respiration (Règne végétal).	Astr : Saturne, Samedi.	*Couleur rouge* (Régime du Soleil).
21e Lame (*shin*) Le *Mât* (Règne animal ou supérieur).		La *Fermentation de la Pierre*.
22e Lame (*thau*). Le *Monde*. Triomphe définitif ; le symbolisme est indiqué par la carte : l'aigle et un ange = volatil ; le taureau = fixe ; le lion = la force transformatrice ; ou encore indication des quatre éléments : Lion = terre ; cheval = eau ; aigle = air ; ange = feu ; la femme nue = la quintessence.		*L'Absolu alchimique ; l'Or alchimique ; la Pierre philosophale*. Microcosme = Macrocosme.

Tableau de Concordance des Arcanes Majeurs.

Généralités : Nous voyons ici la séparation des 22 arcanes en *ternaires* d'abord (grande loi de l'Hermétique), soit sept ternaires $7 \times 3 = 21$, sachant que la 22e lame représente l'ensemble des lames précédentes, soit l'Absolu Alchimique.

Egalement nous formons les trois septénaires du Tarot Kabbalistique, $3 \times 7 = 21$ (2e grande Loi) plus la 22e lame ou absolu alchimique : *Septénaire des Principes, Septénaire des Lois, Septénaire des Faits*.

On voit donc que l'on peut, au moyen des lames du jeu de Tarot, reproduire les diverses opérations de l'Alchimie, sur une table ; le lecteur trouvera facilement d'autres concordances ; il n'a d'ailleurs qu'à étudier le beau Livre de Papus sur *le Tarot des Bohémiens*, qui nous a servi à constituer cette étude.

Parmi les autres significations des lames, on voit que le Bateleur peut nous représenter, comme *iod* d'une nouvelle série : le *Soufre* ou l'*Acide*, ou, au figuré, l'*Adepte* envisageant les opérations de la Pierre Philosophale. La Papesse nous représente, hé, d'une nouvelle série, le *Mercure* ou la *Base*, propriétés passives.

Le Sel (vau) sera le Saint-Esprit, le trait d'union entre force et matière ou soufre et mercure; ce sera donc le *Mouvement* de Louis Lucas. (Impératrice).

Le premier septénaire signifie bien le *Monde des Principes* ou de la *Création* : septénaire positif (iod.), le deuxième, le *Monde des Lois* ou de la *Conservation* de la Matière, septénaire négatif (hé); le troisième, le *Monde des faits*, ou de la *Transformation* de la Matière, septénaire neutre par rapport aux deux autres (vau).

Avec le troisième septénaire finit, comme nous l'avons vu, l'Involution, et l'Évolution se manifeste par les trois dernières lames qui amènent les corps mis en œuvre à leur perfection suprême : l'or alchimique, Pierre Ph∴ ou Absolu hermétique.

Pour l'étude mathématique et kabbalistique des lames, le lecteur devra se reporter au *Tarot des Bohémiens* de Papus. Nous, naturellement, ne faisons *qu'adapter* analogiquement le symbolisme fécond du Tarot à la branche de l'Alchimie; disons seulement pour bien éclaircir notre point de vue que les quatre premières lames des arcanes majeurs forment une série complète répondant au mot sacré iod-hé-vau-hé. En effet, la première lame exprime *l'actif absolu* et correspond à iod; la seconde lame désigne le *reflet* de la première, le passif absolu, et correspond au premier hé.

La troisième indique le terme médian convertible et transformateur et correspond à *vau*. Enfin, la quatrième lame est un terme de transition entre la série précédente et la série suivante. La série symbolique du Tarot est donc complètement représentée par les quatre premières lames.

En effet, se reportant à notre tableau de correspondance des arcanes majeurs, l'on trouve bien que les quatre premières significations des lames suffisent à expliquer les phénomènes alchimiques, lesquels sont causés par la Force, la Matière, le Mouvement, l'Azoth, c'est-à-dire, le Soufre, le Mercure, le Sel et la Lumière astrale ou fluide éthéré.

⁎⁎*

Arcanes Mineurs.

Au moyen du jeu des arcanes mineurs, on pourra s'amuser à développer les combinaisons chimiques, les représentations d'opérations, les 4 rois représentant les 4 principaux métaux usités en Alchimie : *roi de Bâton = or; roi de Coupe = argent; roi d'Epée = Mercure; roi de Denier = cuivre.*

Les quatre dames réciproquement : *reine de*

Bâton = plomb; reine de Coupe = fer; reine d'Epée = étain; de Denier = zinc.

Les quatre valets seront identifiés aux corps les plus considérables de la Nature terrestre, soit : *Chlore, Soufre, Phosphore, Arsenic.* Quant aux : as 2-3-4-5-6-7-8-9-10, ils deviendront les représentants des familles d'éléments : on donnera à chaque carte le nom d'un des corps de la chimie, se basant autant que possible sur *l'atomicité intrinsèque* ; on voit de suite quel champ de combinaisons est ouvert aux chercheurs ; outre que ce procédé constitue un excellent moyen mnémotechnique pour repasser sa chimie, il permet aux gens ingénieux de créer un véritable jeu de Tarot Alchimique très compliqué, mettant en mouvement autour des arcanes majeurs les rouages du monde minéral ; ainsi l'on pourra imaginer bien des tableaux synthétiques, bien des essais de classification des corps, d'après les tableaux de Mendéléeff, de Crookes, de Barlet ; l'on en retirera, à tout point de vue, grand profit.

Bien entendu, les principaux corps seuls seront représentés par ces cartes, et ce sera généralement suffisant ; d'ailleurs nos lecteurs comprendront d'eux-mêmes les divers essais à tenter. Ainsi encore, l'as pourra représenter une individualité chimique monoatomique ; le deux, biatomique ; le trois, triatomique, etc... (types). Le tableau de classification de Mendéléef (par familles), sera reproduit à l'aide des 22 arcanes majeurs identifiés aux plus importants composés : 1, Sodium ; 2, Potassium ; 3, Cuivre ; 4, Argent ; 5, Or ; 6, Manganèse ; 7, Calcium ; 8, Zinc ; 9, Baryum ; 10, Mercure ; 11, Aluminium ; 12, Carbone ; 13, Silicium ; 14, Etain ; 15, Plomb ; 16, Azote ; 17, Phosphore ; 18, Arsenic ; 19, Oxygène ; 20, Soufre ; 21, Fer ; 22, Platine ; et les 56 arcanes mineurs représenteront les « éléments » : Lithium-Glucinium, etc., etc...

On créera ainsi un tableau mobile dont on variera à volonté, les combinaisons synthétiques. Inutile, il nous semble, d'appuyer. Le modèle de ce tableau de Mendéléeff se trouvera dans tout traité complet de Chimie Elémentaire.

Le Tarot Alchimique.

FIGURE DE CONSTRUCTION.

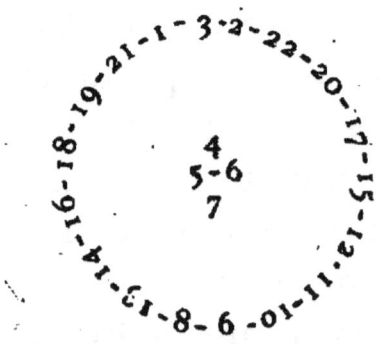

Texte. Il est facile de saisir le pourquoi de la distribution de nos 22 lames. En 1, nous plaçons le *Bateleur*, la *force attractive (iod)* ou affinité moléculaire, principe positif (acide chimique), lequel agit sur 2 : la *Papesse ou Matière (hé)*, principe négatif de la Substance (base chimique) ; 3, l'*Impératrice*, nous indique le Saint-Esprit, médiateur plastique, lien entre Force et Matière, fixe et volatil, le *Sel* ou Mouvement *(vau)* général ; 4, c'est le reflet complémentaire des trois premiers termes, c'est-à-dire l'*Azoth* des Sages *(2ᵉ hé)*, la lumière astrale informe ; 5 nous montre le reflet d'Azoth, le *Pape* ou la *quintessence* ; 6, l'*Amoureux*, équilibre de l'Azoth et de la quintessence ; donc au point de vue hermétique, c'est la signification des Éléments: *Feu, Air, Eau, Terre*.

Le *Chariot* (7), symbolisant la tendance à l'équilibre exprime la réalisation des principes élémentaires ou le *Fixe* et le *Volatil*.

Ce premier septénaire (iod.) exprime bien le *Monde des Principes* ou de la Création.

Maintenant nous abordons le *Monde des Lois* ou de la Réalisation et de la Conservation :

8. La *Justice* ou l'*Hydrogène*, représentant du *Feu* alchimique.

9. L'*Hermite* ou l'*Oxygène*, représentant de l'*Air*.

10. *La Roue de Fortune* ou l'*Azote*, représentant de l'*Eau*.

11. La *Force* ou le *Carbone*, représentant la

Terre, que nous plaçons donc les unes à côté des autres.

12. Le *Pendu*, c'est le *Vitriol* ou la *Dissolution des Métaux*.

Par correspondance, nous mettons de l'autre côté de notre jeu, à gauche, le 13 ou la *Mort*, symbole du principe transformateur, équivalent aux *semences métalliques préparées et mises en contact* (leur cercueil, leur action astrale d'où sortira l'évolution nouvelle).

Nous exprimons de cette manière l'*Involution* au moyen de notre Tarot, traditionnellement.

Et 14 signifie *(Tempérance)* l'Involution proprement dite ou descente de la Force volatile dans la Matière, feu dans l'Athanor ; donc correspondra à la *Matière à la couleur verte*. Voilà le septénaire des Lois *(hé)*.

Le *Diable* (15) symbolise le résultat de la chute ; le *Dragon du seuil* équivaut à la *noirceur de la Matière*.

En 16 nous voyons la *Maison-Dieu* ; ici c'est le moment définitif du travail alchimique ; la destruction divine agit pour ramener à l'évolution ; la chute d'Adam-Eve est aussi celle de la Matière qui devra produire la Pierre Philosophale. Nous rattacherons donc cette lame au *commencement de la Couleur blanche*.

Alors 17, *les Etoiles* nous représentent l'expansion des fluides agissants, l'Espérance ou le *Blanc de* l'Œuvre.

18, la *Lune*, correspond au Chaos, c'est-à-dire aux couleurs variées (instant critique) *de la Pierre*.

L'Involution prend fin avec ce troisième septénaire, septénaire *des Faits* ou de la Transformation (*van.*).

Les trois dernières lames nous montrent les forces moléculaires revenant à leur Grand Principe parfait par l'Evolution.

19, le *Soleil* signifiant la Nutrition et la Digestion des matières, analogue au règne minéral (1er terme ou stade), symbole des couleurs de l'Iris.

20, le *Jugement*, ou mouvement propre, signifie la Respiration, est analogue au Règne Végétal (2me terme de l'Evolution), symbole de la *Couleur Rouge*.

21 ; nous plaçons en 21 la lame du *Mat* (Règne animal ou supérieur). (3e terme) correspondant *à la Fermentation de la Pierre* (2e hé).

Enfin, en 22, aux côtés de la Matière passive, nous mettons le *Monde* ou l'Absolu Alchimique ; c'est là le triomphe définitif obtenu par l'Adepte, l'or alchimique, la P∴ Ph∴ parfaite, le *Microcosme* égal au *Macrocosme*... Ce qui est en haut est comme ce qui est en bas ; ce qui est en bas est comme ce qui est en haut, reflets d'une même Substance.

∗

Nous laissons donc à nos lecteurs le plaisir de trouver d'autres combinaisons du Tarot appliqué à l'Alchimie. Ils peuvent, en se basant sur nos théories générales, représenter les expériences de Strindberg, Tiffereau, comme celles des anciens alchimistes, en se rappelant seulement que 1, le *Bateleur* exprimera toujours la Force, l'action positive (de même que le Roi dans les arcanes mineurs); 2, la *Papesse*, la Matière passive; 3, le Neutre, l'Equilibrant (correspondances dans les mineurs : Reine, Cavalier). Le Valet, comme le 4 (Empereur) exprimeront le 2e *hé*, ou l'action répétée dans la Nature, des trois principes, du ternaire sacré et Initiatique.

CHAPITRE TROISIÈME

Liste des Principaux Hermétistes et de leurs œuvres, depuis l'ère chrétienne

Deuxième et troisième siècles :

Ostanès ; Pélage ; Synésius : *Commentaires sur le Livre de Démocrite.*

Orient :

Géber : 1° *La somme de Perfection*, 2° *le livre des fourneaux.*

Avicenne : *Declaratio lapidis physici (Revélation de la Pierre).*

Rhasès : *Le Livre des Lumières* ; *Ad Almanzorem libri decem.*

Calid : 1° *le Livre des trois Paroles.* 2° *Secret d'Alchimie.*

An 1000, etc...

Alain de Lille : *Aphorismes sur la Pierre Philosophale.*

Albert le Grand : 1º *Traité d'Alchimie* (De Alchimia) ; 2º *Concordance des Philosophes*. (Concordantia Philosophorum de lapide philosophico) ; 3º *Le Composé des Composés* ; 4º *Livre des huit chapitres.*

Roger Bacon (1224-1294) *Miroir d'Alchimie.*

Saint Thomas d'Aquin (1227-1274) *Secrets d'Alchimie.*

Raymond Lulle (1235-1315). 1º *La Clavicule* ; 2º *Résumé de l'Esprit de la Transmutation* (Compendium animæ transmutationis).

3º *Elucidation du Testament* ; 4º *Vade mecum ou résumé des teintures.* (Vade-mecum seu de tincturis compendium).

Arnauld de Villeneuve (1245-1314). 1º *Le Chemin du Chemin* ; 2º *La Fleur des Fleurs* (Flos Florum) ; 3º *Nouvelle Lumière* (Novum lumen) ; 4º *Le Rosaire* (Rosarium).

XIVᵉ et XVᵉ siècles :

Georges Riplée : 1º *Moëlle d'Alchimie* ; 2º *Traité des Douze Portes* ; 3º *Traité du Mercure.*

Bernard le Trévisan : 1º *De la Nature de l'Œuf* ; 2º *Le Livre de la Philosophie Naturelle des Métaux* ; 3º *La Parole délaissée.*

Nicolas Flamel (m. 1413) : 1º *Explication des figures du Cimetière des Innocents* ; 2º *Le Livre de Flamel* ; 3º *Le Sommaire.*

Basile Valentin : 1º *L'Azoth des Philosophes* ;

2° *Char de triomphe de l'Antimoine* ; 3° *Colloque de l'Esprit de Mercure avec frère Albert* ; 4° *Les Douze Clefs de Sagesse* ; 5° *Traité des Choses naturelles et surnaturelles*.

Isaac le Hollandais : *De la pierre des Philosophes*.

XVIe siècle :

Paracelse (1493-1541) : 1° *Le Ciel des Philosophes* ; 2° *Traité de la Nature des Choses* ; 3° *Teinture des Physiciens* ; 4° *Le Trésor des Trésors*.

Jean Dée : *La Monade Hiéroglyphique*.

Libavius : 1° *Traité de la Pierre*. 2° *Commentaires sur Arnauld de Villeneuve*.

Khunrath : 1° *Amphithéâtre de la Sagesse éternelle* ; 2° *Confession du chaos des Physico-chimistes*.

Denys Zachaire : *Opuscule de la Philosophie Naturelle des Métaux*.

Blaise de Vigenère : *Traité du Feu et du Sel*.

G. Claves : *Apologie de l'Art de faire de l'Or et de l'Argent*.

Sendivogius : *Le Cosmopolite ou la Nouvelle Lumière Chimique*.

Porta : *Magie Naturelle*.

XVIIe Siècle :

Van-Helmont : (1577-1644) *De la guérison Magnétique des blessures*.

Helvétius : *Le Veau d'Or*.

Philalèthe : 1° *L'entrée ouverte au palais fermé*

du Roi. 2° *La Fontaine de la Philosophie Chimique*.

XVIIIᵉ Siècle :

Pernety : 1° *Dictionnaire mytho-hermétique* ; 2° *Fables grecques et égyptiennes dévoilées*.

XIXᵉ Siècle :

Cyliani : **Hermès dévoilé**.

Cambriel : **Cours de Philosophie hermétique en *19 leçons***.

Louis Lucas : **La Chimie Nouvelle**.

Albert Poisson (mort en 1894) : 1° **Cinq Traités d'Alchimie des plus grands philosophes** ; 2° **Théories et Symboles des Alchimistes** ; 3° **Nicolas Flamel**.

Papus : **La Pierre Philosophale ; Traité Méthodique de science occulte**.

Tripied : **Le Vitriol des Sages et sa Préparation**.

Dʳ Marc-Haven : **Maître Arnauld de Villeneuve**, *sa vie et ses œuvres*.

Saturnus : **Iatrochimie et Electro-Homéopathie**.

Nous n'avons placé sur cette liste que les *hermétistes*, c'est-à-dire les philosophes occultistes réellement initiés qui se sont occupés d'Alchimie.

Docteur PAPUS

G. ENCAUSSE

DEUXIÈME PARTIE

COMMENT ON DEVIENT ADEPTE
(ASCÈSE MAGIQUE VERS L'ADEPTAT)

Tarot : Septénaire des Lois

	Correspondances.
8. Justice.	Justice ; Harmonie ; Balance ; Équilibre des Forces et des Facultés.
9. Hermite.	Isolement ; Puissance sur l'Astral.
10. Roue de Fortune.	Le Devenir : orientation de la Vie de l'Adepte.
11. Force.	La Force de la Volonté : Énergie de la Pensée.
12. Pendu.	Le Sacrifice volontaire ; l'Abnégation.

13. Mort. La Mort à la Vie passionnelle ; Régénération ; Dépouillement.

14. Tempérance. Changements; Échanges multiples ; Adaptation ; mutations : L'Adepte sait fabriquer la Pierre et s'en servir.

On verra de suite l'expression de ces corrélations en examinant quelles qualités sont requises pour l'Adeptat.

Ce 2ᵉ septénaire les note admirablement.

CHAPITRE PREMIER

Ascèse Magique vers l'Adeptat : L'Adepte

(Entraînement psychique; le laboratoire;
les correspondances magiques; la réalisation).

Nous avons étudié dans la Première Partie de ce Traité, les rapports immuables autant qu'indispensables qui existent entre la Tradition Kabbalistique et l'Alchimie.

Cela nous a bien montré la grandeur de la Philosophie hermétique, laquelle prenant ses racines, en la spécialité Alchimique, s'élève, par l'Analogie comme par l'Expérience, jusqu'aux plus complexes problèmes universels ou Métaphysiques.

Il serait donc tout à fait erroné de considérer l'Hermétisme comme l'Art seulement de transmuter les métaux, l'alchimiste comme un simple expérimentateur de l'ordre physique.

En réalité, la mutation des corps les uns en

les autres n'est que la conséquence, sur le plan matériel, des Principes et des Lois révélés par la Doctrine d'Hermès ; et le véritable alchimiste, prêtre de la Nature, n'obtient la Science de la Transmutation qu'après s'être montré digne de la posséder, par ses efforts moraux ou magiques.

Le Souffleur de l'Antiquité et du Moyen-Age, le chimiste de nos jours, n'ont aucunement droit au titre d'alchimiste, de philosophe hermétiste, car ils ignorent les enseignements de la Science Sacrée, ne peuvent se targuer d'aucune Initiation lente et régulière, car ils n'arrivent conséquemment, à produire aucun phénomène transmutatoire complet, à moins que par intuition, très rarement et partiellement, lorsque leur esprit assez élevé vers la Vérité, supplée, au moyen de ses propres lumières, aux révélations qui leur ont fait défaut.

La première condition que doit donc réaliser l'aspirant à la science alchimique, s'il veut tenter de s'élever à l'*Adeptat*, s'il veut être digne de porter le nom d'Alchimiste ou de Philosophe hermétiste, c'est de s'appeler Initié, de se prouver : Mage.

L'Alchimiste doit être mage d'abord, nécessité indispensable pour parvenir à l'Ascèse parfaite, à l'Adeptat en son intégrité, lui permettant d'obtenir les faits relevant de l'ordre rigoureusement alchimique.

Il est évident que c'est une lourde tâche à entreprendre ; elle demande de persévérants et pénibles efforts. Car l'on ne devient pas Mage-Alchimiste en quelques mois, bien moins encore Adepte.

L'Adepte représentant le Mage arrivé à l'ultime degré de la Connaissance, on conçoit la somme de travaux, de luttes, de succès qu'il lui aura fallu subir et remporter.

Nous pouvons affirmer que rares se rencontrent les Adeptes dans l'histoire de l'Humanité, et que, pour beaucoup d'appelés, il y a très peu d'Elus.

Pourtant, tous, nous pouvons, nous devons — tôt ou tard — atteindre ce but grandiose d'Adepte ou de Messie, suivant les lois de notre destin et nos Aptitudes.

Tous nous portons, en notre âme, le germe qui devra se développer et nous rendre un Krishna, un Moïse, un Hermès ou un Pythagore.

Notre âme est semblable à un diamant renfermé dans sa gangue épaisse, d'où il faut l'extraire par d'incessants efforts ; puis on doit le tailler, le polir, afin qu'il projette tous ses feux.

Mais pour réaliser cet Œuvre, le véritable Grand-Œuvre parfait, un temps très long apparaît nécessaire, qui demandera plusieurs de nos existences planétaires.

Nos lecteurs connaissent le Dogme de la Réincarnation ; nous ne nous y arrêterons point ; ces préliminaires avaient pour unique cause d'indiquer la nécessité de l'Initiation, et maintenant nous allons poursuivre l'exposé de l'Ascèse Magique vers l'Adeptat.

Appuyons d'abord nos assertions sur les textes anciens, afin de bien prouver la réalité de ce que nous avançons : c'est-à-dire que l'alchimiste n'est qu'un spécialiste de la Science Occulte, et qu'il ne se trouve digne de produire parfaitement les phénomènes de transmutation matérielle que s'il est parvenu à l'Adeptat ou à la Connaissance générale de la Synthèse Magique :

Zozime le Panopolitain trace le récit suivant qui prouve le Mystère obligatoire de l'Alchimie, la nécessité de la Révélation Hermétique : « Tout le royaume d'Egypte est soutenu par les arts psammurgiques. *Il n'est permis qu'aux prêtres de s'y livrer.* On les interprète d'après les stèles des anciens et celui qui voudrait en révéler la connaissance serait puni au même titre que les ouvriers qui frappent la monnaie royale, s'ils en fabriquaient secrètement pour eux-mêmes... C'était une loi chez les Egyptiens de ne rien publier à ce sujet. »

La connaissance de l'Art Sacré, c'est-à-dire de l'Alchimie, ne pouvait être communiquée qu'aux fils des rois, comme la Magie, car c'était bien là l'*Art sacerdotal et Royal*, dont les Adeptes devenaient réellement les Maîtres du Monde.

Clément d'Alexandrie dit aussi :

Les prêtres ne communiquent leurs mystères à personne, les réservant pour l'héritier du trône ou pour ceux d'entre eux qui excellent en vertu et en sagesse. »

« Dans les recettes positives des Alchimistes, qui nous ont été transmises, dit Berthelot, il y a souvent une partie réservée, tenue occulte à dessein. C'était un devoir religieux de parler par énigmes. L'usage des initiations était universel dans l'antiquité. Les Alchimistes prêtaient serment de ne pas divulguer la science qui leur était révélée.

Le texte de Zozime montre qu'il existait en Egypte une tradition métallurgique secrète, à laquelle les adeptes attribuaient la richesse de l'Egypte d'autrefois et la puissance de ses anciens rois nationaux. » (Berthelot).

Et le même auteur ajoute :

« La science était alors essentiellement impersonnelle, et l'on comprend comment Jamblique assigne à Hermès 20.000 livres. Mais toute cette science, quels qu'en fussent l'objet et le caractère, est *aujourd'hui perdue.* »

Nous nous adressons aujourd'hui à des *Initiables*, tout au moins, en ces pages, à des Martinistes et des Rose + Croix aussi ; il est donc bien inutile que nous nous étendions sur la partie historique

que relève Berthelot, au sujet de la *science perdue* des Anciens hiérophantes ; des textes en grand nombre, certes, furent égarés ; mais beaucoup furent sauvés par des pieuses mains, gardés au fond des sanctuaires privés d'où émanèrent les Initiés d'époques postérieures, possesseurs de la Tradition hermétique.

Eliphas Lévi a d'ailleurs admirablement tracé l'Histoire de la Magie dans ses beaux volumes : *Clef des Grands Mystères — Histoire de la Magie.*

St-Yves d'Alveydre parcourut le même terrain, en certaines pages de sa lumineuse : *Mission des Juifs*. Nous nous abstiendrons donc de revenir sur ces points traités d'une manière supérieure.

Contentons-nous d'indiquer quels furent les principaux sièges des grands sanctuaires hermétiques de l'Ancienne Egypte, des laboratoires alchimiques où se puisaient la connaissance des Mages, la science expérimentale de la Transmutation. C'étaient : la terre de la Thébaïde, Héracléopolis, Lycopolis, Aphrodite, Apollinopolis, Eléphantine, Pthah et Sérapis ensuite.

En ces collèges mystérieux dont l'entrée restait absolument interdite aux profanes, où l'on ne pénétrait qu'après de rigoureuses et terribles épreuves, l'on formait, avec un soin dont on ne se fait plus idée en notre siècle d'égoïsme, de jouissance et de lucre, des Alchimistes, de futurs Adeptes, désintéressés, laborieux, silencieux ; les vieux Mages leur communiquaient quelques principes de la Science Sacrée ; mais surtout laissaient à leur initiative le soin de développer leur Ame, leur Intelligence.

Car, on le sait, l'Initiation ne se donne point : il faut que le néophyte s'initie lui-même, s'élève à la Vérité par ses propres efforts, trouve en lui seul la Lumière.

Développement individuel : telle s'énonce la loi de l'Initiation...

Et durant de très longues années, les Alchimistes vivaient cloîtrés dans les sanctuaires que nous venons de citer : tantôt ils s'essayaient aux œuvres de la Transmutation et de la Chimie, dans les laboratoires sombres du Temple ; tantôt ils étudiaient les textes vénérables et hiéroglyphiques ; puis parcourant les beaux jardins des Sanctuaires où la Nature étalait ses magnificences, ils méditaient, rêvaient aussi, sous la caresse du Soleil tiède, sous les effluves de la Lune ou des astres pâles, sublimes Poëtes qui frissonnaient intellectuellement aux moindres souffles initiatiques de la splendide Isis.

Déjà initiés, pour avoir l'accès de ces sanctuaires alchimiques, les prêtres ne trouvaient point indigne d'eux de se courber encore sous la discipline amère du Travail et du Silence ; et ce n'était qu'après avoir parcouru toutes les étapes de leur spécialité, qu'ils abandonnaient le Collège, se répandaient au travers du Monde afin de façonner à leur tour, quelque œuvre de science et d'art, ou quelque âme novice. Laissons du reste ici la parole à Papus qui nous tracera de main de maître, le portrait moral de l'*Alchimiste* (1), nous montrera l'utilité de l'enseignement ésotérique.

On nous saura gré de donner ces admirables pages du Maître.

« Lorsque l'initié avait, à la suite d'un labeur incessant, pénétré seuls les secrets de l'Unité, il avait la faculté de se spécialiser pour adapter au profit de la Foule, l'un des aspects de l'Absolu. Défense est faite à l'homme, dans tous les plans, de garder pour lui seul les richesses matérielles ou intellectuelles dont il n'est jamais sur Terre qu'un simple dépositaire, et la cristallisation de l'âme attend, de l'autre côté, ceux qui ont cultivé l'égoïsme sur l'une quelconque de ses formes. Le travail accumulé par l'initié devait donc, avant tout, profiter à la masse des déshérités ; voilà pourquoi celui qui s'était tant élevé, devait mettre sa haute science au service de tous, et cela gratuitement.

» Alors naissaient les Adaptations de l'Absolu aux contingences de la vie humaine. Dans le Collège du Sage, l'un consacrait sa science à l'évolution des

---

(1) Extrait de la revue : *L'Hyperchimie* (n° 5, décembre 1896).

âmes par l'appel des forces divines; c'était le *théurge*; l'autre se rendait au milieu des malades et des blessés, et chassait la souffrance ; c'était le *thérapeute*, qui, souvent, était doublé du *thaumaturge*. S'agissait-il seulement d'agir directement sur la Nature et non plus sur l'Humanité, le *Mage* commandait aux forces intellectuelles du plan physique, et faisait jaillir les sources en pays stérile ou dématérialisait les blocs de granit ; *l'hermétiste*, thérapeute de la Nature, créait par sa science les métaux précieux qui enrichissaient le Collège du Sage et lui donnaient le moyen d'action nécessaire. »

La liste de ces adaptations serait trop longue, s'il fallait les passer toutes en revue ; ce que nous voulons bien faire comprendre, c'est que tous les spécialistes traduisaient à la Foule, sous des formes différentes, un *Seul et Même Grand Principe* qu'ils avaient d'abord bien pénétré. Que résultait-il de cette méthode ?

C'est que les caractères employés par les différentes adaptations dérivant tous d'un même centre et par suite d'une même Loi Générale, pouvaient être utilisés par tous les adaptateurs en changean simplement le sens du signe suivant chaque spéculisation, mais sans changer ce signe lui-même. Ainsi un point dans un cercle était un signe commun à tous les Initiés dans leurs différentes adaptations.

Pour le théurge, il désignait la concentration de la force divine (le point) hors de ses réalisations multiples (le cercle).

Pour le thérapeute, il indiquait l'âme curative (le point) au sein de la Plante et de la Matière qui le renferme (le cercle).

Le Mage y voyait sa situation (le point) au centre du cercle isolateur, alors que l'Hermétiste y voyait l'or parfait et que l'Astrologue reconnaissait en lui le Soleil dans toutes ses analogies.

Réciproquement, il suffisait qu'un Initié, quelle que fut sa spéculation, écrivît un signe, pour que tous les autres initiés comprissent ce signe et en vissent immédiatement l'application à leur propre spécialité.

La science hermétique avait pour objet spécial de ses études, l'explication de ces signes dans leurs plus habituelles adaptations.

Après la destruction par Rome des grandes universités d'Egypte, les centres initiatiques furent reportés bien loin vers l'Est, et ce n'est que longtemps après, vers le Moyen-Age, du XIIe au XVIe siècle, que nous retrouverons en Occident de rares initiés se livrant à l'étude de l'Hermétisme et connus généralement du Public profane sous le nom d'*Alchimistes*, nom venu de la langue arabe.

Il ne faut pas confondre les Alchimistes, véritables initiés connaissant l'*Unité*, qui sont à proprement parler des philosophes faisant de la Chimie, avec les souffleurs, gens ignorants et grossiers qui sont simplement des chimistes du temps essayant de faire de la Philosophie.

Les naïfs qui ont la foi des Encyclopédies, disent que l'Alchimie a donné naissance à la Chimie actuelle, commettant une erreur des plus grossières.

Quelques expériences du laboratoire des Alchimistes, *refaites sans en comprendre la raison d'être philosophique*, par les souffleurs et reprises plus tard, lors de la renaissance, par les pharmaciens du temps, ont constitué un recueil de formules dont on a cherché à classer les lois sous le nom de *Chimie*. La Chimie est une science de *garçon de laboratoire* pour le philosophe hermétique, et l'opinion à ce sujet n'a pas changé pour les initiés depuis le XIIIme siècle jusqu'à nos jours.

Qu'importe que ces garçons de laboratoire aient envahi les salons et se soient constitués en Académie. Chaque fois qu'ils ont voulu faire la Philosophie de la Chimie, ils ont été obligés de reconnaitre qu'ils ne pouvaient que reprendre les enseignements immuables de leurs maîtres, les alchimistes, car ces maîtres seuls possèdent les principes éternels qui leur permettent à l'occasion de transformer la Matière par les procédés du laboratoire ; mais c'était là une application pour la Philosophie hermétique, qui n'aurait jamais songé à remonter des faits du laboratoire au monde des lois premières ; car sa marche était toute inverse : le laboratoire, pour l'alchimiste, n'a jamais été que la conséquence de l'oratoire ».

※

On ne s'étonnera plus, après avoir lu ces pages, du rôle grandiose que doit tenir l'alchimiste digne de ce nom, et des conditions rigoureuses qu'un tel but nécessite.

On comprendra dès lors que l'Ascèse voulue n'est point un jeu, un facile essai de quelque temps, mais bien une lente initiation sacerdotale ; ce sacerdoce n'a point cessé depuis l'antiquité des sanctuaires, et tout homme qui aspire à devenir Adepte doit en recevoir les caractères sacrés ; nous allons donc poursuivre ces notes pratiques d'entraînement magique, en définir les principes généraux qui permettront d'orienter l'Esprit vers les sources éblouissantes de la Lumière et de la Vérité.

Au Moyen-Age, voici les préceptes que donnait Albert-le-Grand, l'illustre adepte, et dont *l'esprit* demeure toujours nécessaire si l'on veut acquérir les connaissances élevées de la Philosophie hermétique :

Sous le nom de *Vie privée des Alchimistes*, dans son traité « *De Alchimiâ* », Albert le Grand énumère ces diverses conditions que l'Alchimiste doit remplir pour parvenir au Grand œuvre :

1° L'Alchimiste sera discret et silencieux ; il ne révélera à personne le résultat de ses opérations.

Nous nous permettons de paraphraser ces enseignements magistraux : l'hermétiste ne peut que se nuire en dévoilant aux profanes le but de ses travaux ; en effet il se fera passer pour un « cerveau détraqué », un fou, auprès de la plupart de ses concitoyens qui méconnaîtront sans doute la réalité de la science occulte.

Bien entendu, il ne faut pas se montrer honteux de rechercher la Vérité, ni déguiser ses croyances ; cela pouvait sembler indispensable du temps de l'Inquisition, où l'on brûlait les ésotéristes ; aujourd'hui ce danger physique n'existe plus pour l'imprudent ; mais à quoi bon jeter en pâture aux moqueurs et aux ignorants l'*Art Sacré* ? Mieux vaut conserver en soi ces préceptes sublimes, ne les communiquer qu'aux intelligences avides de Vérité et de Bien.

Puis, en s'entretenant avec l'un et avec l'autre de ses essais, l'Alchimiste produit en quelque sorte une décohésion de ses forces astrales, magnétiques, dont il a si grand besoin : il s'entoure en un mot d'hostilités plus ou moins déguisées, mais toujours nuisibles à l'Œuvre entreprise.

Donc, *discrétion* et *silence* : les Mages d'autrefois recommandaient soigneusement à leur disciple de *se taire*, de ne parler qu'au bon moment, et alors sans se laisser intimider par qui que ce soit. Rappelons la grande devise de l'Initié : Oser — Vouloir — Savoir — Se Taire.

2º Il habitera loin des hommes, une maison particulière, dans laquelle il y ait deux ou trois pièces exclusivement destinées à ses opérations. Cela ne veut pas signifier que l'on doive se cloîtrer, vivre en misanthrope, loin de ses frères. Mais il est de toute nécessité que l'hermétiste travaille en paix, à l'abri des indiscrétions, des bruits troublants du dehors. En conséquence, nous l'engageons à se choisir, autant que possible, un laboratoire retiré, dans lequel il ne laissera pénétrer que ses confrères ; de même son oratoire magique doit demeurer interdit aux curieux : le mieux certes, consiste à le porter dans son cœur : là s'entretient l'autel pur, le feu qui ne doit jamais s'éteindre.

3º Il choisira le temps et les heures de son travail.

Cela veut dire que l'alchimiste, suivant les méthodes traditionnelles, se basera sur les Correspondances, les Signatures, les Analogies planétaires, astrales, magiques.

Choisir son temps pour œuvrer, constitue à tout point de vue, un arcane de la plus haute importance. Car de cette manière l'on concentre toujours sur son travail, une volonté active, toute puissante, contre laquelle se brisent les obstacles.

4° Il sera patient, assidu et persévérant.

Gare aux déceptions, fréquentes, dans la poursuite du Grand Œuvre, aux découragements de l'Ame et de la Chair !

L'Alchimiste doit se cuirasser contre toutes les émotions : jugements de l'opinion, erreurs de recherches.

Marche, marche toujours, laborieux hermétiste. Va de l'avant ! Invoque l'Être et ne te lasse jamais. Ainsi tu parviendras à la Lumière, au moment que tu t'y attendras le moins. Rappelle-toi l'épigraphe de ce livre :

Celui qui recommence ses essais avec patience, réussit quelquefois.

Souviens-toi des échecs que subirent, sans se décourager jamais, les vieux Maîtres de la Haute Science : R. Lulle — A. de Villeneuve — Van-Helmont — Paracelse !

Semblable au soldat qui lutte sans hésitation, faisant vaillamment le sacrifice obscur de sa vie, dis-toi que si tu succombes, d'autres arriveront auxquels tes efforts auront incontestablement servi.

5º Il exécutera d'après les règles de l'Art, la trituration, la sublimation, la fixation, la calcination, la solution, la distillation et la coagulation.

L'initiative est laissée à tout travailleur : il peut varier ses modes opératoires secondaires ; mais toujours il lui est enjoint de se conformer aux grands principes de la Science sans lesquels nul homme, nul Inspiré, ne parviendra jamais au succès.

6º Il sera assez riche pour faire la dépense qu'exigent ses opérations. Sage Conseil ! Combien se sont ruinés à la conquête du G∴ O∴, lequel s'éloignait au fur et à mesure que l'impatience de l'alchimiste allait croissant. — Tel l'Idéal !

Ami, ne te lance point éperdûment dans le cours d'expériences trop coûteuses ! Ménage tes forces et tes ressources. N'oublie point ce fameux aphorisme de tantôt : « Il choisira le temps et les heures de son travail. »

La Méthode et l'entente, la Sagesse continue empêcheront bien des déboires. Mais sois désintéressé absolument, car la première et indispensable condition pour fabriquer le Grand-Œuvre, consiste à négliger la richesse : l'Or.

**

La marche vers l'Adeptat doit être incessante; le caprice, en ce point surtout, constitue un terrible agent de désagrégation; une fois lancé sur la Voie de l'Initiation, il faut avancer, avancer toujours, sous peine des plus graves catastrophes. Malheur à celui qui renonce ! Isis ne pardonne ni à ses profanateurs, ni aux êtres pusillanimes.

Considère donc bien, avant que de commencer ton noviciat, lecteur, les devoirs multiples, qui t'incombent, le But auquel *il faut* — je ne dis pas parvenir, cela ressort du domaine de la Providence — mais tendre de toutes tes forces.

L'Hermétiste, pour devenir un Adepte véritable, un Initié supérieur, s'engage dans un sacerdoce sublime. C'est la véritable Prêtrise, à laquelle chacun peut prétendre s'il le veut sincèrement et continuellement. Initié, il faut t'efforcer vers le Bien, le Beau et le Vrai, non pas d'une manière vague, superficielle, ainsi que semble d'abord l'indiquer cette triade tant citée du Vrai, du Beau, du Bien.

Non ! Pénètre ces mots, arrive à leur essence; c'est là, la première des règles qui te sont imposées. Médite toujours les mots qui sont des Signes de l'Invisible qu'ils éveillent. Ne les prononce pas, quels qu'ils soient, des lèvres ; évoque, en les nommant, l'Intelligence, l'initiative personnelle.

En résumé : pense (il est si rare aujourd'hui de penser !)

N'accepte pas les idées toutes faites.

Eh bien ! en approfondissant les termes de : Vrai, Beau, Bien, en réfléchissant à *l'ascension intégrale,* vers ces Principes, que tu vas entreprendre, tu seras effrayé à la vue de ce Panorama, vertigineux, car il représente : **l'Infini !**

Incline-toi devant cet ABIME de la Gnose, mais aussitôt, relevant le front, écrie-toi : *J'irai* : j'ai entendu l'appel de l'Être ; je réponds à sa voix, à son Verbe sacré !

Et que rien ne venant abattre ton mâle courage, tu marches, tu t'élèves, tu t'améliores, comprenant davantage chaque jour cette Trinité — Une. Nous te le souhaitons du plus profond de notre cœur.

Mais écoute bien, maintenant, car nous allons te citer les belles définitions de l'Adepte, de l'Adeptat, avant que de t'indiquer brièvement les méthodes de l'Ascèse Magique.

Ouvre ton entendement — nous te supposons décidé à suivre la voie sublime du Régénéré — aux paroles du Maître Stanislas de Guaïta (1) dont l'œuvre incomparable sera un de tes bréviaires :

« L'Adepte est une puissance convertible, un lien conscient de la Terre au Ciel, un être qui peut, à volonté, rester sur terre, jouir de ses avantages et cueillir ses fruits — ou monter au Ciel, s'identifier à la Nature divine, et boire à longs traits la céleste ambroisie.

Réintégration du sous-multiple humain dans l'Unité divine ; voilà l'œuvre majeure de l'Adeptat... Le Réintégré ou l'Adepte est celui qui peut, toutes les fois qu'il le désire, maîtriser entièrement son Moi sensible extérieur, pour s'abstraire en Esprit, et plonger par l'orifice du Moi Intelligible interne, dans l'Océan du soi collectif divin où il reprend conscience des arcanes complémentaires de l'Eternelle Nature et de la Divinité. L'Adepte est celui qui peut quitter son effigie terrestre, en corps astral ou éthéré, pour aller puiser dans l'Océan astral la solution des mystères qu'il recèle.

Si donc tu aspires à devenir un Adepte, évoque le Révélateur qui parle au-dedans de ton être ; impose au Moi le plus religieux silence, pour que le Soi se puisse faire entendre — et

---

(1) Voir le *Temple de Satan*, *Au Seuil du Mystère*. — *La Clef de la Magie Noire* (Chamuel, 5, r. de Savoie).

alors plongeant au plus profond de ton Intelligence, écoute parler l'Universel, l'Impersonnel, *Ce que les Gnostiques appellent l'Abime*. Mais il faut être préparé (1). »

Cette préparation a lieu au moyen de l'Initiation progressive, ainsi que cela a été noté déjà. Il est bon d'être affilié, par conséquent, à une société initiatique traditionnelle, au Martinisme, nous la nommons, car l'homme isolé se trouve bien faible ; il a grand besoin des conseils d'un ami afin d'évoluer sûrement.

Mais que le Néophyte se rappelle bien que l'Initiation suprême, l'Adeptat, ne se communique point ni ne se confère : *cela ne peut se communiquer*. Il faut trouver en *Soi* la Lumière de la Vérité, la Puissance morale et phénoménale. Les Collèges initiatiques se contentent de guider l'Aspirant ; et, le voudraient-ils, ils ne pourraient tenter davantage. Vires acquirit eundo.

---

(1) « L'adepte peut bien encore prendre sa part des illusions terrestres, mais en sceptique désabusé, et sans y croire désormais. Il ressemble à l'acteur, qui rend sur la scène les passions violentes de l'ambition, de la haine et de l'amour et qui peut un instant s'enfiévrer au jeu jusqu'à se paraître sincère à lui-même. Voyez-le qui s'épanouit dans la joie ou se contracte dans la douleur... Mais, adieu l'émotion si peu qu'il réfléchisse. Il rit alors de ses larmes faciles, et, chose plus triste encore il rit de son rire. »
S. de Guaïta : *La Clef de la Magie Noire.*

*
* *

L'alchimiste va donc opérer, d'une manière rationnelle, son entraînement magique sur les trois plans, c'est-à-dire sur les plans : physique, astral et intellectuel.

Nous n'avons pas le dessein de définir ici, en détail, les phases de cette évolution; tel n'est pas le but de l'ouvrage que nous offrons à la méditation des penseurs. Notre rôle consiste uniquement à effectuer l'*adaptation* de l'Hermétisme à l'Alchimie proprement dite...

Pour ce qui concerne la Méthode pratique, générale, de l'Ascèse, nous renverrons le Néophyte au volume très consciencieux, inédit et profond de Papus : *Traité de Magie Pratique* (Chamuel). On y trouvera tous les renseignements nécessaires.

Contentons-nous donc de résumer les principales lignes de ce sujet si grave :

L'Alchimiste devra lutter vaillamment, d'abord, contre les passions qui l'assaillent: voilà le point capital de l'Ascèse.

Nul ne deviendra Initié s'il reste la proie du Mal, du Déséquilibre moral. Il faut extirper de son âme les hôtes troublants qui l'occupent : Orgueil, Colère, Jalousie, Haine, Avarice, Hypocrisie, Luxure, Paresse.

L'Adepte sera le Maître de ses passions, jouira d'une constante égalité d'humeur, paraîtra sérieux, mais affable toujours. Il saura dompter ses désirs charnels de tout ordre, ne leur céder que lorsqu'il le *Veut*.

La Volonté : elle est en effet la grande arme du Mage.

C'est la volonté qu'il va sans cesse développer davantage en lui, car c'est une force omnipotente, par laquelle il commandera aux autres énergies qui apparaissent secondaires (1).

Vouloir et bien vouloir : là réside l'Arcane par excellence; la Volonté se mettant d'accord avec les Lois de l'Être, l'Homme domine la Nature, se l'astreint, car il sait pourquoi et comment il agit.

Veuille donc, alchimiste ! Veuille sans cesse et toujours, et le reste t'arrivera par surcroît. Dégage ton esprit des écorces larviques de la Matière et de l'Astral. Commande à tes sens; plane au-dessus des misères de la chair, et tu seras alors vraiment le Roi de l'Univers.

Est-ce à dire qu'il te faille extirper le cœur de la poitrine, en comprimer les battements, briser toute affection ?

Non pas. On ne te demande point de devenir

---

(1) Le Destin est fatal; mais la Volonté en s'éveillant, harmonise l'être, réagit contre le sort, s'accorde avec la Providence. (Ternaire Kabbalistique).

une Pierre, mais un Sage, ce qui signifie le Thérapeute tendre, aimant, compatissant aux misères. Elargis-le, ton cœur. Etends ton amour à tous tes frères, à tous les êtres ; n'arrête pas ses rythmes : commande-les ! — Sache dominer les émotions et les voluptés. Sache, même au milieu des plaisirs de la chair — lorsque tu auras voulu t'y livrer, accepter de déchoir — sache leur rester supérieur. Que ton Esprit plane au-dessus de ton corps ! Et alors, quand tu possèderas ce suprême détachement volontaire de Tout, si tu *veux* aimer : aime ; si tu *veux* vivre de la vie du monde : vis-la.

Nous ne craignons rien : tu seras assez supérieur pour rester *toi-même*, au milieu des brutes, pour diriger ta pensée alors que le Milieu serait invinciblement stupide.

Mais tente le moins possible ces orgies inutiles : fuis la volupté énervante autant que tu le pourras ; fuis le lupanar surtout, et fuis l'imbécile qui raille.

Que si tu trouves une compagne supérieure, évoluée, intellectuelle et jolie, car l'Initié aime la Beauté, l'Harmonie, sous les diverses formes, tu te joignes à Elle, soit ! Peut-être auras-tu rencontré l'Ame-Sœur dont parle la Kabbale. Mais, au grand jamais, ne te laisse dominer par une femme ! Que, si tu veux évangéliser le Public, tu fréquentes les imbéciles, les sots — ils s'appellent : Légion — soit ! tu y trouveras peut-être un cerveau où semer le germe ; mais méfie-toi de ce genre d'exercice par trop répété : il faut être bien supérieur pour n'avoir rien à craindre du contact incessant et salissant de l'Idiot.

Répands plutôt tes idées — et peu — par la Plume, le Pinceau ou la Conférence choisie.

Lorsque tu auras dominé les tempêtes de ton âme, ami, lorsque tu te sauras le Maître de tes émotions, de tes nerfs, aborde, alors seulement, la conquête-dangereuse, mais nécessaire — du Plan Astral.

Quand tu auras écrasé le Serpent de Feu, le Dragon du Seuil, le Plan intellectuel ou supérieur te deviendra accessible presque immédiatement.

Concentre donc, maintenant, tous tes efforts sur le vertigineux courant astral qu'il faut dompter en le traversant ; la méthode d'Ascèse alchimique ne diffère point, en ses principes, de l'Ascèse Magique ; l'adaptation finale particulière, seule diffère. — Il s'agit donc d'amener son moi intérieur et supérieur, en contact avec l'Océan du Soi-Collectif divin, avec l'Ame de la Nature.

L'Extase consciente : telle est la fin que se propose l'Adepte.

Mais ce n'est point en un seul coup, d'un élan, qu'atteindra ce But, le Néophyte.

Auparavant, il faut, avec lenteur et courage, développer ses facultés psychiques latentes, par la lucidité, le somnambulisme raisonnés ; puis lorsqu'on est sûr de ses forces, essayer par progression savante le Dégagement du Corps Astral, qui formera le 2e terme de l'Entraînement : L'Extase mixte avec méditation.

Enfin, si l'Initié s'en montre digne, parvient à la Volonté suprême, il conquerra l'Extase pure, Méditation suave qui lui permettra de participer à la Vie Universelle, d'obtenir une extraordinaire Puissance, extraordinaire pour le Profane, l'Ignorant.

L'Initié se nommera alors Adepte.

Au point de vue strictement alchimique, tu vois de suite, Philosophe hermétiste, quel usage tu peux faire de tes facultés psychiques, à quelle fin te servira l'Extase dans ses trois degrés.

Le but demeure un : tu produiras par la concentration *absolue* de ta volonté, une dynamisation extrême de la Matière, ce qui hâte la transmutation, désagrège, puis agrège de nouveau les atomes chimiques, perturbe, selon l'ordre désiré, les molécules élémentaires.

De même que le fakir accélère, au moyen de l'Energie qu'il rayonne, la poussée d'une Plante ou d'une fleur, ainsi l'Alchimiste initié, rendu maître des Éléments, les fait entrer en combinaison, en réaction les uns sur les autres, comme il le veut, et avec une rapidité bien plus grande que ne le tente la Nature.

Dans toutes les opérations alchimiques, le rôle permanent de l'hermétiste consistera donc à bien fixer sa volonté concentrée — c'est-à-dire débarrassée de tout souci autre et d'ordres divers — sur le but à atteindre ; à se mettre en un état mental, psychique, de tension et de rayonnement particuliers.

Mais comment, nous demanderas-tu, arriver à ce résultat ? quels procédés employer avant et pendant les travaux chimiques ?

Voici ce que nous te recommandons, d'une façon générale, laissant à ta perspicacité et à ta constance, le soin de développer ces conseils :

Tu essayeras des miroirs magiques, afin de provoquer ta lucidité somnambulique consciente et ton psychisme afin d'obtenir, en concentrant ainsi ton Vouloir — par la vue — des visions hermétiques.

Comme miroir magique, emploie la *coupe de cristal* (ou le verre de cristal) que tu rempliras d'eau jusqu'aux bords ; plaçant cette coupe sur une nappe blanche, tu mettras derrière trois bougies, en triangle.

Puis tu te tiendras de manière à ce que l'œil se trouve au niveau du plan formé par le liquide. C'est tout !

Au bout de quelques instants, — nous supposons

l'entraînement achevé — l'eau te semblera bouillir, des spectres de couleur passeront ; puis les images de l'Astral viendront frapper ton œil. N'oublie point qu'elles sont presque toujours hiéroglyphiques, et que, conséquemment, tu auras la tâche de déchiffrer leur sens.

Si tu le préfères, prends le miroir métallique, ou enduit d'une teinture de charbon.

Mais la simple coupe de cristal donne à la plupart des Voyants, de parfaits résultats.

Pour ce qui regarde les détails de ce phénomène magique, les conditions à remplir, consulte : *le Traité de Magie Pratique*, de Papus, ainsi que le complet recueil du Maître Sédir : *Les Miroirs Magiques* (Chamuel).

Nous en extrayons les précieuses remarques suivantes qui sont substantielles :

« .... Dans cette lutte perpétuelle avec les distractions de la vie ordinaire et avec les tableaux du monde psychique, la volonté devra trouver des auxiliaires dans chacun des trois organismes que comprend l'être humain. L'Homme intellectuel aura à mettre en jeu sa faculté de méditation, par laquelle il génèrera consciemment des idées : l'Homme animique se développera en retranchant les émotions personnelles et en acquérant le pouvoir de ressentir les émotions de l'Universel ; l'Homme physique enfin devra fermer la porte aux sensations externes l'auto-hypnotisation...

Telles sont les strictes règles de l'éducation occulte suivies depuis les temps les plus reculés dont nous puissions acquérir la notion.

En fait, le commençant devra, pour percevoir l'Invisible, s'abstraire du Visible : ce n'est que plus tard, lorsqu'un exercice long, patient et continué avec une persévérante ardeur, l'aura conduit à la maîtrise qu'il pourra être à la fois spectateur du Monde Occulte et du monde matériel.

S'abstraire du Visible, c'est en perdre la Conscience ; c'est dormir de cette sorte de sommeil physique dont nos savants modernes ont redécouvert les variétés les plus rudimentaires sous le nom d'Hypnotisme.

Parmi les sens au moyen de qui nous sommes en relations avec le Visible, deux sont, de par la matérialité de leur objet, absolument sous le contrôle de la Volonté : pour ne pas exercer le tact et le goût, il suffit en effet de rester immobile. On me pardonnera la naïveté de ces remarques ; elles sont utiles, ne serait-ce qu'en montrant la simplicité des moyens employés par l'Occulte pour des résultats « surnaturels » selon le Vulgaire.

Quant aux trois autres sens, on peut les annuler en s'enfermant, comme les Yogis, dans le silence et l'obscurité d'une retraite souterraine.

Mais alors qu'arrive-t-il ? C'est que la Volonté en est réduite à tirer exclusivement toute sa force de l'*Invisible*, de l'Astral, au moyen d'une concentration intellectuelle dont la puissance est bien au-dessus du pouvoir de la majorité des étudiants, même avancés.

L'idéal serait donc de fournir au cerveau, par le moyen des trois sens précités, un adjuvant dont l'uniformité et la persistance n'apporteraient point de distraction à l'intelligence: ainsi le sens physique sera endormi, et la volonté trouvera de nouvelles forces pour s'exercer.

L'emploi de ces adjuvants est connu dès la plus haute antiquité : ce sont les parfums, la musique et la lumière.

Les initiés égyptiens et indous les maniaient avec une science consommée pour le développement de leurs néophytes, et la tradition de ces pratiques se retrouve chez tous les peuples...

Selon le tempérament du sujet, les anciens sages se servaient pour l'amener au sommeil magique, de l'un de ses sens : il était préparé alors par l'ébranlement monotone des autres sens, que j'ai indiqué plus haut, à une impression plus vive sur le sens voulu, déterminant l'*hypnose*.

C'est ainsi que celui qui voudra se développer en clairvoyance, assoupira tout d'abord son odorat par une fumigation appropriée, son oreille, par une musique d'un caractère spécial, tandis qu'à la demi-obscurité d'une petite lampe, il fixera ses regards sur le miroir magique...

Selon le degré de concentration ou de désir, (c'est-à-dire selon la Perfection avec laquelle la septième force astrale de notre corps aura pénétré la *Roue Ignée*), d'après ces conditions, dis-je, qui dépendent uniquement, je le répète, de la puissance de la volonté, la clairvoyance se produira : elle ne sera tout d'abord pas parfaite, ni même précise peut-être ; mais un exercice continu et soigneux donnera progressivement aux organes astraux toute la sensibilité qu'ils sont capables d'acquérir ».

Quand tu auras, disciple, obtenu la lucidité artificielle, ou tout au moins essayé de la provoquer avec sagesse et constance, tu arriveras ensuite à l'atteindre directement, par l'Extase que nous avons étudiée plus haut.

Tu connais assez la Science occulte pour savoir qu'en cet *état*, ton corps astral, dégagé du corps physique, à lui relié, vague par le milieu de Formation, d'où il tire les lumières intellectuelles, morales et matérielles, nécessaires à son Œuvre.

Là, n'avance que très prudemment, sur les conseils d'un guide certain : méfie-toi du domaine, perfide pour l'imprudent, de l'Astral.

Conduis avec une rare sagacité le dégagement

de ton double : il en va de ta raison et même de ta vie. Si tu doutes de ta volonté, de ton sang-froid, abstiens-toi. Reste encore au seuil du Mystère.

Car, lorsque tu l'auras franchi, tu te trouveras en présence du Serpent, du Dragon de Feu ; souviens-toi bien de ceci : si tu ne le terrasses, semblable au Sphinx, il te dévorera.

Projette ton vouloir sur ses formes, et tu dissoudras les fantômes horribles, les larves accourues pour t'étouffer. D'un geste noble, repousse les visions élémentales, les images troublantes — et planant au-dessus d'elles, élève-toi vers la Pure Lumière, remonte les courants qui chercheront à t'entraîner : sinon tu es perdu, noyé, dissous, affolé ; le lien qui te rattache au corps se rompra peut-être ; ce sera la Mort dans le moment du Vertige, de l'Erreur. Et si malgré cela, tu réintègres l'enveloppe charnelle, ce sera la Folie, la Possession !

Mais si tu maîtrises le dangereux Océan, si tu nages hardiment vers le Phare, tu t'appelleras alors le Régénéré. Tu auras mis le pied sur le domaine de l'Immuable ; fils de Dieu, on te nommera : L'Adepte ! Évolué alors jusqu'au Plan de l'Intelligence, tu en rapporteras les trésors ineffables, les fruits de la Science, et les Parfums de la Vertu.

Ce n'est qu'en méditant la Loi de l'Initié, que

tu réaliseras cette Fin proposée à tout homme, à toute Conscience ; Loi Profonde : Savoir — Se Taire — Oser — Vouloir.

*_**

Dans ton laboratoire, en conséquence de la réalisation sur les trois plans, tu as à appliquer les mêmes méthodes d'entraînement, que sur les autres mondes ; la clairvoyance acquise, doit te guider pour le maniement des réactifs, l'essai des corps, la marche parfaite des opérations ; le maniement de l'Astral, tu l'utiliseras à *Dynamiser* la Matière.

Oh ! ne crois pas non plus y arriver après quelques essais.

L'Analogie règne en tout, et tu chercheras longtemps avant que de trouver, sans doute.

Fixe l'énergie psychique sur l'Œuvre ; projette sur lui ton vouloir ; insuffle en lui ton Désir ; rayonne un Magnétisme puissant et pur.

Pour cela, vis en Dieu, c'est-à-dire, comme nous l'avons déjà recommandé, sois généreux, loyal, patient, maître des passions bouillonnantes.

Prie, dans la signification exacte du mot : *Ora*, c'est-à-dire : *Médite*.

L'Oratoire doit se confondre en le Laboratoire, s'en trouver proche tout au moins.

Souvent, retires-y toi, évoque l'Esprit, monte vers Lui, unis-toi à son Rayonnement.

Relie ton être en chaîne occulte avec les âmes des penseurs, des grands Initiés, des Mages, des Alchimistes.

Invoque celui qui, par ses travaux, te plaît davantage, et jamais, sois-en sûr, il ne t'abandonnera. Travaille en méditant, et médite en travaillant ; l'un ne va pas sans l'autre, en vérité, car ces deux efforts se complètent.

Peu à peu tu sentiras tes forces intellectuelles se décupler, la lumière s'étalera, jaillissant parmi les Ténèbres, et tu apporteras, en tout cas, une pierre, si modeste soit-elle, à la construction du Temple Universel de la Nouvelle Jérusalem.

Dans ton oratoire, se trouveront les objets indispensables à l'Hermétiste : la baguette magique, l'épée pour dissoudre les coagulations astrales, le miroir magique, le brûle-parfum, l'autel en bois, recouvert d'un blanc tissu, la robe de l'alchimiste, en lin blanc, avec cordelière tressée or et argent.

Revêts cette sacerdotale draperie chaque fois que tu méditeras, et lorsque ton œuvre touchera à sa fin.

Quant aux parfums, ils te serviront durant les opérations magiques, et pour te purifier ; brûle le musc, l'encens, le santal.

Nous n'allons point ici développer ces chapitres

de l'Ascèse ; nous te pensons étudiant assez avancé en Occultisme : tu sais donc ce que nous voulons exprimer et tu possèdes les Maîtres : E. Lévi — Papus — St. de Guaïta — Péladan, lesquels t'ont fourni d'amples enseignements.

Nous insisterons seulement sur deux points, relevant de notre spécialité alchimique : n'effectue que le plus rarement possible les grandes opérations de la Magie, l'évocation par exemple : cela t'enlèverait une quantité considérable de forces nerveuses dont tu as besoin pour le Grand-Œuvre.

Borne-toi à l'étude de l'Astral que tu *soutireras* et *coaguleras*, à l'usage de tes travaux chimiques.

Ensuite, projette toujours ta force psychique sur les réactifs que tu emploieras ; imprègnes-en les corps ; base-toi autant que tu le pourras, sur leurs concordances astrales pour les manipuler et les unir de même que pour les parfums (1).

Telle est la voie, disciple, qui te mèneras sûrement à l'Adeptat, si tu sais manier tes facultés et tes passions, les canaliser rationnellement afin de les employer à ton Evolution.

Elève-toi toujours, dans l'ordre scientifique, des Faits aux Lois et aux Principes ; nous voulons

---

(1) *Voir Magie Pratique*, de Papus, pour les correspondances astrologiques.

donc dire : trace-toi une Synthèse, sans laquelle nulle Ascension vers la Vérité n'est possible.

Mais, inversement, descends toujours aussi, durant les vastes méditations, des Principes sublimes aux Lois et aux Phénomènes.

De cette façon, tu éviteras l'écueil des matérialistes qui ne veulent voir partout que la Matière, et des Mystiques qui, négligeant l'enveloppe charnelle dans ce qu'elle a de fatal, s'égarent en une dangereuse et trompeuse Illusion.

Parviens à l'équilibre des deux énergies contraires : c'est la clef de voûte de l'édifice, que nous te confions là, la Clef de la Science Occulte en même temps.

Ne perds pas de vue, en aucun de tes travaux, le Ternaire Sacré et Initiatique symbolisé par la Trinité religieuse, exprimé Kabbalistiquement par les 3 plans : Matériel — Astral et Divin.

Lorsque tu abordes un de ces plans, établis de suite les Analogies des deux autres avec lui, par Correspondance.

Ainsi, tu ne tomberas jamais en l'Erreur grossière, tu apprendras analogiquement et intuitivement beaucoup de Principes, tu sauras enfin manier les arcanes majeurs exprimés en hiéroglyphes par le livre du Tarot.

⁂

Laisse-nous maintenant t'indiquer les guides que tu pourras fructueusement, que tu devras même, consulter durant ton Initiation magique :

Au point de vue de la *Pratique* rigoureuse, les substantiels préceptes du Dr Papus te seront absolument indispensables ; nous avons nommé : la *Magie Pratique;* puis, comme manuel d'exercices quotidiens le traité admirable de Prentice-Mulfort : *Vos Forces et le Moyen de les utiliser ;* pour la Voyance : les *Miroirs Magiques* de Paul Sédir ; puis *les Incantations*. Dans l'ouvrage de Papus et dans celui de Prentice-Mulfort, tu trouveras les règles de la Vie magique, de l'entraînement de la Volonté, du Geste, du Verbe, du Goût, etc. L'exposé du régime végétarien, la liste des parfums nécessaires, te dispenseront de recherches ingrates, difficiles, en d'introuvables grimoires.

Avec Sédir, tu pénètreras aisément dans le domaine de l'Astral.

Au point de vue de la *Haute Mystique* et de *Théorie*, nous te citerons, avec Sédir encore : (*Les Incantations* ; *les Tempéraments*), deux autres maîtres dont l'autorité s'affirme incontestable et lumineuse : Stanislas de Guaïta, qui te mènera : *Au Seuil du Mystère* (1 vol. Chamuel), et te montrera les écueils de l'Astral (*le Temple de Satan* (1), 1 vol.), te soufflant les ferments qu'il te faudra développer toi-même, car souviens-toi bien de ceci : nul ne te communiquera l'Adeptat, — puis Joséphin Péladan, vaste esprit, artiste génial. Lis et relis donc de lui, les immortels traités de : l'*Amphithéâtre des Sciences Mortes* :

Comment on Devient Mage. — *Comment on Devient Artiste*.

Et si tu veux tenter l'expérience, périlleuse toujours, de l'Ame-Sœur, mets dans la corbeille d'épousée, le bréviaire de ta femme ou de ta Maîtresse : *Comment on Devient Fée*. Cela te préservera peut-être d'un cocuage immédiat.

Le sâr Péladan, lequel a magnifiquement œuvré en Art comme en Kabbale, t'exposera en ces formulaires que nous venons de citer, les Méthodes d'Ascèse magique et hermétique que tu dois suivre, Alchimiste, d'une manière tout au moins générale, pour être digne de tenter l'Art Spagyrique.

Seulement retiens ce conseil que nous te donnons : méfie-toi de l'orgueil intolérable prêché errativement par le sâr Péladan.

Cet orgueil, anti-magique, constitue un poison

---

(1) Voir aussi, au sujet des fantômes de l'Astral, l'intéressante et très documentée étude d'un occultiste de talent, Jules Delassus, sur la question peu connue jusqu'alors : *Des Incubes et Succubes*. (1 broch. *Mercure de France*).

mortel. Garde-toi aussi de son étroit exclusivisme: l'intolérant est presque toujours un sot, et toujours il nuit à la cause qu'il défend, fut-elle excellente.

Ces réserves établies, nous affirmons que Péladan est — quoique trop littérateur peut-être — un très grand Kabbaliste. Sa conception esthétique notamment, épurera ton âme, tes goûts, en te laissant rigoureusement pourtant, sur le terrain de la Magie.

Mais en tête de tous les maîtres actuels, médite le plus profond, dont l'œuvre s'élève colossale, étincelante comme un Temple de l'Orient baigné de vagues solaires : étudie Eliphas Lévi, l'Adepte des Adeptes de ce siècle ; ses livres doivent constituer la Bible de l'Hermétiste.

Tout d'abord, initie-toi, par son *Histoire de la Magie*, aux doctrines qui te sont chères ; ensuite approfondis-les à l'aide des *Clef des Grands Mystères* ; puis adapte-les et réalise-les au moyen du *Dogme et Rituel de la Haute-Magie*, où se trouvent condensés les manuels complets sur l'art sacerdotal de l'Adepte.

Si tu comprends absolument l'esprit du *Dogme et du Rituel*, si tu sais mettre en jeu les facultés auxquelles il fait appel, ton Initiation s'achève, tu atteins Kether, les métaux se transmutent sous tes mains: tu t'appelles: le *Prêtre-Roi!*

La pratique alchimique te sera d'ailleurs révélée

en partie par les ouvrages très consciencieux et d'un immense savoir, de l'hermétiste : Albert Poisson.

Au moyen des *Théories et Symboles des Alchimistes*, tu seras apte à déchiffrer les vieux traités, les grimoires des Maîtres anciens.

Médite-donc aussi les *Cinq Traités d'Alchimie*, traduits par cet auteur ; ils t'offriront la moelle même des principaux adeptes : Raymond Lulle, — Arnauld de Villeneuve — Roger Bacon — Albert le Grand, et Paracelse.

Et si tu t'en montres digne, si ton désintéressement demeure parfait, que l'amour seul de la vérité embrase ton âme généreuse, les obscurités inhérentes au Noviciat, se dissiperont peu à peu.

Tu sentiras une douce chaleur pénétrer ton être, une céleste lumière inonder ton esprit. La puissance de ton Désir impersonnel aplanira les difficultés les plus effrayantes — et un jour, la Voie qu'il te faut suivre, te semblera belle et droite.

Le Doute cruel et noir se sera à jamais envolé comme le sombre corbeau aux approches du Printemps ; tes forces morales et intellectuelles seront décuplées ; tu marcheras, tu marcheras, sans te retourner jamais, foulant aux pieds : L'Orgueil — l'Ambition — la Haine ; tu monteras, tu monteras vers l'Infini, t'absorbant en Lui dans l'aspiration extasiante de son Amour, — de sa Synthèse et de son Unité !

Alors tu auras vaincu — ou tu seras près de vaincre. Adepte, tu auras gagné les sphères de l'Absolu — dont les étapes futures te rapprocheront de plus en plus, jusqu'à l'heure où, Messie divin, tu te donneras comme Mission de te réincarner sur les terres mauvaises, pour guider à ton tour les retardataires malheureux, vers le Triomphe qui les attend enfin : Au seuil des Grands Mystères.

———

CHAPITRE DEUXIÈME

La Journée de L'Alchimiste

L'Alchimiste, dès son réveil, se concentrera en une courte méditation durant laquelle il se reliera, en chaîne sympathique, aux grands Initiés de l'Au-Delà.

Il disposera rapidement l'ordre de ses occupations.

Cette oraison doit se faire, assis dans le lit, la tête et le buste recouverts d'un tissu de fine laine.

Aussitôt levé (vers 9 heures, à Paris, 7 heures ou 8 heures, en province), l'alchimiste prendra un tub froid ou tiède, suivi des ablutions minutieuses et magiques.

Comme tout Initié, l'Alchimiste sera d'une absolue propreté. Il aura donc soin d'effectuer des ablutions avant les repas, le travail et le sommeil ; l'eau sera légèrement parfumée, à la verveine surtout (1).

Le petit déjeuner du matin devra être léger, afin de laisser à l'esprit toute sa liberté ; on prendra donc du thé avec les biscottes ou les roties.

Ensuite, la toilette achevée, l'hermétiste travaillera jusqu'au moment de son repas environ ; ces heures du matin, suivant la disposition d'esprit de chacun, seront consacrées au labeur de la composition ou de la lecture des maîtres.

Le repas de midi sera copieux les jours de travail pratique au laboratoire, frugal lorsqu'on aura pour objet de se livrer à l'effort cérébral de la compilation des notes, alors le thé ou le café seront tout indiqués comme excitants.

La journée comprendra donc les collations de notes ou les recherches de laboratoire, jusque vers six heures du soir.

Le laboratoire sera aéré, mais *plutôt sombre* (une partie tout au moins, que l'on pourra rendre obscure ; en effet, certaines opérations gagnent à être effectuées à l'abri de la lumière, lorsque, par

---

(1) Les parfums les plus usités de l'Initié, tant pour la purification que pour les opérations magiques, sont : l'héliotrope, la chélidoine, pervenche, jusquiame, lys, gui, centaurée, sauge, mélisse, et surtout la *Rose*, l'herbe initiatique.

exemple, on projette de l'astral) toujours en propreté et ordre complets ; les essais seront conduits avec *méthode*, d'après le sens des textes ou les inspirations personnelles.

Ensuite aura lieu la promenade — pour dégager le cerveau, le préparer à l'originalité prochaine — à la campagne autant que possible ; l'alchimiste provoquera les réflexions poétiques, les sensations d'art, observant le coucher du soleil, le lever des Etoiles et de la blonde Séléné. Le dîner pourra comporter une certaine abondance (1), car nous conseillons, aussitôt après — les cigarettes étant achevées — de se mettre résolument et longuement au travail de composition, si l'on est hermétiste écrivain.

Même le recueil d'expériences du jour, gagne a être consigné à cette heure. En effet, le soir, repos absolu, continu, autour de soi. Le calme de la Nature convie à la concentration de la Pensée, puis à sa dispersion active, mais patiente, en une œuvre quelconque.

Très tard, le soir en tout cas, l'on étudiera les auteurs magiques, les maîtres hermétistes, ésotériques. La bibliothèque de l'Alchimiste comprendra d'abord, si faire se peut : les ouvrages

---

(1) Sauf si l'on veut tenter des expériences de lucidité ou d'ordre magique, pour lesquelles la paix du soir se trouve tout indiquée également.

d'Eliphas Lévi : *Dogme et Rituel de Haute Magie — Clefs des Grands Mystères — Histoire de la Magie* ; de Papus : *Traité Méthodique de Science Occulte — Traité Elémentaire de Magie Pratique Le Tarot des Bohémiens* ; du Sâr Péladan : *Comment on Devient Mage — Comment on Devient Artiste* ; de Stanislas de Guaïta : *Au Seuil du Mystère — le Temple de Satan* ; *La Clef de la Magie Noire* ; de Sédir : *La Culture Psychique et les Tempéraments ;* (excellent guide d'Ascèse) d'Albert Poisson : *Cinq traités d'Alchimie — Histoire de l'Alchimie — Théories et Symboles des Alchimistes.*

Il faudra étudier, méditer avec persévérance, les livres de Louis Lucas sur *la Chimie Nouvelle et la Médecine Nouvelle*, de Berthelot, sur les *Origines de l'Alchimie*, et la *Mécanique Chimique* ; de Dumas : *Philosophie Chimique* ; de Naquet ; de Lothar-Meyer : *Théories Modernes de la Chimie* ; de Claude Bernard ; Pasteur, Lodge, etc... ; puis les classiques de l'Alchimie : Raymond Lulle — Roger Bacon, Arnauld de Villeneuve, Paracelse, Albert le Grand, Nicolas Flamel, Bernard le Trévisan, D. Zachaire Philalèthe, Basile Valentin, le Cosmopolite..., exerceront la sagacité, la patience et l'intuition du Philosophe d'Hermès (1).

---

(1) Lire la *Bibliothèque des Philosophes Chymiques* ; *L'Histoire de la Philosophie hermétique*, par Lenglet-Dufresnoy ; le *Theatrum Chimicum*, etc...

Le disciple s'apercevra que le travail ne manque point à qui veut évoluer ; il joindra à ces études spéciales, les lectures générales de Science, d'Art, d'Histoire, de Philosophie, variant ainsi ses occupations, se délassant de ces recherches par la musique wagnérienne, ou celle de Schubert, Schumann, Beethoven : celles-là seules paraissent dignes de l'Initié. — Qu'il joue du violon : le violon attire les âmes.

De temps à autre, le théâtre artistique, s'il est bon, et de préférence les pièces suivantes : Hamlet, le Tanhauser, la Walkyrie, Lohengrin, Orphée, Faust.

Mais que l'alchimiste n'abuse ni du théâtre ni du monde ; la dissipation intellectuelle en résulte forcément. En tout cas, qu'il n'y oublie jamais son rôle de conservateur de la Tradition occulte. Il ne doit point livrer combat bruyamment, ni chercher la discussion sur ces chapitres qui ne sont pas du domaine du Profane ; mais il doit affirmer le cas échéant, ses opinions, ses croyances, et les soutenir avec conviction ; seulement il ne se départira jamais de la plus exquise politesse et de la plus large tolérance. L'Adepte est libéral, de même qu'il se montre sans cesse aimable, simple, mais réservé.

Que l'hermétiste évite de toutes ses forces deux dissolvants terribles : le lupanar et le café-concert !

Il peut fréquenter les femmes (la chasteté ne lui est obligatoire qu'au moment des grands labeurs de l'Œuvre), mais ne doit jamais se laisser dominer par une femme ou par la Femme ; c'est donc dire que l'Initié, maître de ses sens, ne leur sacrifie que lorsqu'*il le veut*, et sait se *garder* même dans le spasme, l'Esprit résidant au-dessus du Corps. Il subit, mais à cela se borne sa *présence réelle*. Si l'Initié laisse une femme le dominer, s'intituler sa maîtresse, il est mort pour l'Œuvre, car la Femme accapare, à son unique profit, les forces de l'Homme.

Or l'Adepte se doit sans restriction à la Science.

*
* *

L'esquisse de cette journée d'un alchimiste, ne constitue évidemment qu'un programme relatif, et ne s'adresse qu'au disciple libre de ses heures.

Mais si l'on a une grande part de son temps prise par des occupations plus ou moins serviles, qu'on ne croie point pour cette raison, devoir négliger l'Hermétisme.

Il est, dans la vie d'un homme, même très astreint, bien des heures perdues encore, que l'on peut consacrer aux efforts de l'Initiation.

L'Ascèse se poursuivra au Bureau comme à

l'Usine ou dans une Maison de Commerce. Il s'agit seulement de réfléchir, de se diriger, au lieu que de s'abandonner au Destin.

Ainsi l'industriel, le commerçant peuvent considérer le côté supérieur de leur métier, ses effets sur la Civilisation : alors ils gagnent en mérites ce qu'ils perdent en loisir de recherches.

Puis, un grand nombre d'opérations alchimiques supportent l'interruption ; l'essentiel est de savoir les conduire, de ne les considérer que comme le corollaire du Principe Occulte.

Un moyen, très bref d'ailleurs, de suppléer par l'Analogie aux recherches nombreuses sur les divers plans — moyen que nous recommandons instamment — est d'apprendre à interpréter le *Tarot*, ce livre biblique de Toth.

Par la combinaison de ses lames, l'Initié laborieux parvient à déchiffrer, sans aucun livre, tous les signes de l'Univers.

*_**

La tâche du soir achevée, l'Alchimiste, avant de s'endormir, élèvera mentalement son Esprit vers l'Absolu par une oraison personnelle.

La prière bien comprise est un agent remarquable qui capte les forces supérieures, les infiltre, les involue en l'astral humain.

La Prière constitue la Thérapeutique Occulte par excellence.

Nous devons supposer que notre lecteur sait ce que nous entendons par la Prière, et comment il doit orienter son âme pour y attirer les énergies par lesquelles il évoluera ensuite. Nous n'avons donc point à insister.

∗

Récapitulant brièvement la journée de l'Alchimiste, nous voyons qu'elle doit être consacrée à l'Oraison — à l'Inspiration — et au travail pratique de l'Art spagyrique, division qui correspond aux trois mondes de l'Univers : divin (oraison), Astral (inspiration) et physique (art spagyrique) reliés entre eux par l'Unité de la Conscience.

Nous avons indiqué, d'une manière suffisante, il nous semble, comment, en restant un spécialiste de l'Occulte, l'Alchimiste a pour tâche de connaître les principes généraux de la science, afin d'être digne du nom de Philosophe hermétique.

L'Hermétisme constitue cette Gnose admirable, cette Synthèse Universelle, qui fournit à ses disciples les clefs de voûte de l'Edifice, les canalisations des Principes, des Lois et des Faits, exprimés, symboliquement, par l'Art, intellectuellement, par la Science, et ésotériquement par la Métaphysique transcendantale ou Kabbale.

C'est assez dire encore que l'Initié doit cultiver en lui, en son Moi-Soi impersonnel, la conception amoureuse du Beau, la perception vaste du Bien, et l'intuition permanente du Vrai — triade perçue d'abord, puis évoquée consciemment enfin par: l'EXTASE, ce Privilège de L'ADEPTE!

CHAPITRE TROISIÈME

Catéchisme Résumé de l'Alchimiste.

Ce catéchisme n'a d'autre prétention que de récapituler les conditions morales requises pour l'Adeptat et l'Hermétisme — de présenter quelques définitions précises de l'Ascèse, de la Science, en rapport avec les traditionnelles et antiques doctrines de l'Occultisme.

D. *Qu'est-ce que la Science Occulte ?*

R. C'est la Science Intégrale ou la Science absolue.

D. *L'Homme, même Initié, peut-il atteindre à la Connaissance de l'Absolu ?*

R. Non, en tant que par ses facultés mêmes, envisagées d'après les conditions terrestres ; mais l'Initié peut, au moyen de l'Analogie, approcher de plus en plus de la Gnose totale, et parfois l'envisager en un Infini, par l'Extase suprême, l'Intuition ou l'Aspiration.

D. *Comment tirer les rapports analogiques, les correspondances des divers Plans de la Nature ?*

R. L'analogie apparaît la Grande Loi de l'Occultisme.

L'Initié va donc, par ses efforts, tenter d'en employer la Clef. Il arrivera à cet exercice, par le maniement assidu du Tarot, lequel représente hiéroglyphiquement les forces de la Nature, les Arcanes majeurs, puis mineurs, mis en Mouvement par les Polyades Kabbalistiques.

D. *Qu'est-ce que la Science ?*

R. — C'est une perception de l'Idéal matérialisé par Involution. On sait en effet que deux courants traversent éternellement l'Infini : un courant d'involution ou d'expiration, qui est la descente de la Force dans la Matière (pôles de noms contraires, courants de direction inverse). [symboliquement, la Descente du Fils aux Enfers.] et un courant d'Evolution ou d'Aspiration qui est l'Ascension progressive de la Matière vers la Force pure. La Force, ayant frappé en quelque sorte, sur la Matière, terme ultime de l'Involution, point d'arrêt de l'Être aux limites du Non-Être — rejaillit, et prend le mouvement inverse, soit d'Évolution.

Cette ascension divine s'opère toujours à l'aide

du troisième terme équilibrant : le Saint-Esprit (symboliquement), c'est-à-dire le médiateur plastique ou l'Énergie, qui participe des deux autres principes : Force et Matière (*uns* en l'Absolu).

Il faut un temps extrêmement long pour que l'Évolution individuelle soit achevée ; elle s'exécute par la souffrance et les Réincarnations.

D. — *Comment l'alchimiste doit-il envisager la Science ?*

R. — Tout Initié doit envisager la Science au point de vue de l'Hermétisme (Philosophie supérieure et intégrale de la Nature), c'est-à-dire donc, du Vrai, du Beau, du Bien, et non, comme le commun des mortels, au point de vue du Lucre, de l'Industrie et du Plaisir.

L'Alchimiste a pour devoir d'être désintéressé pour atteindre au Grand-Œuvre, de négliger les richesses en elles-mêmes, de ne jamais considérer l'Argent comme un But, mais comme un Moyen.

D. — *Qu'est-ce donc que l'Alchimie ; et quelles sont les qualités requises pour l'Adeptat ?*

R. — L'Alchimie est l'Art de quintessencier les corps, de les transmuer, de les fabriquer par Synthèse (1).

« L'Alchimie — application de l'Hermétisme —

---

(1) *Qu'est-ce que l'Hyperchimie ?* R. C'est la Science médiane entre le Métaphysique et la Chimie.

est une science qui apprend à changer les métaux d'une espèce en une autre espèce. » (Paracelse).

« L'Alchimie est la science qui enseigne à préparer une certaine médecine ou Élixir, lequel étant projeté sur les métaux imparfaits, leur communique la perfection dans le moment même de la Projection. » (Roger Bacon).

Ces deux définitions sont excellentes. Les travaux modernes confirment le fond même de ces préceptes des Maîtres Spagyristes.

Quant aux qualités de l'Adepte, étudiées plus haut, les voici résumées :

L'Adepte sera maître de ses passions. Cela ne veut point signifier qu'il vivra en Ascète dans la continence parfaite, les austérités multipliées. Mais cela exprime que l'Adepte saura vaincre les tendances de la chair, résister aux appétits déréglés, demeurer chaste quand il le faudra, à l'époque des grands travaux de l'Œuvre, se contenter du régime végétarien s'il se livre aux opérations suprêmes de la Haute-Magie.

L'Initié doit toujours être pur, simple, généreux, altruiste ; jamais ne pourra se nommer Adepte : l'Égoïste, le Voluptueux, l'Orgueilleux, le Haineux, le Paresseux.

Le Philosophe hermétiste possèdera une réelle puissance en Astral (l'Astral étant le lieu de formation *des élémentals* très utiles en Alchimie, le réservoir des forces).

Les moyens requis pour y parvenir sont : la chaîne sympathique, l'oraison, le jeûne, l'auto-suggestion, l'Extase.

L'Extase consciente active relève exclusivement du domaine de l'Adeptat, tandis que l'Extase passive plus ou moins vague ressort de celui des Saints et des Messies.

D. — *Quelles conceptions l'Alchimiste aura-t-il de l'Univers, de l'Absolu ?*

R. — L'Alchimiste doit être *hylozoïste*, c'est-à-dire considérer la Matière comme vivante, la respecter conséquemment, la manipuler avec conscience de sa potentialité intellectuelle, y voir l'Être multiplié, fragmenté, divisé, souffrant, mais tendant par incessante Évolution à se reconstituer dans l'Unité de la Substance.

Il doit considérer les atomes comme des monades, en fin de compte, les éléments chimiques comme des individus rudimentaires, des races, des séries, dont la Vie, les organismes sont tout spéciaux ; les corps groupés sont en effet des collectivités.

Enfin il doit connaître et contempler les Analogies du Macrocosme et du Microcosme, du Monde céleste et du Monde atomique, savoir que les mêmes lois de gravitation, de genèse, de Mécanisme, y président. En un mot, il arrive à la vue de l'Unité divine qui éclate admirablement d'ailleurs dans le Dynamisme, l'Idéalisme universels.

L'Initié sait que Force et Matière ne sont que des Illusions, en réalité, des aspects inversés de la Substance Immuable, Identique, Infinie, Éternelle polarisée en Force (+) et en Matière (—) ; identiques donc si l'on dépasse leur plan d'excitabilité momentanée (1).

L'Alchimiste verra donc l'Absolu en tout, sans pour cela faire de l'*Absolu, de l'Être, la Nature seulement*.

Il s'intitulera bien, hylozoïste, du reste, s'identifiant le plus possible avec l'Univers, la Vie Universelle, la Substance finale et primordiale — dont il ne représente qu'un Atome.

Tels apparaissent les états psychiques qu'il devra posséder afin d'accomplir le Grand Œuvre.

D. *Pourquoi ces facultés psychiques sont-elles nécessaires au Philosophe hermétiste ?*

R. Parce que son être doit participer *absolument* à l'Être, au Transformisme Infini, à la Métempsycose des Cellules pour provoquer les mutations partielles de l'Œuvre dont il est le *Père*, qui s'appelle *bien son Fils*. Or le Fils est consubstantiel au Père, participe de lui. Donc il faut, pour l'engendrer, un état mental particulier.

---

(1) *Qu'est-ce que la Matière ?* R. La Matière est la cristallisation de la Force.

Sous l'action de la Volonté projetée, matérialisée, les atomes, les molécules se groupent tels qu'ils en ont l'obligation afin de former le corps ou le métal désiré.

La Volonté de l'Alchimiste hâte les perturbations atomiques, la gravitation de ces petits astres, comme la Volonté des Archanges de la Kabbale dirige les Soleils et les Planètes de l'Espace Céleste.

D. — *L'Alchimiste est donc Mage-Initié, Adepte ?*

R. — Oui l'Alchimiste est bien un Mage, un Initié, un Adepte.

Tout Alchimiste doit être Initié, et s'il ne possède point l'Initiation, son nom s'écrit souffleur ou garçon de laboratoire, ou chimiste officiel, mais au grand jamais : Alchimiste.

L'Alchimiste est Mage, comme le Thérapeute, le Théurge, l'Astrologue ; la première condition, avant que de se spécialiser, est de connaître la Magie, la Haute Magie que l'on définit :

La Science de l'Entraînement de la Volonté.

L'Hermétisme n'est autre chose que l'ensemble des problèmes de Mystique, de Kabbale, de Gnose ou de Magie, appliqués plus particulièrement au Plan Physique de l'Univers.

L'Hermétisme, Philosophie supérieure, fournit donc la Clef de l'Absolu à ceux qui savent s'en servir.

Quant à l'Adepte, il représente le terme ultime de l'Évolution humaine.

L'Adepte, délivré de toute scorie, de toute écorce, est le Régénéré ; il connaît les secrets, les douleurs, les illusions de la Vie ; mais il en connaît aussi le But, les fruits, les conséquences.

Il peut vivre sur cette terre ; néanmoins son Esprit sait s'élever jusqu'aux sphères de l'Infini.

Sa mission consiste à aider ses frères durant les étapes pénibles de leur ascension forcée vers Dieu. Les Adeptes jouent donc le rôle de Messies.

Aussi les compte-t-on aisément dans l'histoire de l'Humanité. Tout homme a la possibilité d'atteindre ce sommet céleste, ce Nirwana trois fois saint.

Mais pour beaucoup d'appelés, combien peu d'Élus !

N'importe ! que le courage et la volonté restent toujours en éveil ! que ce soit là notre devise et que notre *intention* demeure pure.

Modelons notre existence, dans la mesure de nos moyens, sur celle des Grands Messies : Rama, Krishna, Buddha, Hermès, Moïse, Zoroastre, Pythagore, Jésus.

Appelons χριστοσ,
       et nous trouverons alors le :
SALUT EN L'AMOUR ET LA VÉRITÉ.

Statuts des Philosophes Inconnus[1]

Art. I. — *Les Associés peuvent être de tout Pays.* — Cette Compagnie ne doit pas être bornée par une contrée, une Nation, un Royaume, une Province, en un mot, par un lieu particulier ; mais elle doit se répandre par toute la terre habitable qu'une Religion sainte éclaire, où la vertu est connue, où la raison est suivie : car un bien universel ne doit pas être renfermé dans un petit lieu resserré ; au contraire il doit être porté partout où il se rencontre des sujets propres à le recevoir.

Art. II. — *Divisions en corps particuliers.* — Pour qu'il n'arrive pas de confusion dans une si vaste étendue de pays, nous avons trouvé bon de diviser toute la compagnie en compagnies ou assemblées, et que ces corps particuliers soient tellement distribués, que chacun ait son lieu marqué, et sa province déterminée. Par exemple,

---

(1) Ces statuts de Société hermétique martiniste du XVIIIe siècle extraits de l'*Etoile Flamboyante* du baron de Tschoudy (1 vol. très rare) expriment d'une manière remarquable, en un catéchisme initiatique, toute la Philosophie de la Spagyrie.   F. J. C.

que chaque colonie se renferme dans un Empire où il n'y ait qu'un seul chef ; que chaque assemblée se borne à une seule province, et ne s'étende pas plus loin qu'un canton de pays limité. Si donc il arrive qu'il se présente une personne pour être associé avec nous, qui ne soit pas d'un pays stable, et que l'on connoisse ; qu'on l'oblige d'en choisir un où il établisse son domicile, de peur qu'il ne se trouve en même-tems attaché à deux colonies ou assemblées.

Art. III. — *Le nombre des associés*. — Pour ce qui est du nombre des associés dans chaque colonie ou assemblée, il n'est ni facile ni utile de le prescrire par les raisons ci-après : la Providence y pourvoira, puisqu'en effet c'est uniquement la gloire, le service de Dieu, celui du Prince et de l'Etat, qu'on s'est proposé pour but dans toute cette institution. Ce qu'on peut dire en général, c'est qu'il s'en faut rapporter là-dessus à la prudence de ceux qui associeront, lesquels, selon le tems, le lieu et les nécessités présentes admettront plus ou moins de personnes dans leur corps. Ils se souviendront seulement que la véritable Philosophie ne s'accorde guère avec une multitude de personnes, et qu'ainsi il sera toujours plus sûr de se retrancher au petit nombre. Le plus ancien ou le premier de chaque colonie, ou assemblée, aura chez lui le catalogue de tous les associés, dans lequel seront les noms et le pays de ceux de son corps, avec l'ordre de leur réception pour les raisons que nous dirons tantôt.

Art. IV. — *Gens de toute condition et religion peuvent être admis.* — Il n'est aucunement nécessaire que ceux que l'on recevra dans la compagnie soient tous d'une même condition, profession ou religion. Il sera requis en eux qu'ils soient au moins convaincus des Mystères saints de la Religion chrétienne, qu'ils aiment la vertu, et qu'ils aient l'esprit propre pour la Philosophie, de manière que l'athée et l'idolâtre ne puisse être admis : seulement par une exception fondée sur le respect pour la loi ancienne, le Juif pourra, quoique rarement, y participer, pourvû qu'il soit doué d'ailleurs des qualités d'un honnête homme; ainsi donc on n'aura aucun égard à l'extraction des personnes; car n'ayant point d'autre fin que d'aider les pauvres de la République chrétienne, et de donner du soulagement à tous les affligés du genre humain en quelque lieu et de quelque condition qu'ils soient; les Associés d'une médiocre naissance y pourront aussi bien réussir, que ceux d'une qualité plus relevée. Ce seroit donc au détriment de l'humanité qu'on les banniroit de notre corps, vû principalement que ces sortes de personnes sont d'ordinaire plus portées à pratiquer les vertus morales que celles qui sont le plus constituées en dignité. Le mélange de religions et de cultes ne peut en attaquer aucune, ni nuire à la véritable, ni élever contestation ou fomenter schisme, par la loi qui sera imposée de ne jamais converser sur des matières de ce genre, et n'étant pas au surplus probable que le grand architecte accorde à des hommes quelconques la faveur de conduire à une heureuse fin le grand ouvrage, dont notre Philosophie découvre les principes, s'ils n'ont auparavant purgé leur cœur de toutes sortes de mauvaises intentions : cependant l'Ordre n'éclairera véritablement sur les mystères des Philosophes que ceux qui cesseront d'être aveugles sur les mystères de la foi.

Art. V. — *On admettra difficilement les Religieux.* Quoiqu'il soit indifférent, comme je viens de le dire, de quelle condition soient les associés ; il est à souhaiter pourtant qu'on n'en prenne point ou peu parmi les Religieux ou gens engagés dans des vœux monastiques, principalement de ces Ordres qu'on appelle mendiants, si ce n'est dans une extrême disette d'autres sujets propres à notre institut. Que la même loi soit pour les esclaves, et toutes personnes qui sont comme consacrées aux services et aux volontés des Grands ; car la Philosophie demande des personnes libres, maîtres d'elles-mêmes, qui puissent travailler quand il leur plaira, et qui, sans aucun empêchement, puissent employer leur temps et leurs biens pour enrichir la Philosophie de leurs nouvelles découvertes.

Art. VI. — *Rarement les Souverains.* — Or, entre les personnes libres les moins propres à cette sorte de vacation, ce sont les Rois, les Princes et autres Souverains. On doit juger de même sous un autre regard de certaines petites gens que la naissance a mis, à la vérité, un peu au-dessus du commun, mais que la fortune laisse dans un rang inférieur; car, ni les uns, ni les autres ne nous sont guère propres, à moins que certaines vertus distinguées, qui brillent dans toute leur conduite, tant en public qu'en particulier, ne les sauvent de cette exception. La raison de celà, c'est qu'il ne se peut guère faire que l'ambition ne soit la passion dominante de ces sortes d'états : or, par-tout où ce malheureux principe a lieu, on n'y agit plus par les motifs d'une charité et d'une affection générale pour le genre humain.

Art. VII. — *Que l'on regarde sur-tout aux mœurs.* En général, que personne de quelque état ou condition qu'il puisse être, ne prétende point entrer dans cette compagnie, s'il n'est véritablement homme de bien ; il seroit fort à souhaiter, comme il a été dit, qu'il fît profession du Christianisme ; et qu'il en pratiquât les vertus ; qu'il eût une foi scrupuleuse, une ferme espérance, une ardente charité. Ce sont les trois principales colonnes de tout édifice solide ; que ce fût un homme de bon commerce, honnête dans les conversations, égal dans l'adversité et dans la prospérité ; enfin, dans lequel il ne parût aucune mauvaise inclination, de peur que les personnes par lesquelles on prétendroit aider au bonheur des autres, ne servissent elles-mêmes à leur perte. Qu'on se garde par dessus toute chose de gens adonnés au vin ou aux femmes ; car Harpocrates lui-même garderoit-il sa liberté parmi les verres ? Et quand ce seroit Hermès seroit-il sage au milieu des femmes ? Or, quel désordre, que ce qui doit faire la recompense de la plus haute vertu, devint le prix d'une infâme débauche.

ART. VIII. — *Que ce soit gens qui aient de la curiosité naturelle.* — Ce n'est pas assez que les mœurs soient irréprochables, il faut en outre dans nos prosélytes un véritable désir de pénétrer dans les sécrets de la chymie, et une curiosité qui paroisse venir du fond de l'âme ; de sçavoir, non pas les fausses recettes des charlatans, mais les admirables opérations de la science hermétique, de peur qu'ils ne viennent peu-à-peu à mépriser un art, dont ils ne peuvent pas tout à coup connoître l'excellence. Ceci après tout ne doit pas s'entendre de cette maniere, que dès qu'un homme est curieux, et autant que le sont la plûpart des Alchymistes, il soit aussitôt sensé avoir ce qu'il faut pour être aggrégé parmi nous ; jamais la curiosité ne fût plus vive que dans ceux qui ayant été prévenus de faux principes, donnent dans les opérations d'une chymie sophistique ; d'ailleurs il n'en fût jamais de plus incapables et de plus indignes d'entrer dans le sanctuaire de nos vérités.

Art. IX. — *Le silence, condition essentielle.* — Pour conclusion, qu'à toutes bonnes qualités on joigne un silence incorruptible, et égal à celui qu'Harpocrates sçavoit si bien garder ; car, si un homme ne sait se taire, et ne parler que quand il faut, jamais il n'aura le caractère d'un véritable et parfait Philosophe.

Art. X. — *Maniere de recevoir.* — Quiconque une fois aura été admis au nombre de nos élus, il pourra lui-même à son tour en recevoir d'autres, et alors il deviendra leur Patron. Qu'il garde, dans le choix qu'il en doit faire, les règles précédentes, et qu'il ne fasse rien sans que le Patron, par lequel il avoit été lui-même aggregé, en soit averti, et sans qu'il y consente.

Art. XI. — *Formulaire de réception.* — Si donc quelqu'un, attiré par la réputation que s'acquerra cette Compagnie, souhaitoit d'y être admis, et si, pour cet effet, il s'attachoit à quelqu'un de ceux qu'il soupçonneroit en être, celui-ci commencera par observer diligemment les mœurs et l'esprit de son postulant, et le tiendra durant quelque temps en suspens, sans l'assurer de rien, jusqu'à ce qu'il ait eu des preuves suffisantes de sa capacité, si ce n'est que sa réputation fût bien établie, qu'on n'eût aucun lieu de douter de sa vertu, et des autres qualités qui lui sont requises. En ce cas, l'associé proposera la chose à celui qui lui avoit à lui-même servi de Patron ; il lui exposera nettement, sans déguisement et sans faveur, ce qu'il aura reconnu de bien et de mal, dans celui qui demande ; mais en lui cachant en même-tems sa personne, sa famille, son nom-propre, à moins que le postulant n'y consente, et que même il ne vienne à le demander instamment, instruit qu'il aura été de la défense expresse, qu'on a sans cela de le nommer dans la Société ; car c'est une des constitutions les plus sages de la Compagnie, que tous ceux qui en seront, non-seulement soient inconnus aux étrangers, mais qu'ils ne se connoissent pas même entr'eux, d'où leur est venu le nom de *Philosophes inconnus*. En effet, s'ils en usent de la sorte, il arrivera que tous se préserveront plus facilement des embuches et des pieges qu'on a coutume de dresser aux véritables Philosophes, et particulierement à ceux qui auroient fait la pierre, lesquels, sans cette précaution, deviendroient peut-être par l'instinct du Demon en proye à leurs propres amis, et toute la Société courroit risque de se voir ruinée en peu de tems; mais au contraire en prenant ces mesures, quand il se trouveroit parmi elle quelque traître, ou quelqu'un, qui, sans qu'il y eût de sa faute, fût assez malheureux pour avoir été découvert : comme les autres, qui, par prudence sont demeurés inconnus, ne pourront être déférés, ni accusés, ils ne pourront aussi avoir part au malheur de leur associé, et continueront sans crainte leurs études et leurs exercices. Que si après ces avis quelqu'un est assez imprudent, que de se faire connoître, qu'il ne s'en prenne qu'à lui-même, s'il s'en trouve mal dans la suite.

Art. XII. — *Devoirs des Patrons*. — Afin que l'ancien Patron, qui est sollicité par le Patron futur de donner son consentement pour l'immatriculation de son nouveau Prosélite, ne le fasse pas à la légère, il doit auparavant faire plusieurs questions à l'associé, qui lui en parle, et même, pour peu qu'il puisse douter de sa sincérité, l'obliger par serment de lui promettre de dire les choses comme elles sont. Qu'après cela on propose la chose à l'assemblée; c'est-à-dire à ceux de ses associés qui lui seront connus, et qu'on suive leurs avis là-dessus.

Art. XIII. — *Privilège des Chefs*. — Le chef,

ou le plus ancien d'une colonie, sera dispensé de la loi susdite, aussi-bien que de plusieurs autres choses de la même nature. Si cependant il arrivoit, que le nombre des associés venant à diminuer, on fut obligé de ne plus faire qu'une assemblée de toute la colonie; alors le chef général perdra son privilège, en quoi l'on doit s'en rapporter à sa propre conscience. Après sa mort aussi personne ne lui succédera, jusqu'à ce que la multitude des associés ait obligé de les subdiviser en plusieurs assemblées.

Art. XIV. — *Réception*. — Tout cela fait, et le consentement donné en ladite forme, le nouveau postulant sera reçu en la maniere que je vais dire:

Premierement on invoquera les lumieres de l'Eternel, en faisant célébrer à cette intention une fonction publique, religieuse et solennelle, en un endroit consacré, suivant que le lieu et la religion de celui que l'on doit recevoir le permettent. Si la chose ne se peut faire en ce tems, qu'on la diffère à un autre, selon qu'en ordonnera celui qui reçoit. Ensuite celui qu'on va recevoir promettra de garder inviolablement les statuts susdits, et sur toutes choses qu'il s'engage à un secret inviolable, de quelque maniere que les choses puissent tourner, et quelqu'évènement bon ou mauvais, qu'il en puisse arriver.

De plus, il promettra de conserver la fidélité

aux Loix et aux Souverains, également envers ses nouveaux Frères associés ; jurant d'aimer toujours tous ceux qu'il viendra à connoître tels, comme ses propres frères. Qu'enfin s'il se voit jamais en possession de la pierre, il s'engagera, même par serment, si son Patron l'exige ainsi (sur quoi, comme dans toutes les autres loix de la réception il faudra avoir égard à la qualité, et au merite de ceux qu'on recevra) qu'il en usera selon que le prescrivent les constitutions de la Compagnie. Après cela celui qui lui aura servi de Patron, en recevant ses promesses, lui fera les siennes à son tour au nom de toute la société et de ses Associés : il l'assurera de leur amitié, de leur fidélité, de leur protection, et qu'ils garderont en sa faveur tous les statuts, comme il vient de promettre de les garder à leur égard ; ce qui étant fini, il lui dira tout bas et à l'oreille les mots de l'Ordre, et puis en langage des Sages, le nom de la *Magnésie;* c'est-à-dire, de la vraie et unique matière de laquelle se fait la pierre des Philosophes. Il sera néanmoins plus à propos de lui donner auparavant quelque description énigmatique, afin de l'engager adroitement de le déchiffrer de lui-même ; que s'il reconnoît qu'il désespere d'en venir à bout, le Patron lui donnera courage, en lui aidant peu-à-peu, mais de telle maniere néanmoins, que ce soit de lui-même qu'il découvre le mystère.

Art. XV. — *Du nom de l'Associé*. — Le nouveau Frère associé prendra un nom cabalistique, et, si faire se peut commodément, tiré par anagramme de son propre nom, ou des noms de quelqu'un des anciens Philosophes; il le déclarera à son Patron, afin qu'il l'inscrive au plutôt dans le catalogue ou journal de la Société; ce qui sera fait par quelqu'un des anciens, qui prendra soin de le faire sçavoir, tant au Chef général de chaque colonie, qu'au Chef particulier de chaque assemblée.

Art. XVI. — *De l'écrit que le nouveau Frère doit à son Patron*. — Outre ce qui a été dit, si le Patron juge qu'il soit expédient, il exigera, pour engager plus étroitement le nouvel associé, une cédule écrite de sa main, et souscrite de son nom cabalistique, qui fera foi de la maniere dont les choses se sont passées, et du serment qu'il a fait ; reciproquement le nouveau Frere associé pourra aussi obliger son Patron de lui donner pour valoir comme certificat, son signe et nom cabalistique au bas d'un des exemplaires de ces statuts, par lequel il témoignera à tous ceux de la Compagnie qu'il l'a associé dans leur nombre.

Art. XVII. — *Ecrits nécessaires que le nouvel associé doit recevoir*. — Quand le tems le permettra, on donnera la liberté au nouveau Frere de transcrire les présents statuts, aussi-bien que le tableau des signes et caractères cabalistiques, qui servent à l'art, avec son interprétation, afin que quand par hazard il se rencontrera avec quelqu'un de la Compagnie il puisse le reconnoître, et en être reconnu, en se faisant les interrogations mutuelles sur l'explication de ces caractères. Enfin, il pourra prendre aussi la liste des noms cabalistiques des agrégés, que son Patron lui communiquera en lui cachant leurs noms propres, s'il les scavoit.

Pour ce qui est de nos autres écrits particuliers que le Patron pourroit avoir chez lui, ou à sa disposition par tout autre moyen, il sera encore obligé de les faire voir et procurer à son nouveau Frere, ou tous à la fois, ou par partie, selon qu'il le pourra, et jugera à propos ; sans jamais cependant y mêler rien de faux, ou qui soit contraire à notre doctrine ; car un Philosophe peut bien dissimuler pour un tems, mais il ne lui est jamais permîs de tromper. Le Patron ne sera point tenu de faire ces sortes de communication ou plus amplement ou plus vîte qu'il ne voudra ; davantage, il ne pourra même rien communiquer qu'il n'ait perçu du nouveau Frere la taxe du tribut imposé pour entrer à la masse commune de la Compagnie, et qu'il ne l'ait d'ailleurs éprouvé sur tous les points, et reconnu exact observateur des statuts, de peur que ce nouvel aggrégé ne vienne à se séparer du Corps et découvrir des mystères qui doivent être particuliers et cachés. Quant aux lumières qu'un chacun aura puisé d'ailleurs, il lui sera libre ou de le cacher, ou d'en faire part à son choix.

Art. XVIII. — *Devoirs du nouvel Associé.* — Il reste présentement à exhorter le nouvel Associé de s'appliquer avec soin, soit à la lecture de nos livres, et de ceux des autres Philosophes approuvés, ou seul en particulier ou en compagnie de quelqu'un de ses Confrères ; soit à mettre lui-même la main à la pratique, sans laquelle toute la spéculation est incertaine.

Qu'il se donne garde sur-tout de l'ennui qui accompagne la longueur du travail, et qu'une impatience d'avoir une chose qu'il attend depuis si long-tems, ne le prenne point. Il doit se consoler sur ce que tous les Freres associés travaillent pour lui, comme lui-même doit aussi travailler pour eux, sans quoi il n'auroit point de part à leur découverte ; fondé sur ce que le repos et la science parfaite sont la fin, et la récompense du travail, comme la gloire l'est des combats quand le Ciel veut bien nous être propice ; et sur ce qu'enfin la paresse et la lâcheté ne sont suivies que d'ignorance et d'erreurs.

Art. XIX. — *Anniversaire de la réception.* — Tous les ans, à jour pareil de sa réception, à moins que l'on ne soit convenu d'un jour commun pour tous, chaque Associé, s'il est Catholique-Romain, offrira à Dieu le saint Sacrifice, en actions de graces et pour obtenir de l'Eternel le don de science et de lumieres. Tout Chrétien en général ou tout autre de quelque secte qu'il puisse être, fera la même chose à sa manière : que si on s'oublioit pourtant de le faire on ne doit pas en avoir de scrupule ; car ce règlement n'est que de conseil et non pas de précepte.

Art. XX. — *Qu'on ne se mêle point de sophistications.* — Qu'on s'abstienne de toutes opérations sophistiques sur les métaux de quelques espèces qu'elles puissent être. Qu'on ait aucun commerce avec tous les charlatans et donneurs de réceptes ; car il n'y a rien de plus indigne qu'un Philosophe Chrétien qui recherche la vérité, et qui veut aider ses Frères, que de faire profession d'un art qui ne va qu'à tromper.

Art. XXI. — *On peut travailler à la Chymie commune.* — Il sera permis à ceux qui n'ont point encore l'expérience des choses qui se font par le feu, et qui ignorent par conséquent l'art de distiller de s'occuper à faire ces opérations sur les minéraux, les végétaux et les animaux, et d'entreprendre même de purger les métaux, puisque c'est une chose qui nous est quelquefois nécessaire ; mais que jamais on ne se mêle de les allier les uns aux autres, encore moins de se servir de cet alliage ; parce que c'est chose mauvaise, et que nous défendons principalement à nos Frères et associés.

Art. XXII. — *On peut détromper ceux qui seroient dans une mauvaise voye.* — On pourra quelquefois aller dans les laboratoires de la chymie vulgaire, pourvû que ceux qui y travaillent ne soient pas en mauvaise réputation ; comme aussi se trouver dans les assemblées de ces mêmes gens, raisonner avec eux, et si l'on juge qu'ils soient dans l'erreur, s'efforcer de la leur faire appercevoir, au moins par des argumens négatifs tirés de nos écrits ; et le tout, s'il se peut, par un pur esprit de charité, et avec modestie, afin qu'il ne se fasse plus de folles dépenses ; mais en ces occasions, qu'on se souvienne de ne point trop parler ; car il suffit d'empêcher l'aveugle de tomber dans le précipice, et de le remettre dans le bon chemin ; on n'est pas obligé de lui servir de guide dans la fuite : loin de cela, ce seroit quelquefois mal faire, sur-tout si l'on reconnoît que la lumiere de l'esprit lui manque, et qu'il ne fait pas de cas de la vertu.

Art. XXIII. — *On peut donner envie d'entrer dans la Société.* — Que si entre ceux qui se mêlent de la chymie, il se trouve quelque honnête homme, qui ait de la réputation, qui aime la sagesse et la probité, et qui s'attache à la science hermétique, par curiosité et non par avarice ; il n'y aura pas de danger de l'entretenir des choses qui se pratiquent dans notre société et des mœurs de nos plus illustres associés ; afin que si quelqu'un étoit appelé du Ciel et destiné pour cet emploi, il lui pût par telle occasion venir en pensée de se faire des nôtres, et remplir sa destinée. Dans ces entretiens, cependant, on ne se déclarera point associé, jusqu'à ce qu'on ait reconnu dans cette personne les qualités dont nous avons parlé, et qu'on ait pris avis et consentement de son Patron ; car autrement ce seroit risquer de perdre le titre de Philosophe inconnu ; ce qui est contre statuts.

Art. XXIV. — *Se voir de tems en tems.* — Ceux des Confreres qui se connoîtront, de quelque maniere que cela puisse être, et de quelque colonie ou assemblée qu'ils soient, pourront se joindre et réunir ensemble, pour conférer, quand et autant de fois qu'ils le trouveront à propos, dans certains jours et lieux assignés. Là on s'entretiendra des choses qui regardent la Société : on y parlera des lectures particulieres qu'on aura faites, de ses méditations et opérations, afin d'apprendre les uns des autres, tant en cette matiere qu'en toute autre science. Le tout sera suivi, autant que faire se pourra, d'un répas en commun, à condition que rien ne s'y passera contre la sobriété, et que, vivant ensemble, soit dans les auberges, ou autres lieux où ils prendront leurs banquets, ils y laisseront toujours une grande estime d'eux et de leur conduite : or, quoique ces assemblées puissent être d'une grande utilité, on n'en impose cependant aucune obligation.

Art. XXV. — *S'entretenir par lettre.* — Il sera aussi permis d'avoir commerce par lettres les uns avec les autres, à la maniere ordinaire; pourvû que jamais on n'y mette par écrit le nom et la nature de la chose essentielle qui doit être cachée. Les associés ne souscriront point ces lettres autrement que par leurs noms cabalistiques; pour le dessus il faudra y mettre le même, et ensuite ajouter une enveloppe sur laquelle on écrira l'adresse, en se servant du nom propre de celui à qui l'on écrit. Si l'on craint que ces lettres soient interceptées, on se servira de chiffres, ou de caractères hyéroglifiques, ou de mots allégoriques. Ce commerce de lettres peut s'étendre jusqu'à ceux des associés qui seroient dans les lieux les plus éloignés du monde, en se servant pour cela de leur Patron, jusqu'à ce qu'on ait reçu les éclaircissements dont on peut avoir besoin, sur les difficultés qui naissent dans nos recherches philosophiques.

Art. XXVI. — *Manière de s'entrecorriger.* — Si l'on vient à remarquer que quelqu'un des associés ne garde pas les regles que nous venons de prescrire, ou que ses mœurs ne soient pas aussi irréprochables que nous le souhaitons ; le premier associé, et sur-tout son Patron, l'avertira avec modestie et charité ; et celui qui sera ainsi averti, sera obligé d'écouter cet avis de bonne grace et avec beaucoup de docilité : s'il n'en use pas ainsi, il ne faut pas tout d'un coup lui interdire tout commerce avec les autres ; mais seulement on le dénoncera à tous les Frères que l'on connoîtra de son assemblée ou colonie, afin qu'à l'avenir on soit sur la reserve avec lui, et qu'on n'ait pas la même ouverture qu'auparavant. Il faut néanmoins s'y conduire avec sagesse, de peur que venant à s'apercevoir qu'on le veut bannir, il ne nuise aux autres : mais que jamais on ne lui fasse part de la pierre.

ART. XXVII. — *Celui qui aura fait l'œuvre en donnera avis.* — Si quelqu'un des Freres est assez heureux pour conduire l'œuvre à sa perfection, d'abord il en donnera avis non pas de la maniere que nous avons prescrit les lettres ci-dessus, mais par une lettre sans jour et sans date, et s'il se peut, écrire d'une main déguisée qu'il adressera à tous les chefs et anciens des Colonies, afin que ceux qui ne pourront voir cet associé fortuné, soient excités par l'espérance d'un bonheur semblable, et animés par-là à ne pas se dégoûter du travail qu'ils auront entrepris. Il sera libre à celui qui possédera ce grand trésor, de choisir parmi les associés, tant connus, qu'inconnus, ceux auxquels il voudra faire part de ce qu'il a découvert : autrement il se verroit obligé de le donner à tous, même à ceux auxquels la société n'a point encore d'obligation ; en quoi il s'exposeroit, ainsi que toute la compagnie, à de très-grands périls.

Art. XXVIII. — *Il en fera part à ceux qui le viendront trouver.* — On obligera surtout cet heureux associé par un décret qu'on gardera plus inviolablement que tous les autres, de faire part de ce qu'il aura trouvé d'abord à son propre Patron, à moins qu'il n'en soit indigne, ensuite à tous les autres confréres connus ou inconnus, qui le viendront trouver, pourvû qu'ils fassent connoître qu'ils ont gardé exactement tous les réglemens ; qu'ils ont travaillé sans relâche, qu'ils sont gens secrets, et incapables de faire jamais aucun mauvais usage de la grace qu'on leur accordera. En effet, comme il seroit injuste, que chacun conspira à l'utilité publique, si chaque particulier n'en marquoit en tems et lieu sa reconnoissance ; aussi seroit-il tout-à-fait deraisonnable de rendre participans d'un si grand bonheur les traîtres, les lâches, et ceux qui craignent de mettre la main à l'œuvre.

Art. — XXIX. — *Manière de faire cette com-*

munication. — La méthode pour communiquer ce secret, sera laissé entièrement à la disposition de celui qui le possède ; de sorte qu'il lui sera libre, ou de donner une petite portion de la poudre qu'il aura faite, ou d'expliquer clairement son procédé, ou seulement d'aider par ses conseils ceux de ses compagnons qu'il sçaura travailler à la faire. Le plus expédient sera de se servir de cette derniere méthode ; afin qu'autant qu'il se pourra, chacun ne soit redevable qu'à lui-même, et à sa propre industrie, d'un si grand trésor. Quant à ceux qui, par une semblable voye, s'en trouveroient enrichis, ils n'auront pas le pouvoir d'en user de la sorte à l'égard de leurs autres confrères, non pas même de leur propre patron, s'ils n'en ont du moins demandé la permission auparavant à celui de qui ils auront été instruits ; car le secret est la moindre reconnaissance qu'ils lui doivent, et celui-ci même ne le permettra pas aisément, mais seulement à ceux qu'il en trouvera dignes.

Art. XXX. — *De l'emploi qui en doit être fait.* Enfin l'usage et l'emploi d'un si précieux trésor doit être reglé de la maniere qui suit, un tiers sera consacré à l'Eternel à bâtir de nouvelles Eglises, à réparer les anciennes, à faire des fondations publiques, et autres œuvres pies. Un autre tiers sera distribué aux pauvres, aux personnes opprimées et aux affligées de quelque maniere qu'elles le soient ;

enfin la derniere partie restera au possesseur, de laquelle il pourra faire ses libéralités, en aider ses parens et ses amis, mais de telle sorte qu'il ne contribue point à nourrir leur ambition, mais seulement autant qu'il est nécessaire pour qu'ils glorifient le grand architecte de l'univers, qu'ils le servent, et leur patrie, et qu'ils fassent en paix leur salut. Qu'on se souvienne que dans un soudain changement de fortune rarement on sçait garder de la modération ; et même que jusques dans les aumônes qu'on fait aux pauvres, si on ne les fait que par vanité, l'on peut trouver occasion de se perdre.

Fin des Statuts et Règles de la Société cabalistique des Philosophes inconnus.

Catéchisme ou instruction pour le grade d'Adepte ou Apprentif Philosophe sublime et inconnu.

D. Quelle est la première étude d'un Philosophe ?

R. C'est la recherche des opérations de la nature.

D. Quel est le terme de la nature ?

R. Dieu, comme il en est le principe.

D. D'où proviennent toutes les choses ?

R. De la seule et unique nature.

D. En combien de regions la nature est-elle divisée?

R. En quatre principales.

D. Quelles sont-elles?

R. Le sec, l'humide, le chaud, le froid qui sont les quatre qualités élémentaires, d'où toutes choses dérivent.

D. En quoi se change la nature?

R. En mâle et femelle.

D. A quoi est-elle comparée?

R. Au mercure.

D. Quelle idée me donnerez-vous de la nature?

R. Elle n'est point visible, quoiqu'elle agisse visiblement, car ce n'est qu'un esprit volatil, qui fait son office dans les corps, et qui est animé par l'esprit universel, que nous connaissons en Maçonnerie vulgaire, sous le respectable emblème de l'*Etoile flamboyante*.

D. *Que représente-t-elle positivement?*

R. *Le souffle divin, le feu central et universel, qui vivifie tout ce qui existe.*

D. Quelles qualités doivent avoir les scrutateurs de la nature?

R. Ils doivent être tels que la nature elle-même c'est-à-dire, vrais, simples, patiens et constans; ce sont les caractères essentiels, qui distinguent les bons Maçons, et lorsque l'on inspire déjà ces sentimens aux candidats dans les premieres initiations, on les prépare d'avance à l'acquit des qualités nécessaires pour la classe philosophique.

D. Quelle attention doivent-ils avoir ensuite?

R. Les Philosophes doivent considerer exactement si ce qu'ils se proposent est selon la nature, s'il est possible et faisable; car s'ils veulent faire quelque chose comme le fait la nature, ils doivent la suivre en tout point.

D. Quelle route faudroit-il tenir pour opérer quelque chose de plus excellent que la nature ne l'a fait?

R. On doit regarder en quoi et par quoi elle s'améliore; et on trouvera que c'est toujours avec son semblable : par exemple, si l'on veut étendre la vertu intrinsèque de quelque métal plus outre que la nature, il faut alors saisir la nature métallique elle-même, et sçavoir distinguer le mâle et la femelle en ladite nature.

D. Où contient-elle ses semences?

R. Dans les quatre élémens.

D. Avec quoi le Philosophe peut-il produire quelque chose?

R. Avec le germe de ladite chose, qui en est l'élixir, ou la quintessence beaucoup meilleure, et plus utile à l'artiste que la nature même; ainsi, d'abord que le Philosophe aura obtenu cette semence ou ce germe, la nature pour le seconder sera prête à faire son devoir.

D. Qu'est-ce que le germe ou la semence de chaque chose ?

R. C'est la plus accomplie et la plus parfaite décoction et digestion de la chose même, ou plutôt c'est le baume du soufre, qui est la même chose que l'humide radical dans les métaux.

D. Qui engendre cette semence, ou ce germe ?

R. Les quatre élémens, par la volonté de l'Etre suprême, et l'imagination de la nature.

D. Comment opèrent les quatre élémens ?

R. Par un mouvement infatigable, et continu, chacun d'eux selon sa qualité, jettant leur semence au centre de la terre, où elle est recuite et digérée, ensuite repoussée au dehors par les loix du mouvement.

D. Qu'entendent les Philosophes par le centre de la terre ?

R. Un certain lieu vuide qu'ils conçoivent, et où rien ne peut réposer.

D. Où les quatre élémens jettent-ils et réposent-ils donc leurs qualités ou semences ?

R. Dans l'ex-centre, ou la marge et circonférence du centre, qui, après qu'il en a pris une due portion, rejette le surplus au dehors, d'où se forment les excrémens, les scories, les feux, et même les pierres de la nature, de cette pierre brute, emblême du premier état maçonnique.

D. Expliquez-moi cette doctrine par un exemple ?

R. Soit donnée une table bien unie, et sur icelle, en son milieu, duement assis et posé un vase quelconque, rempli d'eau; que dans son contour on place ensuite plusieurs choses de diverses couleurs, entr'autres qu'il y ait particulièrement du sel, en observant que chacune de ces choses soient bien divisées et mises séparément, puis après que l'on verse l'eau au milieu, on la verra couler de-ça et de-là : ce petit ruisseau venant à rencontrer la couleur rouge prendra la teinte rouge; l'autre passant par le sel contractera de la salaison; car il est certain que l'eau ne change point les lieux, mais la diversité des lieux change la nature de l'eau; de même la semence jettée par les quatre élémens au centre de la terre contracte différentes modifications; parce qu'elle passe par différens lieux, rameaux, canaux ou conduits; ensorte que chaque chose naît selon la diversité des lieux, et la semence de la chose parvenant à tel endroit, on rencontreroit la terre et l'eau pure, il en résultera une chose pure, ainsi du contraire.

D. Comment et en quelle façon les élémens engendrent-ils cette semence?

R. Pour bien comprendre cette doctrine, il faut noter que deux élémens sont graves et pesans, et les deux autres légers, deux secs et deux humides, toutefois l'un extrêmement sec et l'autre extrêmement humide, et en outre sont masculin et feminin;

or, chacun d'eux est très prompt à produire choses semblables à soi en sa sphère : ces quatre élémens ne réposent jamais, mais ils agissent continuellement l'un et l'autre, et chacun pousse de soi et par soi ce qu'il a de plus subtil ; ils ont leur rendez-vous général au centre, et dans ce centre même de l'*Archée* ce serviteur de la nature, où venant à y mêler leurs semences, ils les agitent et les jettent ensuite au-dehors. On pourra voir ce procédé de la nature, et le connoître beaucoup plus distinctement dans les grades sublimes qui suivent celui-ci.

D. Quelle est la vraie et premiere matiere des métaux ?

R. La premiere matiere proprement dite est de double essence, ou double par elle-même ; néanmoins l'une sans le concours de l'autre ne crée point un métal ; la premiere et la principale est une humidité de l'air, mêlée avec un air chaud, en forme d'une eau grasse, adhérente à chaque chose, pour pure ou impure qu'elle soit.

D. Comment les Philosophes ont-ils nommé cette humidité ?

R. Mercure.

D. Par qui est-il gouverné ?

R. Par les rayons du Soleil et de la Lune.

D. Quelle est la seconde matière.

R. C'est la chaleur de la Terre, c'est-à-dire, une chaleur seche que les Philosophes appellent soufre.

D. Tout le corps de la matiere se convertit-il en semence ?

R. Non, mais seulement la huit-centième partie qui repose au centre du même corps, ainsi que l'on peut le voir dans l'exemple d'un grain de froment.

D. De quoi sert le corps de la matiere, relativement à la semence ?

R. Pour la préserver de toute excessive chaleur, froideur, humidité ou sécheresse, et généralement toute intempérie nuisible, contre lesquelles la matiere lui sert d'enveloppe.

D. L'Artiste qui prétendroit réduire tout le corps de la matiere en sémence, en supposant qu'il pût y réussir, y trouveroit-il en effet quelqu'avantage ?

R. Aucun ; au contraire son travail alors deviendroit absolument inutile, parce que l'on ne peut rien faire de bien, sitôt que l'on s'écarte du procédé de la nature.

D. Que faut-il donc qu'il fasse ?

R. Il faut qu'il dégage la matiere de toutes ses impuretés : car il n'y a point de métal, si pur qu'il soit, qu'il n'ait ses impuretés, l'un toutefois plus ou moins que l'autre.

D. *Comment figurons-nous dans la Maçonnerie la nécessité absolue et préparatoire de cette dépuration ou purification ?*

R. *Lors de la première initiation du Candidat au grade d'Apprentif, quand on le dépouille de tous métaux et minéraux, et que d'une façon décente on lui ôte une partie de ses vêtemens, ce qui est analogue aux superfluités, surfaces ou scories, dont il faut dépouiller la matiere pour trouver la semence.*

D. A quoi le Philosophe doit-il faire le plus d'attention ?

R. Au point de la nature, et ce point il ne doit pas le chercher dans les métaux vulgaires, parce qu'étant déjà sortis des mains de la formatrice, il n'est plus en eux.

D. Quelle en est la raison précise ?

R. C'est parce que les métaux du vulgaire, principalement l'or, sont absolument morts, au lieu que les nôtres au contraire sont absolument vifs, et ont esprit.

D. Quelle est la vie des métaux ?

R. Elle n'est autre chose que le feu, lorsqu'ils sont encore couchés dans leurs mines.

D. Quelle est leur mort ?

R. Leur mort et leur vie sont un même principe, puisqu'ils meurent également par le feu, mais un feu de fusion.

D. De quelle façon les métaux sont-ils engendrés dans les entrailles de la terre ?

R. Après que les quatre élémens ont produit leur force ou leur vertu dans le centre de la terre, et qu'ils y ont déposé leur semence ; l'*archée* de la nature, en les distillant, les sublimise à la superficie par la chaleur et l'action d'un mouvement perpétuel.

D. Le *vent*, en se distillant par les pores de la terre, en quoi se résout-il ?

R. Il se résout en *eau* de laquelle naissent toutes choses, et ce n'est plus alors qu'une vapeur humide, de laquelle vapeur se forme ensuite le principe principié de chaque chose, et qui sert de premiere matiere aux Philosophes.

D. Quel est donc ce principe principié, servant de premiere matiere aux enfans de la science dans l'œuvre philosophique ?

R. Ce sera cette même matiere, laquelle aussitôt qu'elle est conçûe, ne peut absolument plus changer de forme.

D. Saturne, Jupiter, Mars, Venus, le Soleil, la Lune, etc., ont-ils chacun des semences différentes ?

R. Ils ont tous une même semence ; mais le lieu de leur naissance a été la cause de cette différence, encore bien que la nature ait bien plutôt achevé son œuvre en la procréation de l'argent qu'en celle de l'or, ainsi des autres.

D. Comment se forme l'or dans les entrailles de la terre ?

R. Quand cette vapeur que nous avons dit,

est sublimisée au centre de la terre, et qu'elle passe par des lieux chauds et purs, et où une certaine graisse de soufre adhérée aux parois, alors cette vapeur que les Philosophes ont appelé leur mercure, s'accomode et se joint à cette graisse, qu'elle sublimise après avec soi ; et de ce mélange résulte une certaine onctuosité, qui laissant ce nom de vapeur, prend alors celui de graisse, et venant puis après à se sublimiser en d'autres lieux, qui ont été nettoyés par la vapeur précédente, et auxquels la terre est plus subtile, pure et humide, elle remplit les pores de cette terre, se joint à elle, et c'est alors ce qui produit l'*or*.

D. Comment s'engendre Saturne ?

R. Quand cette onctuosité ou graisse parvient à des lieux totalement impurs et froids.

D. *Comment cette définition se trouve-t-elle au noviciat ?*

R. *Par l'explication du mot Profane qui supplée au nom de Saturne, mais que nous appliquons effectivement à tout ce qui réside en lieu impur et froid, ce qui est marqué par l'allégorie du monde, du siècle et de ses imperfections.*

D. Comment désignons-nous l'œuvre et l'or ?

R. *Par l'image d'un chef-d'œuvre d'architecture, dont au détail nous peignons la magnificence toute éclatante d'or et de métaux précieux.*

D. Comment s'engendre Vénus ?

R. Elle s'engendre alors que la terre est pure, mais mêlée de soufre impur.

D. Quel pouvoir a cette vapeur au centre de la terre?

R. De subtiliser toujours par son continuel progrès, tout ce qui est crud et impur, attirant successivement avec soi ce qu'est pur.

D. Quelle est la semence de la premiere matiere de toutes choses?

R. La premiere matiere des choses, c'est-à-dire, la matière des principes principians, naît par la nature sans le secours d'aucune semence, c'est-à-dire, que la nature reçoit la matière des élemens, de laquelle elle engendre ensuite la semence.

D. Quelle est donc absolument parlant la semence des choses?

R. La semence en un corps n'est autre qu'un air congelé, ou une vapeur humide, laquelle si elle n'est résoute par une vapeur chaude, devient tout-à-fait inutile.

D. Comment la génération de la semence se renferme-t-elle dans le regne métallique?

R. Par l'artifice de l'*archée*, les quatre élemens en la premiere génération de la nature, distillent au centre de la terre une vapeur d'eau pondereuse, qui est la semence des métaux, et s'appellent Mercure, non à cause de son essence, mais à cause de sa fluidité et facile adhérence à chaque chose.

D. Pourquoi cette vapeur est-elle comparée au soufre ?

R. A cause de sa chaleur interne.

D. Que devient la semence après la congellation ?

R. Elle devient l'humide radical de la matiere.

D. De quel mercure doit-on entendre que les métaux sont composés ?

R. Cela s'entend absolument du mercure des Philosophes, et aucunement du mercure commun ou vulgaire, qui ne peut être une semence ayant lui-même en soi sa semence comme les autres métaux.

D. Que faut-il donc prendre précisément pour le sujet de notre matiere ?

R. On doit prendre la semence seule ou grain fixe, et non pas le corps entier qui est distingué en mâle vif, c'est-à-dire, soufre et femelle vive, c'est-à-dire, mercure.

D. Quelle opération faut-il faire ensuite ?

R. On doit les conjoindre ensemble, afin qu'ils puissent former un germe, d'où ensuite ils arrivent à procréer un fruit de leur nature.

D. Qu'entend donc de faire l'Artiste dans cette opération ?

R. L'Artiste n'entend faire autre chose, sinon de séparer ce qui est subtil de ce qui est épais.

D. A quoi se réduit conséquemment toute la combinaison philosophique ?

R. Elle se réduit à faire d'un deux et de deux un, et rien de plus.

D. *Y a-t-il dans la Maçonnerie quelque analogie qui indique cette opération ?*

R. *Elle est suffisamment sensible à tout esprit qui voudra réfléchir en s'arrêtant au nombre mystérieux de trois, sur lequel roule essentiellement toute la science maçonnique.*

D. Où se trouve la semence et la vie des métaux et minéraux?

R. La semence des minéraux est proprement l'eau qui se trouve au centre et au cœur du minéral.

D. Comment la nature opère-t-elle par le secours de l'art ?

R. Toute semence, quelle qu'elle soit, est de nulle valeur, si par l'art ou par la nature elle n'est mise en une matrice convenable, où elle reçoit sa vie en faisant pourrir le germe, et causant la congellation du point pur ou grain fixe.

D. Comment la semence est-elle ensuite nourrie et conservée ?

R. Par la chaleur de son corps.

D. Que fait donc l'Artiste dans le règne minéral.

R. Il acheve ce que la nature ne peut finir à cause de la crudité de l'air, qui par sa violence a rempli les pores de chaque corps, non dans les entrailles de la terre, mais dans sa superficie.

D. Quelle correspondance ont les métaux entr'eux ?

R. Pour bien entendre cette correspondance, il faut considérer la position des planetes, et faire attention que Saturne est le plus haut de tous auquel succéde Jupiter, puis Mars, le Soleil, Venus, Mercure et enfin la Lune. Il faut observer que les vertus des planetes ne montent pas, mais qu'elles descendent, et l'expérience nous apprend que Mars se convertit facilement en Venus, et non pas Venus en Mars, comme étant plus basse d'une sphère : ainsi Jupiter se transmue aisément en Mercure ; parce que Jupiter est plus haut que Mercure, celui-là est le second après le firmament, celui-ci est le second au-dessus de la terre, et Saturne le plus haut ; la Lune la plus basse : le Soleil se mêle avec tous, mais il n'est jamais amélioré par les inférieurs. On voit clairement qu'il y a une grande correspondance entre Saturne et la Lune, au milieu desquels est le Soleil ; mais à tous ces changements le Philosophe doit tâcher d'administrer du Soleil.

D. Quand les Philosophes parlent de l'or ou de l'argent, d'où ils extraient leur matiere, entendent-ils parler de l'or ou de l'argent vulgaire ?

R. Non : parce que l'or et l'argent vulgaire sont

morts, tandis que ceux des Philosophes sont pleins de vie.

D. *Quel est l'objet de la recherche des Maçons ?*

R. *C'est la connoissance de l'art de perfectionner ce que la nature a laissé imparfait dans le genre humain, et d'arriver au trésor de la vraie morale.*

D. Quel est l'objet de la recherche des Philosophes ?

R. C'est la connoissance de l'art de perfectionner ce que la nature a laissé imparfait dans le genre minéral, et d'arriver au trésor de la pierre philosophale.

D. Qu'est-ce que cette pierre ?

R. La pierre philosophale n'est autre chose que l'humide radical des éléments, parfaitement purifiés et amenés à une souveraine fixité, ce qui fait qu'elle opère de si grandes choses pour la santé, la vie résidant uniquement dans l'humide radical.

D. En quoi consiste le secret de faire cet admirable œuvre ?

R. Ce secret consiste à sçavoir tirer de puissance en acte le chaud inné, ou le feu de nature renfermé dans le centre de l'humide radical.

D. Quelles sont les précautions qu'il faut prendre pour ne pas manquer l'œuvre ?

R. Il faut avoir grand soin d'ôter les excréments à la matière, et ne songer qu'à avoir le noyau, ou le centre qui renferme toute la vertu du mixte.

D. Pourquoi cette médecine guérit-elle toutes sortes de maux?

R. Cette médecine a la vertu de guérir toutes sortes de maux, non pas à raison de ses différentes qualités, mais en tant seulement qu'elle fortifie puissamment la chaleur naturelle, laquelle elle excite doucement, au lieu que les autres remèdes l'irritent par un mouvement trop violent.

D. Comment me prouverez-vous la vérité de l'art à l'égard de la teinture?

R. Cette vérité est fondée premièrement sur ce que la poudre physique étant faite de la même matière, dont sont formés les métaux, à sçavoir l'argent vif; elle a la faculté de se mêler avec eux dans la fusion, une nature embrassant aisément une autre nature, qui lui est semblable; secondement sur ce que les métaux imparfaits n'étant tels, que parce que leur argent vif est crud, la poudre physique, qui est un argent vif mur et cuit, et proprement un pur feu, leur peut aisément communiquer la maturité, et les transmuer en sa nature, après avoir fait attraction de leur humide crud; c'est-à-dire, de leur argent vif, qui est la seule substance qui se transmue, le reste n'étant que des scories et des excréments, qui sont rejettés dans la projection.

D. Quelle route doit suivre le Philosophe pour

parvenir à la connoissance et à l'exécution de l'œuvre physique ?

R. La même route que le grand Architecte de l'univers employa à la création du monde, en observant comment le cahos fut débrouillé.

D. Quelle étoit la matière du chaos ?

R. Ce ne pouvoit être autre chose qu'une vapeur humide, parce qu'il n'y a que l'eau entre les substances créées, qui se terminent par un terme étranger, et qui soit un véritable sujet pour recevoir les formes.

D. Donnez-moi un exemple de ce que vous venez de dire ?

R. Cet exemple peut se prendre des productions particulieres des mixtes, dont les sémences commencent toujours par se résoudre en une certaine humeur, qui est le chaos particulier, duquel ensuite se tire comme par irradiation toute la forme de la plante. D'ailleurs il faut observer que l'écriture ne fait mention en aucun endroit, que de l'eau pour sujet matériel, sur lequel l'esprit de Dieu étoit porté, et la lumiere pour forme universelle.

D. Quel avantage le Philosophe peut-il tirer de cette réflexion, et que doit-il particulierement remarquer dans la maniere dont l'Etre suprême créa le monde ?

R. D'abord il observera la matiere dont le monde a été créé, il verra que de cette masse confuse le souverain Artiste commença par faire l'extraction de la lumiere, qui dans le même instant dissipa les ténèbres qui couvroient la surface de la terre, pour servir de forme universelle à la matiere. Il concevra ensuite facilement que dans la génération de tous les mixtes, il se fait une espece d'irradiation, et une séparation de la lumiere d'avec les ténèbres, en quoi la nature est perpétuellement imitatrice de son créateur. Le Philosophe comprendra pareillement comme par l'action de cette lumiere se fit l'étendue, ou autrement le firmament séparateur des eaux d'avec les eaux : le ciel fut ensuite orné de corps lumineux ; mais les choses superieures étant trop éloignées des inférieures, il fut besoin de créer la Lune, comme flambeau intermédiaire entre le haut et le bas, laquelle après avoir reçu les influences célestes, les communique à la terre ; le Créateur rassemblant en suite les eaux, fit apparoir le sec.

D. Combien y a-t-il de Cieux ?

R. Il n'y en a proprement qu'un ; à sçavoir, le Firmament séparateur des eaux d'avec les eaux : cependant on en admet trois : le premier, qui est depuis le dessus des nues, où les eaux raréfiées s'arrêtent, et retombent jusqu'aux étoiles fixes, et dans cet espace sont les planetes et les étoiles errantes. Le second, qui est le lieu même des étoiles fixes : le troisième, qui est le lieu des eaux surcélestes.

D. Pourquoi la raréfaction des eaux se termine-t-elle au premier ciel, et ne monte-t-elle pas au-delà ?

R. Parce que la nature des choses raréfiées est de s'élever toujours en haut, et parce que Dieu dans ses lois éternelles a assigné à chaque chose sa propre sphère.

D. Pourquoi chaque corps céleste tourne-t-il invariablement comme autour d'un axe sans décliner ?

R. Cela ne vient que du premier mouvement qui lui a été imprimé, de même qu'une masse pésante mise en balan, et attachée à un simple fil, tourneroit toujours également, si le mouvement étoit toujours égal.

D. Pourquoi les eaux supérieures ne mouillent-elles point ?

R. A cause de leur extrême raréfaction ; c'est ainsi qu'un sçavant Chymiste peut tirer plus d'avantage de la science de la raréfaction, que de toute autre.

D. De quelle matiere est composé le firmament ou l'étendue ?

R. Le firmament est proprement l'air, dont la nature est beaucoup plus convenable à la lumiere que l'eau.

D. Après avoir séparé les eaux du sec et de la terre, que fit le Créateur pour donner lieu aux générations ?

R. Il créa une lumiere particuliere destinée à cet office, laquelle il plaça dans le feu central, et tempéra ce feu par l'humidité de l'eau, et la froideur de la terre, afin de reprimer son action, et que sa chaleur fût plus convenable au dessein de son Auteur.

D. Quelle est l'action de ce feu central ?

R. Il agit coutinuellement sur la matiere humide qui lui est la plus voisine, dont il fait élever une vapeur, qui est le mercure de la nature, et de la premiere matiere les trois regnes.

D. Comment se forme ensuite le soufre de la nature ?

R. Par la double action ou plutôt réaction de ce feu central, sur la vapeur mercurielle.

D. Comment se fait le sel marin ?

R. Il se forme par l'action de ce même feu sur l'humidité aqueuse ; lorsque l'humidité aërienne qui y est renfermée, vient à s'exhaler.

D. Que doit faire un Philosophe vraiment sage, lorsqu'une fois il a bien compris le fondement et l'ordre qu'observa le grand Architecte de l'univers, pour la construction de tout ce qui existe dans la nature ?

R. Il doit être, autant qu'il se peut, un copiste fidèle de son créateur ; dans son œuvre physique il doit faire son chaos tel qu'il fût effectivement ; séparer la lumière des ténèbres ; former son firmament séparateur des eaux d'avec les eaux, et accomplir enfin parfaitement, en suivant la marche indiquée, tout l'ouvrage de la création.

D. Avec quoi fait-on cette grande et sublime opération ?

R. Avec un seul corpuscule ou petit corps, qui ne contient, pour ainsi dire, que *fèces*, saletés, abominations, duquel on extrait une certaine humidité ténébreuse et mercurielle, qui comprend en soi tout ce qui est nécessaire au Philosophe, parce qu'il ne cherche en effet que le vrai mercure.

D. De quel mercure doit-il donc se servir pour l'œuvre ?

R. D'un mercure qui ne se trouve point tel sur la terre, mais qui est extrait des corps, et nullement du mercure vulgaire, comme il a été dit.

D. Pourquoi ce dernier n'est-il pas le plus propre à notre œuvre ?

R. Parce que le sage Artiste doit faire attention que le mercure vulgaire ne contient pas en soi la quantité suffisante de soufre, et que par conséquent il doit travailler sur un corps créé par la nature, dans lequel elle-même aura joint ensemble le soufre et le mercure, lesquels l'Artiste doit séparer.

D. Que doit-il faire ensuite ?

R. Les purifier et les rejoindre de rechef.

D. Comment appelez-vous ce corps-là ?

R. *Pierre brute*, ou chaos, ou illiafte, ou hylé.

D. *Est-ce la même pierre brute dont le symbole caractérise nos premiers grades ?*

R. *Oui, c'est la même que les Maçons travaillent à dégrossir, et dont ils cherchent à ôter les superfluités; cette pierre brute est, pour ainsi dire, une portion de ce premier chaos, ou masse confuse connue, mais méprisée d'un chacun.*

D. Puisque vous me dites que le mercure est la seule chose que le Philosophe doit connaître, pour ne s'y pas méprendre, donnez-m'en en une description circonstanciée.

R. Notre mercure, eu égard à la nature, est double, fixe et volatil; eu égard à son mouvement il est double aussi, puisqu'il a un mouvement d'ascension, et un de descension : par celui de descension, c'est l'influence des plantes, par laquelle il réveille le feu de la nature assoupi, et c'est son premier office avant sa congellation : par le mouvement d'ascension il s'élève pour se purifier, et comme c'est après sa congellation, il est considéré alors comme l'humide radical des choses, lequel sous des viles scories ne laisse pas que de conserver la noblesse de sa première origine.

D. Combien compte-t-on d'humide dans chaque composé ?

R. Il y en a trois : 1° l'*élémentaire*, qui n'est proprement que le vase des autres éléments ; 2° le *radical*, qui est proprement l'huile, ou le baume dans lequel réside toute la vertu du sujet; 3º l'*alimentaire*, c'est le véritable dissolvant de la nature, excitant le feu interne, assoupi, causant par son humidité la corruption et la noirceur, et entretenant, et alimentant le sujet.

D. Combien les Philosophes ont-ils de sorte de mercure ?

R. Le mercure des Philosophes se peut considérer sous quatre égards ; au premier on l'appelle le *mercure des corps*, c'est précisément la semence cachée : au second, le *mercure de la nature*; c'est le bain ou le vase des Philosophes, autrement dit l'humide radical : au troisième, le *mercure des Philosophes*, parce qu'il se trouve dans leur boutique et dans leur minière ; c'est la sphère de Saturne ; c'est leur Diane, c'est le vrai sel des métaux, après lequel, lorsqu'on l'a acquis, commence seulement le véritable œuvre philosophique : au quatrième égard, on l'appelle le *mercure commun*, non pas celui du vulgaire, mais celui qui est proprement le véritable air des Philosophes, la véritable moyenne substance de l'eau, le vrai feu secret et caché, le *feu commun*, à cause qu'il est commun à toutes les minières, qu'en lui consiste la substance des métaux, et que c'est de lui qu'ils tirent leur quantité et qualité.

D. Pourquoi les Maçons ont-ils les nombres impairs, et nommément le septenaire en vénération ?

R. Parce que la nature, qui se plaît dans ses propres nombres, est satisfaite du nombre mystérieux de *sept*, sur-tout dans les choses subalternes, ou qui dépendent du globe lunaire ; la lune nous faisant voir sensiblement un nombre infini d'altérations et de vicissitudes dans ce nombre septenaire.

D. Combien d'opérations y a-t-il dans notre œuvre ?

R. Il n'y en a qu'une seule, qui se réduit à la sublimation qui n'est autre chose, selon *Geber*, que l'élévation de la chose seche par le moyen du feu avec adhérence à son propre vase.

D. Quelle précaution doit-on prendre en lisant les Philosophes hermétiques ?

R. Il faut sur-tout avoir grand soin de ne pas prendre ce qu'ils disent à ce sujet au pied de la lettre, et suivant le son des mots : *Car la lettre tue, et l'esprit vivifie.*

D. Quel livre doit-on lire pour parvenir à la connoissance de notre science ?

R. Entre les anciens il faut lire particulierement tous les ouvrages d'Hermès, ensuite un certain livre intitulé, *le passage de la mer rouge*, et un autre appellé *l'abord de la terre promise*. Parmi les anciens il faut lire surtout Paracelse, et entr'autre son *sentier chymique* ou *Manuel de Paracelse*, qui contient tous les mystères de la physique demonstrative, et de la plus secrete cabale ; ce livre manuscrit, précieux et original, ne se trouve que dans la bibliothèque du Vatican ; mais Sendivogius a eu le bonheur d'en tirer une copie, qui a servi à éclairer quelqu'un des sages de notre Ordre. 2º. Il faut lire *Raymond Lulle*, et sur-tout son *vade mecum*, son dialogue appelé *Lignum vitæ*, son testament et son codicile ; mais on sera en garde contre ces deux derniers ouvrages, parce qu'ainsi que ceux de *Geber*, ils sont remplis de fausses recettes, de fictions inutiles, et d'erreurs sans nombres, ainsi que les ouvrages d'Arnaud de Villeneuve ; leur but en cela ayant été, suivant toute apparence, de déguiser davantage la vérité aux ignorants ; 3º Le *Turba Philosophorum*, qui n'est qu'un ramas d'Anciens Auteurs, contient une partie assez bonne, quoiqu'il y ait beaucoup de choses sans valeur ; 4º Entre les auteurs du moyen-âge, on doit estimer *Zacharie, Trevisan, Roger Bacon* et un certain anonyme, dont le livre a pour titre *des Philosophes*. Parmi les auteurs modernes on doit faire cas de *Jean Fabre*, Français de nation, et de *Despagnet*, ou l'auteur de la *Physique restituée*, quoiqu'à vrai dire, il ait mêlé dans son livre quelques faux préceptes, et des sentiments erronés.

D. Quand un Philosophe peut-il risquer d'entreprendre l'œuvre ?

R. Lorsqu'il saura par théorie tirer d'un corps dissous par le moyen d'un esprit crud, un esprit digeste, lequel il faudra de rechef rejoindre à l'huile vitale.

D. Expliquez-moi cette théorie plus clairement ?

R. Pour rendre la chose plus sensible, en voici le procédé : ce sera lorsque le Philosophe saura par le moyen d'un menstrue végétable uni au minéral, dissoudre un troisième menstrue essentiel, avec lesquels réunis il faut laver la terre, et l'exalter ensuite en quintessence céleste, pour en composer leur foudre sulfureux, lequel dans un instant pénètre les corps, et détruit leurs excrémens.

D. Comment donnons-nous dans nos élémens maçonniques les rudimens de cette quintessence céleste ?

R. Par le symbole de l'Etoile flamboyante, que nous disons feu central et vivificateur.

D. Ceux qui prétendent se servir d'or vulgaire pour la sémence, et du mercure vulgaire pour le dissolvant, ou pour la terre, dans laquelle il doit être semé, ont-ils une parfaite connoissance de la nature ?

R. Non vraiment, parce que ni l'un ni l'autre n'ont en eux l'agent externe : l'or, pour en avoir été dépouillé par la décoction, et le mercure pour n'en avoir jamais eu.

D. En cherchant cette sémence aurifique ailleurs que dans l'or même, ne risque-t-on pas de produire une espèce de monstre, puisqu'il paroît que l'on s'écarte de la nature ?

R. Il est sans aucun doute, que dans l'or est contenue la sémence aurifique, et même plus parfaitement qu'en aucun autre corps : mais cela ne nous oblige pas à nous servir de l'or vulgaire, car cette sémence se trouve pareillement en chacun des autres métaux ; et ce n'est autre chose, que ce grain fixe, que la nature a introduit en la premiere congellation du mercure, tous les métaux ayant une même origine, et une matiere commune, ainsi que le connoîtront parfaitement au grade suivant ceux qui se rendront dignes de le recevoir par leur application et une étude assidue.

D. Que s'ensuit-il de cette doctrine ?

R. Elle nous enseigne que, quoique la sémence soit plus parfaite dans l'or, toutefois elle se peut extraire bien plus aisément d'un autre corps que de l'or même ; la raison en est que les autres corps sont bien plus ouverts, c'est-à-dire moins digérés et leur humidité moins terminée.

D. Donnez-moi un exemple pris dans la nature ?

R. L'or vulgaire ressemble à un fruit lequel parvenu à une parfaite maturité a été séparé de l'arbre : et quoiqu'il y ait en lui une sémence très-parfaite et très-digeste, néanmoins si quelqu'un, pour le multiplier, le mettoit en terre : il faudroit beaucoup de tems, de peine, de soins, pour le conduire jusqu'à la végétation : mais si au lieu de cela, on prenoit une greffe ou une racine du même arbre, et qu'on la mît en terre, on la verroit en peu de tems, et sans peine végéter et rapporter beaucoup de fruits.

D. Est-il nécessaire à un amateur de cette science de connoître la formation des métaux dans les entrailles de la terre, pour parvenir à former son œuvre ?

R. Cette connoissance est tellement nécessaire, que si avant toute autre étude, on ne s'y appliquoit pas, et l'on ne cherchoit pas à imiter la nature en tout point, jamais on ne pourroit arriver à rien faire de bon.

D. Comment la nature forme-t-elle donc les métaux dans les entrailles de la terre, et de quoi les compose-t-elle ?

R. La nature les compose tous de soutre et de mercure, et les forme par leur double vapeur.

D. Qu'entendez-vous par cette double vapeur, et comment par cette double vapeur les métaux peuvent-ils être formés ?

R. Pour bien entendre cette réponse, il faut sçavoir d'abord que la vapeur mercurielle unie à la vapeur sulfureuse en un lieu caverneux où se trouve une eau salée qui leur sert de matrice ; il se forme *premierement* le vitriol de nature : *secondement* de ce vitriol de nature par la commotion des élémens, s'éleve une nouvelle vapeur, qui n'est ni mercurielle, ni sulfureuse, mais qui tient des deux natures, laquelle arrivant en des lieux où adhère la graisse du soufre, s'unit avec elle, et de leur union se forme une substance glutineuse, ou masse informe, sur laquelle a vapeur répandue en ces lieux caverneux, agissant par le moyen du soufre qu'elle contient en elle, il en résulte des métaux parfaits, si le lieu et la vapeur sont purs ; et imparfaits, si au contraire le lieu et la vapeur sont impurs ; ils sont dits imparfaits ou non parfaits, pour n'avoir pas reçu leur entière perfection par la coction.

D. Que contient en soi cette vapeur ?

R. Elle contient un esprit de lumiere et de feu de la nature des corps célestes, lequel doit être considéré comme la forme de l'univers.

Que représente cette vapeur ?

R. Cette vapeur ainsi impregnée de l'esprit universel, qui n'est autre que la véritable Étoile flamboyante, représente assez bien le premier chaos, dans lequel se trouvait renfermé tout ce qui étoit nécessaire à la création, c'est-à-dire la matiere et la forme universelle.

D. Ne peut-on pas non plus employer l'argent vif vulgaire dans ce procédé?

R. Non, parce que, comme il a déjà été dit, l'argent vif vulgaire n'a pas avec lui l'argent externe.

D. *Comment cela est-il désigné en Maçonnerie ?*

R. *Par le mot de vulgaire ou profane ; en nommant tel tout sujet qui n'est pas propre à l'œuvre maçonnique. C'est dans ce sens qu'il convient d'entendre le couplet,* Vous qui du vulgaire stupide, *etc. Il est appelé stupide, parce qu'il n'a pas vie en soi.*

D. D'où provient que l'argent vif vulgaire n'a pas avec lui son agent externe ?

R. De ce que lors de l'élévation de la double vapeur, la commotion est si grande et si subtile, qu'elle fait évaporer l'esprit ou l'agent ; à peu près comme il arrive dans la fusion des métaux ; de sorte que la seule partie mercurielle reste privée de son mâle ou agent sulfureux, ce qui fait qu'elle ne peut jamais être transmuée en or par la nature.

D. Combien de sortes d'*or* distinguent les Philosophes ?

R. Trois sortes : l'or astral, l'or élémentaire, et l'or vulgaire.

D. Qu'est-ce que l'*or astral* ?

R. L'*or astral* a son centre dans le Soleil, qui le communique par ses rayons, en même tems que sa lumiere à tous les êtres qui lui sont inférieurs : c'est une substance ignée, et qui reçoit une continuelle émanation des corpuscules solaires qui pénétrent tout ce qui est sensitif, végétatif et minéral.

D. *Est-ce dans ce sens qu'il faut considérer le*

Soleil, peint au tableau des premiers grades de l'Ordre ?

R. *Sans difficulté : toutes les autres interprétations sont des voiles pour déguiser au candidat les vérités philosophiques qu'il ne doit point appercevoir du premier coup d'œil, et sur lesquelles il faut que son esprit et ses méditations s'exercent.*

D. Qu'entendez-vous par *or élémentaire ?*

R. C'est la plus pure et la plus fixe portion des élémens et de toutes les substances qui en sont composées ; de sorte que tous les êtres *sublunaires* des trois genres contiennent dans leur centre un précieux grain de cet or élémentaire.

D. *Comment est-il figuré chez nos Frères les Maçons ?*

R. *Ainsi que le soleil au tableau indique l'or astral, la lune signifie son regne sur tous les corps sublunaires qui lui sont subjacents, contenant en leur centre le grain fixe de l'or élémentaire.*

D. Expliquez moi l'*or vulgaire ?*

R. C'est le plus beau métal que nous voyons, et que la nature puisse produire, aussi parfait en soi qu'inaltérable.

D. *Où trouve-t-on sa désignation aux symboles de l'Art Royal ?*

R. *Dans les trois médailles, etc., le triangle, le compas, et tous autres bijoux ou instruments représentatifs, comme d or pur.*

D. De quel espèce d'or est la pierre des Philosophes ?

R. Elle est la seconde espèce, comme étant la plus pure portion de tous les élémens métalliques après sa purification, et alors il est appellé or vif philosophique.

D. *Que signifie le nombre quatre adopté dans le grand Écossisme de St-André d'Ecosse, le complément des progressions maçonniques ?*

R. *Outre le parfait équilibre, et la parfaite égalité des quatre élémens dans la Pierre physique; il signifie quatre choses qu'il faut faire nécessairement pour l'accomplissement de l'œuvre, qui sont,* composition, altération, mixtion et union, *lesquelles une fois faites dans les regles de l'art, donneront le fils légitime du soleil, et produiront le Phenix toujours renaissant de ses cendres.*

D. Qu'est-ce que c'est proprement que l'or vif des Philosophes ?

R. Ce n'est autre chose que le feu du mercure, ou cette vertu ignée, renfermée dans l'humide radical, à qui il a déjà communiqué la fixité et la nature du soufre, d'où il est émané : le soufre des Philosophes ne laissant pas aussi d'être appellé mercure, à cause que toute la substance est mercurielle.

D. Quel autre nom les Philosophes donnent-ils à leur or vif ?

R. Ils l'appellent aussi leur soufre vif, ou leur vrai feu, et il se trouve enfermé en tout corps et nul corps ne peut subsister sans lui.

Où faut-il chercher notre or vif, ou notre soufre vif, et notre vrai feu ?

R. Dans la maison du mercure.

D. De quoi ce feu vit-il ?

R. De l'air.

D. Donnez-moi une comparaison du pouvoir de ce feu ?

R. Pour exprimer cette attraction du feu interne, on ne peut pas donner une meilleure comparaison que celle de la foudre, qui n'est d'abord qu'une exhalaison sèche et terrestre, unie à une vapeur humide, mais qui, à force de s'exalter venant à prendre la nature ignée, agit sur l'humide qui lui est inhérent, qu'elle attire à soi, et transmue en sa nature, après quoi elle se précipite avec rapidité vers la terre, où elle est attirée par une nature fixe semblable à la sienne.

D. Que doit faire le Philosophe après qu'il aura extrait son mercure ?

R. Il doit l'amener ou réduire de puissance en acte.

D. La nature ne peut-elle pas le faire d'elle-même ?

R. Non, parce qu'après une première sublimation

elle s'arrête; et de la matiere ainsi disposée s'engendre les métaux.

D. Qu'entendent les Philosophes par leur *or* et par leur *argent*?

R. Les Philosophes donnent le nom d'*or* à leur *soufre*, et celui d'argent à leur *mercure*.

D. D'où les tirent-ils?

R. Je vous ai déjà dit qu'ils les tirent d'un corps homogene où ils se trouvent avec abondance, et d'où ils les sçavent extraire l'un et l'autre, par un moyen admirable, et tout-à-fait philosophique.

D. Dès que cette opération sera duement faite, que doit-on faire ensuite?

R. On doit faire son amalgame philosophique avec une très-grande industrie, lequel pourtant ne se peut exécuter qu'après la sublimation du mercure, et sa dûe préparation.

D. Dans quel tems unissez-vous votre matiere avec l'or vif?

R. Ce n'est que dans le temps qu'on l'amalgame : c'est-à-dire, par le moyen de cette amalgame on introduit en lui le soufre, pour ne faire ensemble qu'une seule substance, et par l'addition de ce soufre l'ouvrage est abrégé, et la teinture augmentée.

D. Que contient le centre de l'humide radical?

R. Il contient et cache le soufre, qui est couvert d'une écorce dure.

D. Que faut-il faire pour l'appliquer au grand œuvre ?

R. Il faut le tirer de ses prisons avec beaucoup d'art, et par la voie de la putréfaction.

D. La nature a-t-elle dans les mines un menstrue convenable, propre à dissoudre et à délivrer ce soufre ?

R. Non : à cause qu'il n'a pas un mouvement local ; car si elle pouvoit de rechef dissoudre, putréfier et purifier le corps métallique, elle nous donneroit elle-même la Pierre physique, c'est-à-dire un soufre exalté et multiplié en vertu.

D. Comment m'expliqueriez-vous par un exemple cette doctrine ?

R. C'est encore par la comparaison d'un fruit ou d'un grain, qui est de rechef mis dans une terre convenable pour y pourrir, et ensuite pour multiplier ; or le Philosophe, qui connoît le bon grain, le tire de son centre, le jette dans la terre qui lui est propre, après l'avoir bien fumée et préparée, et là il se subtilise tellement, que sa vertu prolifique s'étend et se multiplie à l'infini.

D. En quoi consiste donc tout le secret pour la sémence ?

R. A bien connoître la terre qui lui est propre.

D. Qu'entendez-vous par la sémence dans l'œuvre des Philosophes ?

R. J'entends le chaud inné, ou l'esprit spécifique renfermé dans l'humide radical, ou la moyenne substance de l'argent vif, qui est proprement le sperme des métaux, lequel renferme en soi sa sémence ?

D. Comment délivrerez-vous le soufre de ses prisons ?

R. Par la putréfaction.

D. Quelle est la terre des minéraux ?

R. C'est leur propre menstrue.

D. Quel soin doit avoir le Philosophe pour en tirer le parti qu'il désire ?

R. Il faut qu'il ait un grand soin de la purger de ses vapeurs fœtides, et soufres impurs, après quoi on y jette la sémence.

D. Quel indice peut avoir l'artiste qu'il soit sur le bon chemin au commencement de son œuvre ?

R. Quand il verra qu'au tems de la dissolution, le dissolvant, et la chose dissoute demeurent ensemble sous une même forme et matiere.

D. Combien de solution y a-t-il dans l'œuvre philosophique ?

R. Il y en a trois, nombre par cette raison mystérieux et respectable aux Maçons. La première est celle du corps crud et métallique, par laquelle il est réduit dans ses principes de soufre et d'argent vif ; la seconde, celle du corps physique ; et la troisiéme, celle de la terre minerale.

D. Comment par la premiere solution peut-on

réduire un corps métallique en mercure, et puis en soufre ?

R. Par le feu occulte artificiel, ou l'Etoile flamboyante.

D. Comment se fait cette opération ?

R. En tirant d'abord du sujet le mercure, ou la vapeur des élémens, et après l'avoir purifiée s'en servir à sortir le soufre de ses enveloppes, par la voye de la corruption, dont le signe est la noirceur.

D. Comment se fait la seconde solution ?

R. Quand le corps physique se résout avec les deux substances susdites, et acquiert la nature céleste.

D. Quel nom donnent les Philosophes à la matiere dans ce tems ?

R. Ils l'appellent leur chaos physique, et pour lors c'est la vraie premiere matiere, qui n'est proprement dite telle qu'après la jonction du mâle, qui est le soufre, et de la femelle qui est le mercure, et non pas auparavant.

D. A quoi se rapporte la troisieme solution ?

R. Elle est l'humectation de la terre minerale, et elle a un entier rapport à la multiplication.

D. Est-ce dans ce sens qu'il faut entendre la multiplication usitée dans les nombres maçonniques ?

R. Oui, nommément celle du nombre trois, pour le conduire à son cube, par les progressions connues de 3, 9, 27, 81.

D. De quel feu doit-on se servir dans notre œuvre ?

R. Du feu dont se sert la nature.

D. Quel pouvoir a ce feu ?

R. Il dissout toutes choses dans ce monde, parce qu'il est le principe de toute dissolution et corruption.

D. Pourquoi l'appelle-t-on aussi mercure ?

R. Parce qu'il est de nature aërienne, et une vapeur très subtile participant toutefois du soufre, d'où il a tiré quelque souillure.

D. Où est caché ce feu ?

R. Il est caché dans le sujet de l'art.

D. Qui est-ce qui peut connoître et former ce feu ?

R. Le sage sçait construire et purifier ce feu.

D. Quel pouvoir et qualité ce feu a-t-il en soi ?

R. Il est très sec et dans un continuel mouvement, et ne demande qu'à corrompre et à tirer les choses de puissance en acte ; c'est lui enfin qui, rencontrant dans les mines des lieux solides, circule en forme de vapeur sur la matiere, et la dissout.

D. Comment connoîtroit-on plus facilement ce feu ?

R. Par les excréments sulfureux, où il est renfermé, et par l'habillement salin dont il est revêtu.

D. Que faut-il à ce feu pour qu'il puisse mieux s'insinuer dans le genre féminin.

R. A cause de son extrême siccité il a besoin d'être humecté.

D. Combien y a-t-il de feux philosophiques ?

R. Il y en a de trois sortes, qui sont le naturel, l'innaturel, et le contre nature.

D. Expliquez-moi ces trois sortes de feux ?

R. Le feu naturel est le feu masculin, ou le principal agent ; l'innaturel est le féminin, ou le dissolvant de nature, nourrissant et prenant la forme de fumée blanche, lequel s'évanouit aisément quand il est sous cette forme, si on n'y prend bien garde, et il est presque incompréhensible, quoique par la sublimation philosophique, il devienne corporel et resplendissant ; le feu contre nature est celui qui corrompt le composé, et a le pouvoir de délier ce que la nature avoit fortement lié.

D. Où se trouve notre matiere ?

R. Elle se trouve par-tout, mais il la faut chercher spécialement dans la nature métallique, où elle se trouve plus facilement qu'ailleurs.

D. Laquelle doit-on préférer à toutes les autres ?

R. On doit préférer la plus mure, la plus propre et la plus facile ; mais il faut prendre garde sur-tout que l'essence métallique y soit non-seulement en puissance, mais aussi en acte, et qu'il y ait une splendeur métallique.

D. Tout est-il renfermé dans ce sujet ?

R. Oui, mais il faut pourtant secourir la nature, afin que l'ouvrage soit mieux et plutôt fait, et cela par les moyens que l'on connoît dans les autres grades.

D. Ce sujet est-il d'un grand prix ?

R. Il est vil, et n'a d'abord aucune élégance en foi, et si quelques-uns disent qu'il est vendable, ils ont égard à l'espèce, mais au fond il ne se vend point, parce qu'il n'est utile que pour notre œuvre.

D. Que contient notre matiere ?

R. Elle contient le sel, le soufre et le mercure.

D. Quel est l'opération qu'on doit apprendre à faire ?

R. Il faut savoir extraire le sel, soufre et mercure l'un après l'autre.

D. Comment cela se fait-il ?

R. Par la seule et complette sublimation.

D. Qu'extrait-on d'abord ?

R. On tire d'abord le mercure en forme de fumée blanche.

D. Que vient-il après ?

R. L'eau ignée, ou le soufre.

D. Que faut-il faire ensuite ?

R. Il faut le dissoudre avec le sel purifié, volatilisant d'abord le fixe, et puis fixant le volatil en terre précieuse, laquelle est le véritable vase des Philosophes et de toute perfection.

D. Quelle heure est-il quand le Philosophe commence son travail ?

R. Le point du jour, car il ne doit jamais se relâcher de son activité.

D. Quand se répose-t-il ?

R. Lorsque l'œuvre est à sa perfection.

D. Quelle heure est-il à la fin de l'ouvrage ?

R. Midi plein ; c'est-à-dire, l'instant, où le Soleil est dans sa plus grande force ; et le fils de cet astre en sa plus brillante splendeur.

D. Quel est le mot de la magnesie ?

R. Vous sçavez si je puis et dois répondre à la question, *je garde la parole*.

D. Donnez mot des ralliemens des Philosophes ?

R. Commencez, je vous répondrai.

D. Etes-vous apprentif Philosophe ?

R. Mes amis, et les sages me connoissent.

D. Quel est l'âge d'un Philosophe !

R. Depuis l'instant de ses recherches, jusqu'à celui de ses découvertes : il ne vieillit point.

CHAPITRE QUATRIÈME

L'Alchimiste et la Religion ; Filiation de l'Alchimie ; l'Alchimie et les Sociétés Initiatiques.

(Rose + Croix — Martinisme)

Il semble presque superflu d'aborder maintenant le rôle de l'Alchimiste vis-à-vis de la tradition religieuse telle qu'elle est exprimée par les divers cultes du monde sous la forme exotérique.

En effet, d'après ce que nous avons écrit de la vie privée, intellectuelle et morale de l'Hermétiste, on voit qu'il représente le disciple éclairé de l'Esotérisme.

Il est l'Adepte de l'Ancienne Philosophie-Sagesse qui fut celle des Mages de l'Antiquité, en Asie, en Khaldée, en Egypte, en Perse, puis en Gaule (1).

---

(1) Au point de vue politique — et quel esprit sérieux ne se préoccupe des destinées du Pays et de l'Humanité, — il est hors de doute que le véritable Adepte, fils d'Hermès, est monarchiste ; il lit le magnifique symbolisme exprimé par la fleur de lys — actuellement l'apanage de

La doctrine de l'Hermétisme (1), renferme dans les enseignements symboliques et hiéroglyphiques de la Kabbale, exprime l'ésotérisme de tous les cultes, c'est-à-dire leur esprit *un,* dont les principes, initiatiques à l'origine, furent adaptés d'abord à la conception populaire (d'où le nom exotérisme), puis oubliés, défigurés parfois, par des ministres ignorants ou ambitieux qui asservirent la masse sous une avalanche de rites dogmatiques, pris à la lettre tant l'ignorantisme devint grossier.

Or, si l'Esprit vivifie, la lettre tue, dit Saint-Jean l'Initié.

Combien vraie apparaît aujourd'hui cette prophétique phrase !

Mgr le duc d'Orléans, chef de la Maison — dont les trois branches initiatiques — *Ternaire* — sortent de l'Unité vivante, mondiale et universelle. L'origine de cet hiéroglyphe superbe est nettement égypto-Khaldéen.

La fleur de lys exprime encore le Macrocosme et le Microcosme (reflet du divin). En effet, retournant l'image, nous voyons une petite fleur de lys semblable à la grande. « *Ce qui est en bas est comme ce qui est en haut.* » Tout le symbolisme hermétique se retrouve en cette arme.

(1) Nous relevons *directement* de la Tradition Celte propagée dans la Gaule par les Druides, fils des prêtres aryens et de l'Egypte. La Celtide conserva la pureté initiatique originelle.

Que de cultes sont tombés dans un cléricalisme absolu, aveugle, fanatique, chassant des temples les hommes avides de liberté et de vérité !

Le dogmatisme étroit dont les sectes différentes ne veulent point se départir, cause leur mort.

Au lieu de suivre l'évolution de l'esprit humain, de baser le Symbolisme sur la Science, de se montrer d'accord avec ses indéniables découvertes, la plupart des sacerdotes ont préféré imposer un dieu anthropomorphe, un *Credo quia absurdum*, oubliant l'origine des Signes qu'ils devraient interpréter. Ils poursuivent de leurs anathèmes les disciples de l'Unité, méconnaissant leurs efforts religieux et spiritualistes, renient les expressions larges et générales du Symbole, s'etouffent eux-mêmes par la Lettre.

L'accord serait cependant possible, en Esprit. L'admirable Principe de la Trinité trouve sa conclusion essentiellement scientifique. La Genèse, ses légendes, allégoriques, mais vraies en tant que vêtements de la Vérité, l'Hermétiste les explique telles que le bon sens de la Tradition le nécessite.

La Chute d'Adam-Eve — l'Atavisme des Races — (Le Péché Originel) les légions d'Archanges, rien ne doit être écarté, car la Sagesse Ancienne fut immense ; mais tout cela veut être traduit en un langage rationnel.

Ah ! pourquoi nier le Transformisme, l'Eternité

de l'Univers, la Science Infinie qui se confond en Dieu, et que les Livres Saints racontent ? Pourquoi, ministres, vous troubler devant les conquêtes de l'Intelligence, lorsqu'elle remonte vers sa source de Lumière ?

Si vous saviez scruter les pages superbement écrites de la Nature, révéler peu à peu à l'avidité croissante des contemporains, l'Idée Sublime de la Race, un retour imposant s'accomplirait vers le Spiritualisme, et la Foule se presserait aux abords de vos chaires, car on reconnaîtrait en vous les porte-voix de l'Amour et de la Charité.

Mais ceux-là restent sourds qui ne veulent point entendre ! Ceux-là se combattent qui, murés en leurs petites chapelles, en leurs multiples cénacles, vouent aux foudres d'un Ciel éteint, de mutuels adversaires !

Or, c'est le rôle de *révélateurs* et de *dévélateurs*, que continuent les Initiés, fidèles à la Mission léguée par les Apôtres de la Paix, de la Tolérance et de l'Unité !

Persécutés, haïs, méprisés, couverts de ridicule depuis l'extinction des derniers sanctuaires grecs dont l'Ecole d'Alexandrie défendit les vestiges déjà tronqués, ces Initiés poursuivent leur œuvre de Régénération, en groupes plus ou moins fermés, dépositaires des vérités immuables de la vaste Science aryenne et égyptienne et celte (bretonne).

Silencieusement, lentement, ils jettent de temps à autre, une grande Idée à la Foule comme aux Savants, puis laissent fructifier le germe, dédaigneux de gloire personnelle. Possesseurs des Lois de la Nature, de la Méthode de maniement de ces forces, ils transmettent ces secrets à de sûrs disciples ; et la face externe de ces recettes transpire seule parmi les Profanes.

Notre but n'est point de tracer ici l'historique des sociétés secrètes et hermétiques ; ce travail fut tenté souvent déjà et nos lecteurs connaissent les pages de Papus (1) à ce sujet, ainsi que celles si savoureuses d'Edouard Schuré (2).

Tout ce que nous voulons établir nettement, c'est que l'Alchimie et l'Hermétisme remontent, par une filiation ininterrompue, à ces sanctuaires célèbres d'où sortirent : Krishna, Buddha, Zoroastre, Hermès, Moïse, Pythagore, Platon. A ces centres détruits de la Thébaïde, d'Héracléopolis, de Lycopolis, d'Aphrodite, d'Apollinopolis, de Pthah, de Sérapis, d'Éléphantine, succédèrent les sociétés secrètes des Alchimistes des premiers siècles de notre ère, émanant des Gnostiques, puis les loges hermétiques arabes par dérivation, enfin celles qui

---

(1) Papus : *Traité Méthodique de science occulte ; Vie de Martinès de Pasqually*.

(2) Ed. Schuré : *Les Grands Initiés*.

donnèrent naissance aux Templiers, aux Rose +
Croix, puis aux Martinistes.

La Tradition fut donc apportée d'Egypte en
Occident par les Esséniens, d'une part, les Gnostiques de l'autre et les Druides. Les dépositaires de
leurs doctrines intégrales restèrent toujours Kabbalistes (Templiers — Rose + Croix — Martinistes),
prouvant que le courant alchimique ne fut jamais
interrompu.

A côté du Mouvement Occultiste général, l'Hermétisme conserva sans cesse sa direction, maintint
ferme, à travers les Ages, sa Haute Philosophie.

La Synthèse se déroule absolument parfaite. Basée
sur la Kabbale (tradition atlantidique, aryenne,
égyptienne, Khaldéenne, qu'on ne l'oublie pas) elle
représente la Science universelle depuis les origines
de la Pensée humaine.

A cette heure de notre siècle, quatre sociétés
possèdent la Doctrine Secrète; à savoir: l'*ordre de la
Rose + Croix*, (de St. de Guaïta), l'*Ordre Martiniste; la Société d'Homéopathie Hermétique* (thérapeutique occulte) et l'*Association Alchimique de
France*; ces groupes poursuivent les travaux indiqués par leurs devanciers (1).

(1) De plus, *l'Université libre des Hautes Etudes* vient d'être fondée, reliant intimement entre elles ces Sociétés que nous avons citées; la *Faculté des Sciences Hermétiques*, comprenant ces 4 centres, offre des cours variés aux étudiants, sur la Thérapeutique Psychique, la Mystique, la Pratique, l'Histoire des Rites, l'Astrologie, etc.

Grâce aux efforts constants et désintéressés des adeptes du milieu de ce siècle : Fabre d'Olivet — Mesmer — Wronski — Louis Lucas — Eliphas Lévy ; puis de l'époque actuelle : Papus, Barlet, Poisson, de Guaïta, nous continuons d'interpréter les livres hiéroglyphiques légués par nos aïeux, nous déchiffrons avec une Méthode Incomparable les secrets toujours troublants du Sphinx Immobile — l'Impitoyable Gardien du Seuil.

Nul ne franchit ces domaines qu'il garde jalousement, s'il ne parvient par ses *propres efforts* à résoudre l'Enigme que chaque fois, renouvelle le Sphinx à ses interrogateurs.

Plus haut, il fut indiqué quels sont les meilleurs moyens de parvenir à embrasser d'une même Pensée les Principes de la Philosophie Hermétique.

Que l'Aspirant se garde, sans cesse de l'Orgueil, de la Peur, de la Routine imbécile, comme de la Servilité, de l'Imprudence et de la Présomption.

Sa Volonté doit rester inflexible, sa Charité immense : l'Universelle Conscience, seule, juge — sa tolérance, sincère. L'Adepte, en effet, sait que bien peu regardent le Soleil en face sans être *aveuglés* par son brûlant Eclat.

Cette pensée l'aidera à supporter — dans la mesure nécessaire — l'obscurantisme moderne, à rester fidèle à sa devise :

Savoir — Vouloir — Oser — Se Taire.

CHAPITRE CINQUIÈME

Les Souffleurs

Ils ne valent point qu'on s'arrête longuement à eux, mais pour être complet, nous devons les crayonner au passage, ces souffleurs, véritables sorciers de l'Alchimie.

De même que le Diable est le Singe de Dieu, et le sorcier le singe du Mage, c'est-à-dire qu'ils exécutent à rebours toutes les opérations afin de tâcher d'y attirer le Mal (1) (le Mal comme le Diable n'est autre chose que la négation du Bien, de Dieu, donc son *Ombre* ou son Envers) par d'ineptes rites incompris, d'absurdes formules incompréhensibles ; de même le souffleur peut s'appeler le singe de l'Alchimiste hermétiste.

(1) Voir Eliphas Lévi, et de Guaïta pour le Problème du Mal.

Dépourvu de toute connaissance tant positive que doctrinale, appliquant au hasard des bribes de science tirées des traités spagyriques qui restèrent lettres closes pour lui — le souffleur erre, tâtonne dans l'obscurité de mille recettes, s'épuise en vains efforts, finalement couvre de ridicule, discrédite l'Alchimie rationnelle douée d'une Méthode immuable, et recourt à la supercherie, aux trucs, pour s'enrichir par la fraude, acquérir des trésors, en dupant les naïfs, puisqu'il n'a point réussi, et pour cause, à fabriquer la P∴ Ph∴ véritable transmutatrice.

Souvent d'ailleurs, le souffleur est réellement doublé d'un sorcier, au Moyen-Age.

Cupide, avare, alors que la première condition requise pour trouver le secret du Grand Œuvre, est le Désintéressement, le mépris absolu de la Richesse, imbécile et trompeur, le sot cuisinier, perpétuellement déçu, évoque l'Infernale Puissance, signe avec elle un pacte bien en règle.

Dès lors, sa vie agitée, mauvaise, inquiète, apparaît dans toute sa hideur.

Sur l'instigation de ce fantôme, pourtant objectivé, que son Désir dépravé vient de créer, de soutirer aux Profondeurs Noires de la Perversité — sous la possession de la larve infecte qu'il nourrit de sa propre vie et de son âme elle-même, le souffleur se livre aux recherches les plus folles, les plus dégoûtantes et criminelles.

Il croit trouver la Pierre Philosophale dans les végétaux, dans l'urine, parmi les cendres animales. (Ne comprenant point le sens des paroles hermétiques qui affirment bien que le Mercure se trouve partout, mais qu'il faut savoir résoudre ce tout en une quintessence spéciale...).

Ayant en vain massacré des animaux, désillusionné toujours, il s'attaque en dernier espoir, aux enfants qu'il réduit en éléments ignobles ; il compose d'horribles mixtures faites de sperme hominal et féminin ; il essaie, en un mot, toute l'atroce cuisine du Sorcier et de la Sorcière, pour découvrir la Clef du Trésor tant envié. Gilles de Raitz nous apparaît le type achevé du Souffleur, tour à tour sacrilège, sodomite, assassin et sorcier. Que les lecteurs avides de détails prouvant la parenté du Souffleur et du Sorcier, se reportent au magnifique ouvrage de St. de Guaïta : *Le Temple de Satan.*

Les moins détraqués parmi ces profanateurs de l'Alchimie, sombraient, comme nous l'avons indiqué, dans les tréfonds de la fourberie ; ne pouvant faire de l'or, ils faisaient des dupes, au moyen de tours de passe-passe, le plus souvent, et de poudres de projection qui doraient effectivement les métaux les plus importants, mais ne teignaient *que leur surface.*

On trouvera les recettes de ces teintures métalliques, dans les ouvrages de Berthelot et de Ruelle sur les alchimistes.

Ces auteurs, comme tant d'autres, n'ont d'ailleurs voulu voir en la pratique de l'Art spagyrique — autre chose que ces mystificatrices teintures, tant a été considérable le discrédit jeté par les souffleurs sur l'Hermétisme.

De même que le Moyen-Age, — le siècle présent aussi peut-être — identifie Mages et Sorciers sous le même vocable, les couvre du même manteau d'opprobre, de même, il confond Alchimistes et Souffleurs, brûlant indistinctement sur les bûchers de l'Inquisition les charlatans avec les profonds philosophes.

Il est vrai que, l'Hermétisme constituant une branche de la Magie, ses adeptes risquaient la peine encourue par tous les dévôts de la Science occulte.

Mais il nous semblait urgent, en ce Traité, de bien indiquer, à nouveau, l'espace infranchissable qui sépare l'Alchimiste du Souffleur. Le premier, Initié, Mage, poursuit son œuvre avec méthode et pour le seul triomphe du Vrai — du Beau — du Bien.

Le second, voué aux larves inférieures, ignorant, superstitieux, fatidique, travailleur à rebours, conduit par ses caprices et sa prétentieuse nullité, est animé d'un seul espoir : s'enrichir pour satisfaire ses basses passions !

CHAPITRE SIXIÈME

Esquisse des Sanctuaires Hermétiques de l'Ancienne Egypte.

Nous avons dit déjà quels étaient les principaux sanctuaires des prêtres d'Hermès : la Thébaïde — Héracléopolis — Lycopolis — Aphrodite — Appolinopolis — Eléphantine — Pthah (1) et Sérapis (2).

Ces collèges ont brillé à diverses époques de l'histoire égyptienne, mais tous, détenteurs d'une même science formulée sous d'hyéroglyphiques préceptes, conservent droit à la reconnaissance des disciples de la Doctrine occulte.

En effet, ces centres gardaient en leur sein, impénétrable pour le Profane, la sublime Tradition de

(1) Pthah : dieu de la chaleur, du feu, de la vie.
(2) Sérapis : dieu du froid — on voit les analogies alchimiques — Tout, chez les Anciens, était constitué d'après une correspondance occulte, et en Synthèse.

l'Atlantide et de la Lémurie léguée par les derniers mages de ces pays à leurs frères de l'Asie et de l'Egypte.

Toute la lumière des connaissances humaines provient de là, rayonna de ces Temples, véritables condensateurs de Vérité qui dispersaient progressivement par le monde les trésors dont ils se constituaient les dépositaires.

Grâce à eux, la civilisation égyptienne fut splendide, les Sciences, les Arts y brillèrent d'un incomparable éclat, car le Sacerdoce Initiatique savait l'Esprit de la Religion, n'abandonnant la Lettre qu'aux ignorants ou aux imbéciles.

Après la destruction, la disparition des Temples, puis de la royauté égyptienne ; conséquemment après la ruine de cette splendide Humanité, auprès de laquelle ne sont rien, ne paraissent que jeux de Pygmées, notre vie et notre Paris, et nos modernes capitales (qu'est-ce, en effet, à côté de Babylone !) l'Initiation hiérophantique persista, s'immisçant discrètement, mais sûrement à la naissance des peuples consécutifs qui s'élevèrent vers le Progrès : nos découvertes, nos symboles ne peuvent s'appeler que les répétitions des préceptes, des applications antiques.

Les grands sanctuaires ont éduqué nos 2000 ans d'histoire !

♦

Parcourons par la Pensée ces Universités colossales dont nous ne pouvons presque plus conserver l'idée.

Chacun des Collèges ci-dessus nommés, avait à sa tête un hiérophante ou grand-prêtre (sorte d'évêque) possesseur d'une science lentement accumulée, inouïe, d'une égale valeur morale.

Sous ses ordres, se trouvaient les Mages, c'est-à-dire les professeurs-prêtres, chargés de l'enseignement des Initiés admis à suivre les leçons des Sanctuaires.

Nous n'avons point à retracer l'histoire des épreuves subies par le Néophyte, épreuves physiques, intellectuelles et morales très périlleuses et pénibles : ce serait là une répétition monotone pour le lecteur : il connaît ces faits rapportés par Jamblique (*Les Mystères*, trad. de P. Quillard), puis récemment par Christian et Eliphas Lévi (*Histoire de la Magie*).

Nous ne discuterons point non plus sur les rites, les conditions du sacerdoce antique ; de plus érudits que nous écrivirent ces détails ; qu'il nous suffise d'affirmer que les Mages — après avoir prouvé durant leur temps d'initiation, leur force de résistance aux passions — pouvaient, devaient même se marier, afin de réaliser toutes les lois de la Nature. De là cette pureté incomparable, du sacerdoce bien compris.

**
***

Mais transportons-nous jusqu'aux Collèges des Mages... Une poésie suave se dégage de ces anciennes ruines que nous ressuscitons amoureusement, nous tous qui aimons le Passé, ses Mystères bénis, son Art consommé. Quel enchanteur tableau se déroule sous nos yeux !

Au sein d'une nature luxuriante, admirable, d'un climat tempéré et délicieux, s'élèvent ces retraites de la Science Absolue où ne pénètre jamais un indigne !

Au parfum de fleurs exquises, se marie celui de la Vérité et de la Beauté ; l'austérité de la démarche ou de la Pensée n'appartient qu'au faux dévôt ; mais celui qui *sait*, du moins qui cherche, par ses efforts désintéressés, à savoir, celui-là respire un calme peut-être un peu mélancolique, mais très reposant, illuminé pour nous servir de l'expression correspondante.

L'Initié vibre à tout ce qui est beau, grand, noble, dans l'Univers ; il participe à toute cellule, à toute vie, car il sait que tout s'agite, tend à l'Unité divine pour s'y réintégrer ; une intense poésie découle donc de cette doctrine d'amour, de régénération, d'évolution universelle ; l'Initié ressent toutes les parfaites émotions du Poëte, de l'Artiste, conjointement à celles du Philosophe et du Savant.

Par l'Unité, l'Analogie, il relie ces diverses branches ; par l'Extase il comprend, conçoit au moins, leur intégralité : son Aspiration devient Infinie comme l'Eternelle Nature ! Ah ! cette science-là n'étriquait point l'Ame, ni le Cœur, n'enlevait point au disciple, la conception de ce qui est.

Elle l'aidait à percer le voile de l'Illusion à connaître les erreurs communes aux hommes vulgaires.

Ils apprenaient, les étudiants, à refouler les mirages multiples et vains, d'autant plus dangereux qu'ils semblent *plus matériels ;* et ils arrivaient ainsi à contempler le vrai Soleil qui n'est encore que l'ombre de l'Être lui-même...

Dans les laboratoires de leur sanctuaire, les mages-alchimistes *dirigeaient*, sur le plan matériel, les recherches des aspirants à cette spécialité ; après leur avoir communiqué les préceptes généraux de l'Hermétique, ils les *engageaient* à poursuivre l'Art Spagyrique. Plus loin n'allait pas leur intervention. Ils conseillaient seulement le Néophyte. Car ils n'auraient pu, sans trahir leur Ordre, dévéler l'Initiation alchimique à leurs élèves.

Celle-là, comme toute Ascèse, s'acquiert par

soi-même. Il faut un long et persévérant travail, une épuration complète de son être.... Quelles heures divines, tant au Laboratoire, que durant les méditations, les travaux !

Voyant vivre, évoluer la Matière, contemplant en les corps, les molécules, les atomes, des individualités différemment conscientes, et participant à l'Absolu, les Hermétistes ne manipulaient qu'avec recueillement et piété ; ils savaient qu'en effectuant les opérations, ils amenaient, provoquaient ou hâtaient la mutation des monades, les orientaient dans telle ou telle voie, telle ou telle direction, de laquelle dépendrait, en une certaine mesure, leur avenir progressif !

Ils étaient donc les guides, les dieux momentanés de ces univers atomiques dont ils élaboraient le mécanisme tourbillonnaire. Par leur intervention, les Alchimistes n'ignoraient point *qu'ils touchaient* aux rouages de l'Univers, réagissaient sur les Etoiles, les mondes les plus lointains (puisque *tout* s'enchaîne, se répercute en une chaîne sans fin) sur les gravitations, les répulsions ; et cette formidable assurance, cette terrifiante constatation, les emplissait d'un religieux respect....

Telle apparaît la grandeur métaphysique de leur science. Peut-on la comparer à la Science contemporaine officielle des positivistes et des néantistes !

.... Mais aussi, quelles pensées venaient se

presser devant ces prêtres d'Isis, quelles sublimes songeries qui apportaient en leur âme cette étincelle d'amour, de joie, que nul ne peut oublier lorsqu'il l'a ressentie, et que jamais aucune volupté terrestre n'égala !

Ils se sentaient vivre de l'existence de Dieu même. Ils vibraient à l'unisson des rythmes du Cœur Infini. Les palpitations de la Nature Eternelle résonnaient en leur propre sang comme ils éprouvaient toutes ses joies et toutes ses douleurs ; dans cette Communion Véritable, cet échange intime des Principes de l'Être, l'Hostie, scientifiquement, s'offrait avec la Présence réelle.

Leurs yeux extasiés, suivaient, le soir avec ivresse, ces myriades d'astres brillant au Ciel ; les nébuleuses — pépinières d'atomes astraux — les Soleils multicolores de l'Espace, allumaient en ces Mages la certitude de la Transformation progressive de l'Immortalité à travers les Mondes !

Accoudés, lors de ces longues heures embaumées de la nuit africaine, aux balcons des jardins suspendus, aux colonnades des galeries majestueuses, ils adoraient le Dieu des Etoiles, abandonnaient leur corps physique, s'élançant de leur double astral, vers le Milieu des Splendeurs célestes — tandis que la Lune bleuâtre, châtoyante, irisée de teintes fausses nacrées, phosphorescentes et vertes — que la Lune, mélancoliquement, caressait de ses effluves de vierge pâle et froide, les murailles du Sanctuaire, les bosquets somptueux des jardins dont les fleurs enivrantes répandaient leur odeur féminine si capiteuse, de nuit.

Elle glissait ses rayons, la belle Séléné, dans les interstices des feuilles engourdies, les insinuait parmi les pierreries mirifiques enchâssées dans les chapiteaux et les colonnes blanches entourées de lianes grimpantes.

Des reflets extraordinaires luisaient alors, pointillaient d'un vert bleu, d'aigrettes électriques, le parterre carrelé de dalles rares en marbre rose et jaune.

Des diamants, des rubis, des topazes, des émeraudes et des saphirs, s'allumaient çà et là fantômatiques projections qu'on eut voulu saisir afin d'en orner des autels au Dieu Caché et Inconnu...

Et ces baisers de la chaste Diane s'arrêtaient aussi sur le visage fin, impassible, sur les robes de lin blanc des alchimistes extasiés — sur leur bouche entr'ouverte — leurs yeux fixes — leur front pur et haut — caresses de leur calme Isis, la Maîtresse bien-aimée....

Ces baisers extra-terrestres s'immobilisaient quelques secondes, puis glissaient, fugitifs, comme irréalisés......

Tandis que dans le lointain, les bruits de la Ville Immense, s'élevaient aux airs, le mouvement des Places, le grouillement des rues illuminées par des gerbes d'Electricité blafarde ; avec la paix du Soir, commençaient les plaisirs d'une civilisation extraordinaire, inouïe de faste, de luxe et de vices raffinés. —

Là-bas, là-bas, presque en face du Sanctuaire, en un bouquet de Roses, s'étalaient les jardins des Prêtresses de l'Amour, des Courtisanes sacrées, vers lesquels se portaient les nombreux fidèles du Culte d'Aphrodite.

La Lune poursuivait majestueusement sa route, illuminant de son impassible lueur le Combat indéfini des deux Roses (1) :

(1) Les Mages ne prohibaient nullement le commerce charnel, répétons-le encore. Dans l'antiquité on ne considérait point comme un « péché » l'Amour et toutes ses conséquences. Cette hypocrite contrainte à la chasteté absolue fut apportée par l'étroite interprétation d'un certain catholicisme ; et de telles notions contre nature ont provoqué la pourriture, la fourberie de la civilisation moderne, poussée au vice et à la perversité justement à cause du « péché » qu'elle voit ou feint de voir en un Acte normal, naturel. Jadis, l'Amour de la Femme, du Corps humain, constituait une sorte de Religion qui ennoblissait encore la fonction physique de ce sentiment attractif ; de là, les jardins des Courtisanes sacrées.

Personne ne songeait à y voir le Mal, et les Mages, les Initiés, exigeaient seulement de leurs disciples qu'ils résistassent à la Débauche, aux excès de la chair comme à ceux de la table, ou des autres sens ; ils voulaient que l'on fût maître de la volupté à son gré, non qu'on la supprimât *habituellement* (ils respectaient les lois de la Nature). La

La Rose de la Chair et la Rose + Croix !

chasteté parfaite n'était obligatoire pour les sacerdotes qu'un certain laps de temps indiqué, avant et pendant les grandes opérations et cérémonies magiques. Cette durée n'excédait point, *en général*, 40 jours.

Le combat des deux Roses, auquel nous faisons allusion, s'applique donc à la Débauche seule, repoussée par la Croix équilibrée en la Rose mystique de Vie. Ceux de nos lecteurs qui désireraient avoir des idées plus complètes du Culte de la Beauté féminine, devront lire le très charmant ouvrage de Pierre Louys : *Aphrodite*. (Mercure de France).

Auguste STRINDBERG

TROISIÈME PARTIE

PRATIQUE

Tarot : Septénaire des Faits

        Correspondances.

15. Diable   Lumière Astrale en circulation, dynamisée.

16. Maison-Dieu   Chute adamique de la Matière : Destruction.

17. Etoiles   Forces physiques involuées dans l'Œuvre et le faisant évoluer.

18. Lune   Chaos : La matière de l'Œuvre en travail.

19. Soleil   Eléments ; Nutrition ; Règne Minéral.

20. Jugement   Mouvement propre ; Respiration ; Règne végétal (évolution 2e degré).

21. Mat   Innervation ; Règne animal (évotion 3ᵉ degré ; la Matière est vivante).
22. Monde   Grand Œuvre réalisé : Retour à l'Unité.

Ce 3ᵉ septénaire correspond aux transformations de la Matière évoluée au Grand Œuvre, — aux opérations de l'Alchimie elle-même. (v. *Tarot Alchimique*).

CHAPITRE PREMIER

Preuves de l'Unité de la Matière

(Allotropie ; composition des Métaux)

Nous voici logiquement parvenus au terme de la Spagyrique. D'abord, nous étudiâmes ses rapports indissolubles avec la Doctrine Kabbalistique, envisageant la Théorie des Problèmes hermétiques.

Puis, nous entreprîmes l'*Ascèse* ou entraînement de l'Esprit vers l'Adeptat, Source de la *Lumière*, véritable Illumination de la Pierre Philosophale.

Enfin nous abordons, armés des connaissances nécessaires, la *Réalisation* de l'Œuvre, sur son Plan matériel.

La première phase de notre exposition des Faits [à la suite de celles des Lois et des Principes vues dans les deux parties antérieures] va, par méthodique développement, comprendre l'étude expérimentale de l'*Unité de la Matière*, indiquer les preuves bien scientifiques que nous en possédons ; faisant appel à la Chimie, nous envisagerons l'*Allotropie des Corps « simples »* et la *Composition des Métaux*.

Puis l'*Attraction Moléculaire* nous révèlera le mécanisme des changements particulaires, d'où provient le Transformisme incessant des corps.

La deuxième phase sera consacrée à la confection de la *Pierre Philosophale*, c'est-à-dire au *Mercure des Philosophes*, à l'*Elixir* ; les *Théories et Recettes anciennes et modernes*, viendront achever le Panorama complet de la Science Alchimique, ainsi offert à la perspicacité comme à la Persévérance des chercheurs indépendants.

**

Allotropie des Corps Simples. — L'allotropie est l'isomérie des corps soi-disant *simples*. Ce phénomène démontre irréfutablement que ces corps sont en réalité composés, composés d'une même Matière, des mêmes atomes, diversement groupés, résultant d'une inégale condensation de particules éthériques ; d'où les propriétés différentes pour deux ou plusieurs éléments identiques en tant que composition intrinsèque.

On sait en effet, que deux corps sont isomères lorsque, présentant la même composition et la même valeur moléculaire, ils offrent des propriétés chimiques différentes.

Par une inconséquence insondable, la Science officielle se refuse encore à admettre l'Unité de Substance, bien qu'elle reconnaisse l'Unité des Forces. Elle s'obstine donc à vouloir une série de corps simples, d'éléments ; et lorsqu'ils présentent des cas d'isomérie (ce qui gêne beaucoup les savants titrés, ce qui renverse leurs théories dualistiques), on baptise ces phénomènes du nom d'allotropie, Mais le fait, que ceci soit bien établi, reste le même.

M. Daniel Berthelot, professeur agrégé à l'Ecole de Pharmacie supérieure de Paris, assistant au Muséum, etc..., dans sa très intéressante brochure : *De l'Allotropie des Corps Simples*, déclare lui-même (un officiel !) que la notion d'allotropie des corps « simples » amène naturellement l'esprit à soulever le problème de l'Unité de la Matière.

Les exemples d'allotropie des corps « simples » sont déjà nombreux ; la Chimie ne fera qu'en découvrir davantage.

On a déjà le *Soufre* se présentant sous différentes formes cristallines incompatibles — les états multiples du *Phosphore* — de *l'Arsenic* — du *Sélénium* — du *Tellure* — du *Bore* — du *Silicium*, etc...

L'ozone est un état isomérique gazeux de l'oxygène. Un corps « simple » se présente donc (ce qui serait une contradiction s'il était réellement simple) sous plusieurs états offrant des propriétés physiques et chimiques si différentes qu'on devrait les considérer comme des éléments différents, si chacun d'eux ne possédait pas un même caractère chimique fondamental, à savoir la faculté de former à poids égal un composé identique, par exemple, le même poids d'acide carbonique pour un même poids de diverses variétés de carbone, le même poids d'acide phosphorique pour un même poids des variétés de phosphore, etc....

M. Daniel Berthelot attribue lui-même très justement l'isomérie des corps « simples » au groupement différent des molécules avec elles-mêmes, ou si l'on préfère, à l'inégale condensation d'une même substance.

On voit que ce chimiste est tout acquis à la doctrine alchimique. Ce qu'il n'ose dire, il le pense :

Laissons-lui d'ailleurs la parole :

« Les formes allotropiques du Carbone (dit-il page 78) paraissent représenter des états multiples de condensation du carbone typique conçu comme gaz parfait; le silicium et le bore se rapprochent du carbone par leurs états multiples ; ce sont sans doute aussi des corps condensés. Plusieurs métaux paraissent également être les produits de condensations successives....

« On se trouve amené à comparer les modifications allotropiques des corps simples aux modifications isomériques des corps composés et même à de véritables combinaisons, formées non plus par l'association de molécules différentes, mais par l'union de plusieurs molécules identiques.

Cette comparaison nous entraîne ainsi nécessairement à soulever la question de la constitution des corps simples et de l'unité de la matière. — Observons d'abord qu'il existe de nombreux principes organiques isomères, tels que les deux propylènes gazeux, les essences de térébenthine et de citron, les acides tartriques droit, gauche et inactif, qui sont formés des mêmes éléments unis dans les mêmes proportions, mais avec des arrangements différents ; ces corps sont susceptibles d'engendrer des combinaisons parallèles.

Or ce parallélisme entre les réactions des corps et de leurs composés, joint à l'identité de leurs poids atomiques, se retrouve dans le cas de certains corps simples, tels que le cobalt et le nickel ; comme si ces *prétendus* corps simples étaient formés eux aussi par les arrangements différents de matières élémentaires plus simples, mais identiques.

Et n'est-il pas naturel aussi de rapprocher ce cas curieux de celui du phosphore blanc et du phosphore rouge et de regarder *le nickel* et *le cobalt* comme deux variétés allotropiques d'un même élément ? — Ces rapprochements peuvent être poussés plus loin. A côté des éléments isomères s'en trouvent d'autres dont les poids atomiques ne sont pas identiques mais multiples les uns des autres. Tel est le cas pour les corps de la famille de l'oxygène dont les propriétés sont très analogues. — Le poids atomique du soufre est double de celui de l'oxygène, celui du sélénium en est presque quintuple ; celui du tellure est à peu près quadruple de celui du soufre.

Ce cas rappelle celui des carbures polymères comme la benzine et l'acétylène, corps que nous savons d'ailleurs transformer les uns dans les autres par la chaleur ou l'électricité. Il rappelle de même les modifications polymériques de l'oxygène ou de la vapeur de soufre.

Pourquoi dès lors, ne modifierait-on pas de même les corps simples qui offrent des relations numériques analogues. On pourrait même étendre plus loin ces comparaisons en faisant intervenir les corps simples dont le poids atomique est égal à la somme des poids de deux corps simples différents, comme si l'union de ces derniers donnait naissance à un nouveau corps simple (1) différent

---

(1) Il ne serait dès lors plus « simple ». — (F. J. C.)

de ses générateurs. On arriverait ainsi aux séries dites périodiques de Mendéléeff et l'on aboutirait à une classification des corps simples fondée sur une loi de génération analogue à celle que les naturalistes de l'Ecole transformiste invoquent pour la classification du règne animal et végétal (1). De telles classifications ont été proposées dans ces dernières années. »

On voit par ce qui précède, que M. Berthelot se rend parfaitement compte de l'impasse dans laquelle s'est fourvoyée la Chimie officielle en voulant « mordicus » affirmer l'existence antiphilosophique de corps simples.

Insensiblement il essaie de pallier les erreurs accumulées et de parvenir ainsi à prendre la place pour la baptiser, toujours au nom de l'Ecole !!! Mais il aura beau écrire, il trouvera des interrupteurs qui feront remarquer les contradictions de la Chimie « Classique » et la beauté antique des Vérités de l'Alchimie ou Hyperchimie.

Un peu naïvement — mais très franchement, et nous lui en savons gré, — M. D. Berthelot ajoute ces mots que nous tenons à relever :

« Les partisans des hypothèses sur la génération des éléments sont libres de répondre qu'au commen-

---

(1) Que nous avons proposée, mais en enlevant bien entendu aux corps la fausse dénomination de « simples ».

(F. J. C.)

cement de ce siècle, la chaux et les alcalis qui avaient résisté à tous les moyens de décomposition connus, étaient regardés comme des éléments, mais que la découverte de la pile permit de la dissocier en éléments plus simples : dès lors rien n'empêche de penser qu'une invention analogue à celle de la pile nous fournira le moyen de réduire ces corps que nous regardons actuellement comme simples ; et nos vues actuelles sur les éléments sont des vues contingentes et provisoires.

Sans doute, mais il en est ainsi de la plupart des lois physiques, sinon même de toutes. L'expérience, en pareille matière, est le critérium suprême ».

Sans doute, répondrons-nous à notre tour, mais l'expérience a déjà été réalisée partiellement par divers chercheurs ; et les phénomènes d'allotropie, par leur nombre et leur variété, sont eux-mêmes assez probants !

D'ailleurs M. Berthelot est admirablement disposé, en fin de compte, pour la Doctrine de l'Unité de la Matière, puisqu'il termine ainsi sa brochure :

« Sans chercher à trouver dans l'un des éléments actuellement connus, le générateur de tous les autres, ne pouvons-nous pas invoquer, en faveur de l'hypothèse d'une matière unique inégalement condensée, les faits que nous a révélés l'étude du carbone ? Ce corps se présente à l'état libre sous des formes variées ;

il engendre des séries de composés qui répondent, dans une certaine mesure, à ces états fondamentaux, au même titre que les composés d'un élément répondent à cet élément. En somme le carbone, sous ses divers états, représente à lui seul toute une famille d'éléments.

L'Oxygène, le Soufre, le Sélénium, le Tellure pourraient représenter aussi bien les états divers d'un même élément.

Des considérations tirées d'ordre très divers viennent à l'appui de ces vues sur la décomposition possible des corps réputés simples (Ici M. D. Berthelot dit : *réputés* ». « Les expériences de M. Marcellin Berthelot et Vieille, et celles de MM. Mallard et Le Châtelier sur la chaleur spécifique des éléments gazeux à haute température, ont montré que, sous l'influence de la chaleur, ces gaz éprouvent une désagrégation intime, indice d'une sorte de dislocation des molécules en particules plus simples. Les recherches spectrales de M. Lockyer lui ont fait admettre qu'à des températures *très élevées*, les corps simples se dissocient en éléments nouveaux ».

Si nous avons insisté si longuement sur les pages de M. D. Berthelot, c'est à cause de l'incontestable autorité de son nom dans la science chimique actuelle ; l'appui qu'il donne à l'Alchimie, à ses expériences jusqu'alors niées, est donc infiniment précieux ; pour en finir avec cette personnalité, nous remarquerons que son père, M. M. Berthelot est un défenseur, timide, mais convaincu aussi au fond, croyons-nous, de l'Unité de la Matière.

Corps Polymères

Ce sont les composés condensés.

On connaît en effet des carbures d'hydrogène, formés des mêmes éléments unis dans la même proportion relative, mais tels que leurs poids moléculaires et leurs intensités gazeuses soient multiples les uns des autres.

La benzine et l'acétylène, par exemple, sont des carbures d'hydrogène de cet ordre ; ils sont formés tous deux par l'association d'une partie en poids d'hydrogène avec six parties de carbone ; mais la vapeur de la benzine, sous le même volume, est trois fois aussi lourde que celle de l'acétylène.

La benzine dérive de l'acétylène par une condensation directe ; elle en est le polymère.

Réciproquement, on sait transformer ces composés polymères dans un sens inverse, revenir du carbure condensé à son générateur ; on sait transformer la benzine en acétylène par la chaleur et l'électricité.

Si on modifie les carbures d'hydrogène, pourquoi ne pourrait-on pas modifier aussi les corps simples qui offrent des relations numériques analogues ?

Pourquoi ne pourrait-on former le Soufre avec l'Oxygène, le Sélénium et le Tellure avec le Soufre, par des procédés de condensation convenables ?

Pourquoi le Tellure, le Sélénium ne pourraient-ils inversement être changés en Soufre — et celui-ci métamorphosé en oxygène ?

Le tableau des Familles d'Eléments illustrera ces notes. On a d'abord le groupe des *Chloroïdes*, comprenant : le Chlore — le Brome — l'Iode qui forment des combinaisons parallèles, symétriques dans leurs formules, offrant le même volume moléculaire.

Les poids moléculaires vont en croissant de l'un à l'autre de ces trois éléments : 35,5 pour le Chlore, 80 pour le Brome, 127 pour l'Iode (80, moyenne entre 35,5 et 127). Ces degrés offrent une certaine régularité ; l'équivalent ou poids atomique du brome est à peu près la moyenne entre ceux du chlore et de l'Iode.

Ce groupe constitue une *triade*.

La famille des *Sulfuroïdes*, comprend l'Oxygène, le Soufre, le Sélénium et le Tellure dont les poids atomiques sont multiples d'une même unité.

Dans le groupe des *Azotoïdes*, nous avons : L'Azote — le Phosphore — l'Arsenic — l'Antimoine. La progression est également régulière. On arrive donc à une classification des corps suivant les principes de similitude usités par les naturalistes.

Mais la classification en Séries Périodiques, offre un intérêt plus considérable et plus complet encore :

On a construit des séries numériques comprenant tous les corps soi-disant simples actuels et voulant même englober tous les corps « simples » susceptibles d'être trouvés dans l'Avenir. On les a appelées : séries périodiques parallèles, séries des progressions arithmétiques. (Mendéléeff — Lothar — Meyer — Marqfoy). (1) — On a groupé tous les nombres qui expriment les poids atomiques des éléments ou corps prétendus tels.

Les séries sont identiques aux séries des corps de la « Chimie organique. » (2).

M. M. Berthelot, dans son ouvrage : *Les Ori-*

---

(1) V. Marqfoy : *Loi des Equivalents*, très curieux et savant ouvrage sur la chaîne arithmétique des corps.

(2) Un jour on verra la chimie dite « minérale » offrir des synthèses fixes, des séries, analogues à celles de la chimie « organique » d'aujourd'hui. La formation, la dérivation, en un mot l'évolution des « métalloïdes » et des « métaux » s'étudieront, basées sur les tourbillons éthériques, les condensations diverses de l'hydrogène. La chimie organique actuelle nous donne une idée de ce que doit être et sera la chimie tout entière, puisqu'il est bien convenu qu'il n'y a qu'une seule sorte de corps chimiques et que tous sont *organiques, c'est-à-dire vivants.* F. J. C.

gines de l'Alchimie, a résumé cette méthode avec son habituelle maîtrise.

La grande progression, montre-t-il, est basée sur la différence numérique entre les poids atomiques d'une même famille. Par exemple, pour les Chloroïdes (Cl-Br-I-Fl.) ces différences sont représentées par 16,5, 44,5 et 47. Progression dont la raison est le nombre 16 ou 15. Pour les sulforoïdes, le calcul donne des nombres à très peu près, multiples de 16 aussi ; pour les Azotoïdes, la raison de la progression est entre 15 et 17, à peu près la même donc encore.

Puis on voit que la première famille comprend les corps *monovalents* (c'est-à-dire capables de se combiner à volumes gazeux égaux, à poids atomiques égaux avec l'Hydrogène et les métaux).

La 2me famille contient des corps *bivalents* (combinaison suivant des poids atomiques doubles).

La 3me famille est *trivalente* (combinaison avec 3 atomes d'Hydrogène ou des autres éléments).

Enfin, série *quadrivalente* (carbure, silicium, étain, etc...).

Or si l'on compare les termes primordiaux de chacune de ces familles, si l'on compare entre eux par exemple, les 4 éléments suivants : le carbone quadrivalent, représenté par un poids atomique égal à 12 ; l'azote trivalent, représenté par un poids atomique égal à 14 ; l'oxygène bivalent, représenté par 16 ; le fluor monovalent, représenté par 19, on remarque que ces nombres diffèrent entre eux par des valeurs numériques progressivement croissantes telles que 2, 2 et 3 ; soit en moyenne 2 (différence qui est aussi celle des carbures d'hydrogène de valence inégale, dans la Chimie organique).

Cette différence constante des termes primordiaux se retrouve donc, entre les termes corrélatifs des diverses familles d'éléments, en chimie minérale, aussi bien qu'entre les carbures correspondants des familles homologues, en chimie organique.

Ce n'est pas tout : la famille du lithium qui part du nombre 7, celle du glucinium qui part du nombre 9, celle du bore du nombre 11, fournissent, poursuit M. Berthelot, autant de chefs de file complémentaires dont les poids atomiques croissent par 2 unités et achèvent de combler les vides subsistant entre les multiples successifs du nombre 16, raison commune de toutes les progressions dans l'intérieur de chaque famille d'éléments. Il y a donc deux progressions : d'une part, la grande progression, dont les termes croissent comme les multiples de 16 et qui est applicable aux corps particuliers compris dans chacune des familles ; et la petite progression, croissant suivant les multiples de 2 et qui est applicable aux familles elles-mêmes, comparées entre elles dans leurs termes correspondants.

En combinant ces deux progressions, on construit un tableau théorique renfermant l'ensemble des poids atomiques des corps « simples » répartis sur la série des nombres entiers, jusqu'à la limite des poids atomiques les plus élevés.

Ce tableau des séries parallèles, une fois établi, comprend en même temps les propriétés physiques fondamentales des éléments, car il y a relation entre les volumes atomiques et les différentes propriétés physiques et chimiques.

Mais voyons les *prévisions* déduites de cette classification ingénieuse. On remarque que dans les progressions arithmétiques qui comprennent chaque famille d'éléments, il manque certains termes.

Exemple : entre le Soufre 32 et le Sélénium 79, il devrait exister deux termes intermédiaires, tels que 48 et 64, etc... Ce doivent être là des éléments inconnus encore, à rechercher.

En somme ce système rappelle l'évolutionnisme de Darwin ; mais il n'a sa vraie raison d'être qu'en reconnaissant l'Unité de la Matière ; il faut placer les corps par filiation naturelle, rechercher les chaînons manquants, qui, à la vérité, ne manquent nullement, bien entendu, mais que nous ignorons ; lorsque cela sera établi, l'on possèdera le tableau de l'évolution chimique, l'on verra la filiation ancestrale et naturelle des Eléments, comment ils découlent les uns des autres, suivant quelles lois et quelle progression mathématique.— Mais la chimie attend encore son Darwin ou son Spencer. Bien des lacunes existent, à cette heure, dans la classification transformiste des Corps (1).

M. Marqfoy, l'auteur déjà cité de la *Loi des Equivalents*, a repris la théorie de classification des corps, à un point de vue très original, se basant sur l'Unité de la Matière, et sur une progression arithmétique des éléments de 1 à 300.

Il nomme sa loi : Série. Elle est fort ingénieuse, mais ne nous paraît point suffisante, d'autant plus que M. Marqfoy exige 63 corps simples ! Sous le rapport général, c'est la Série de Mendéléef qui nous semble le plus approcher de la vérité alchimique.

Technique de l'Allotropie des corps prétendus simples

Etats Allotropiques des « Métalloïdes »

Ozone. — On obtient ce corps en faisant passer dans l'oxygène contenu en un tube fermé, les

---

(1) La transmutation d'un Elément n'est autre chose que la transformation des *mouvements* qui répondent à l'existence de cet élément, et qui lui communiquent ses propriétés particulières, dans les mouvements spécifiques correspondant à l'existence d'un autre élément. — (Berthelot).

étincelles d'une machine électrique ; on le produit aussi en faisant passer un courant d'air sur du Phosphore.

L'ozone est une modification allotropique de l'oxygène, produite par l'électricité.

Voici quelles sont les différences entre les propriétés de l'oxygène ordinaire et celles de l'ozone.

PROPRIÉTÉS DE L'OXYGÈNE A LA TEMPÉRATURE ORDINAIRE	PROPRIÉTÉS DE L'OZONE A LA TEMPÉRATURE ORDINAIRE
Gaz incolore, inodore.	Gaz coloré en bleu sous une grande épaisseur, très odorant.
Densité = 1,1056.	Densité = 1,656.
Amené à l'état liquide, bout à — 181°, sous la pression atmosphérique.	Amené à l'état liquide, bout à — 106°, sous la pression atmosphérique.
Sans action sur le tournesol bleu et sur l'indigo.	Décolore le tournesol bleu et l'indigo.
N'agit pas sur le caoutchouc.	Corrode le caoutchouc.
N'oxyde pas l'argent humide.	Oxyde l'argent humide.
Ne décompose pas immédiatement l'iodure de potassium étendu.	Agit rapidement sur K I et met une partie de I en liberté avec production d'iodates, etc.

PROPRIÉTÉS DE L'OXYGÈNE A LA TEMPÉRATURE ORDINAIRE	PROPRIÉTÉS DE L'OZONE A LA TEMPÉRATURE ORDINAIRE
Sans action sur l'ammoniaque et sur l'hydrogène phosphoré.	Brûle l'ammoniaque et la transforme en nitrate ; brûle dans l'Hydrogène phosphoré avec émission de lumière.
Ne réagit pas sur Hcl à froid.	Décompose Hcl et met cl en liberté.
Ne réagit pas à froid sur un grand nombre de corps oxydables.	Est un agent puissant d'oxydation dès la température ordinaire.
Très stable à toutes les températures.	Se détruit spontanément, surtout si on élève la température.

Peut-être y a-t-il un troisième état allotropique : l'antozone. L'ozone serait de l'oxygène négatif, l'antozone de l'oxygène positif, et l'oxygène ordinaire serait formé par la combinaison des deux précédents.

Hydrogène. — Existe dans plusieurs métaux à l'état d'Hydrogénium ou hydrogène solide. Graham, Troost et Hautefeuille ont établi cet état, confirmé l'existence d'hydrures définis.

Chlore. — Soumis à l'action des rayons solaires, il subit une transformation analogue à celle de l'oxygène en ozone.

Soufre. — Existe sous divers états allotropiques, tant à l'état solide qu'à l'état gazeux.

Soufre en vapeur : plusieurs états allotropiques ; à 500°, densité de la vapeur = 6, 6, ; ce soufre est un polymère tricondensé du véritable élément soufre.

Par l'élévation de la température, cette variété allotropique disparaît ; densité = 298 à 605°, puis 2, 2, à partir de 860°.

Soufre solide. A l'état ordinaire : solide jaune-citron, incolore, insipide, mauvais conducteur de la chaleur et de l'électricité.

Si on chauffe, les propriétés physiques varient comme s'il subissait plusieurs transformations moléculaires ; il devient visqueux à partir de 200° ; à 250°, il redevient fluide, etc...

Soufre cristallin.
1°. Soufre octaédrique $d = 2,07$ ⎱ se transforment l'un en
2°. Soufre prismatique $d = 1,97$ ⎰ l'autre.
3°. Soufre Nacré $d = 2,045$
4°. Soufre rhomboédrique $d = 2,135$.

Soufre Amorphe.
    deux variétés.
1° Soufre amorphe soluble dans CS.
2° Soufre amorphe insoluble : plusieurs variétés.

Sélénium. — Modifications allotropiques à l'état gazeux et à l'état solide. (Le Sélénium rappelle le soufre par un grand nombre de propriétés).

Sélénium gazeux : $d = 7,67$ à 860°; 5,7 à 1400°.

Sélénium solide. 1° *Sélénium vitreux* : masse brune ; $d = 4,26$; presque insoluble dans CS, peu soluble dans $So^4 H^2$; se transforme en sélénium cristallin à la température ordinaire.

2° *Sélénium cristallin ou métallique* : surface à éclat métallique ; insoluble dans CS ; conduit mieux la chaleur et l'électricité que le séléniun vitreux ; $d = 4,8$.

3° *Sélénium rouge soluble*; $d = 4.5$.

Tellure : Tellure en vapeur ; $d = 9$ à 1400°.

Tellure solide : (analogue au Soufre et au Sélénium). 2 états allotropiques.

Tellure cristallin ; $d = 6,25$.

Tellure amorphe.

Azote. — A la pression de 20 m. m. l'azote, d'après MM. Thomson et Trehlfall, éprouverait sous l'influence des décharges électriques une contraction pouvant aller à 8 ou 10 %. La chaleur détruirait cette variété allotropique. L'argon est peut-être un état allotropique de l'azote.

Phosphore. Phosphore en vapeur. — Densité double de celle qui répondrait à son poids atomique. Etat de polymère.

Phosphore solide. — Plusieurs états allotropiques, aux caractères nettement tranchés. Forme la plus commune : corps solide, incolore, flexible comme la cire à température ordinaire. Abandonné à lui-même dans l'eau, il se colore et passe au rouge sous l'influence des rayons solaires. Ce phosphore rouge est une modification allotropique engendrée par la lumière ou la chaleur. Il y a identité chimique entre le phosphore blanc et le phosphore rouge ; pourtant ces variétés allotropiques offrent des contrastes extrêmement nets. On peut s'en rendre compte par le tableau suivant :

PHOSPHORE ORDINAIRE INCOLORE	PHOSPHORE ROUGE
Incolore ou de couleur ambrée.	Rouge ou brun.
Cristallise dans le système régulier.	Amorphe, ou cristallise dans le système orthorhombique.
D = 1,83.	D = 1,96 à 2,34.
Chaleur spécifique 0,188.	Chaleur spécifique = 0,169.
Fond à 44°3 et présente le phénomène de la surfusion.	Infusible.
Bout à 290°.	Ne bout pas, mais se transforme en partie en phosphore ordinaire au-dessus de 200°.
Très soluble dans le sulfure de carbone.	Insoluble dans le sulfure de C.
Mou et flexible s'il est pur.	Dur et cassant.
Translucide.	Opaque.
Odorant à l'air.	Inodore.
Phosphorescent.	Non phosphorescent.

PHOSPHORE ORDINAIRE INCOLORE	PHOSPHORE ROUGE
S'oxyde rapidement à l'air ordinaire.	S'oxyde très lentement à l'air.
Prend feu vers 60°.	Inflammable à 260°.
Se combine avec le soufre à 112°.	Se combine avec le soufre à 230°.
Est attaqué par les solutions alcalines faibles.	N'est pas attaqué par les solutions alcalines faibles.
Est attaqué par l'acide azotique très étendu.	N'est pas attaqué par l'acide azotique faible.
Très vénéneux.	Non vénéneux.

Le Phosphore blanc joue vis-à-vis du Phosphore rouge le rôle de l'ozone vis-à-vis de l'oxygène.

Le Phosphore rouge existe sous plusieurs états amorphes et aussi à l'état cristallisé.

Arsenic. Arsenic gazeux. Densité double de celle qui répondrait à son poids atomique.

Arsenic solide : plusieurs états allotropiques.

Arsenic cristallisé : $d = 5,17$.

Arsenic amorphe, deux variétés : *pulvérulent* et *vitreux*.

Carbone. Carbone solide : états très divers qui peuvent se ramener à trois types généraux : **diamant, graphite, carbone-charbon**. Quelque aspect qu'ils revêtent, on les reconnaît à ce trait essentiel que

12 grs. de ces corps fournissent 44 grs. d'acide carbonique pur.

Diamant. Cristallise dans le système régulier : d = 3,50, à 3,55. Conduit mal la chaleur et l'électricité.

Graphite. Existe à l'état amorphe et cristallisé ; cristallisé : d = 2,2 à 2,5. Conduit bien la chaleur et l'électricité.

Carbone-charbon. Toujours amorphe. Très nombreuses variétés : noir de fumée, charbon de bois, charbon de sucre, charbon des cornues, coke, noir animal.

« Les divers carbones-charbons représentent des produits de condensation divers du véritable élément carbone, qui, à l'état théorique, doit être conçu comme un gaz parfait comparable à l'hydrogène. Il engendrait toute une série de polymères, avec dégagement de chaleur. Les charbons ne sont donc pas comparables à de véritables corps simples, mais plutôt à des carbones extrêmement condensés, très pauvres en hydrogène et à équivalent très élevé. » (D. Berthelot : *De l'Allotropie des Corps Simples*, p. 56).

En résumé toutes les formes du carbone sont des polymères d'un élément unique : le carbone gazeux.

Silicium (le silicium est analogue au carbone).

Silicium amorphe.
Silicium graphitoïde. } états allotropiques.
Silicium cristallisé.

Bore. Bore amorphe.
Bore cristallisé ou adamantin.

Etats Allotropiques des Métaux

Ces états prouvent que les métaux eux aussi, dans leur état actuel, ne sont que les produits limités d'une série de condensations moléculaires d'un même élément. Nous pouvons déclarer, complètant les paroles de D. Berthelot :

Les divers corps chimiques représentent des produits de condensation divers du véritable élément : Ether ou Hydrogène peut-être, qui, à l'état théorique doit être conçu comme un fluide parfait. Il engendre toute une série de polymères, suivant une courbe mathématique.

Zinc. — La chaleur produit une transformation moléculaire du zinc. Ce métal, cassant à température ordinaire, devient ductile et malléable entre 100 et 150°, puis redevient cassant au-dessus de cette température. La conductibilité électrique du zinc subit vers 350° un brusque changement d'allure qui semble indiquer une transformation moléculaire.

Fer. — Existe sous plusieurs états moléculaires différents.

Il y a au moins deux variétés de fer, l'un au-dessus du point critique supérieur (830°), l'autre au-dessous du point critique inférieur (720°) ; 1re forme : fer dur et cassant ; 2me forme : malléable.

Nickel et *Cobalt*. — Se rangent près du fer et subissent des variations allotropiques analogues. A 300 et 900°, changement d'état.

Antimoine.— On obtient par électrolyse des solutions de chlorure, bromure et iodure de ce métal des plaques explosibles. Variété allotropique.

Etain. — A — 40°, la densité, de 7,17 passe à 5,8. Il prend son éclat métallique, devient gris.

Plomb. — Variétés de : *plomb rouge* — *plomb amorphe* (par électrolyse).

Cuivre. — Ordinaire, d = 8,92 ; par électrolyse de l'acétate, d = 8 : cuivre cassant, peu malléable.

Argent. *Argent normal*. *Argent allotropique*, soluble dans l'eau — *Argent allotropique* insoluble dans l'eau. *Argent allotropique couleur d'or* (intermédiaire sans doute entre l'Argent et l'Or).

Or. — Il est précipité de ses combinaisons sous plusieurs formes non identiques : différence de réactions calorifiques.

Platine. — Aspects différents :
Platine fondu, d = 21,5 ⎫
Mousse ou Fponge de Platine ⎬ Etats allo-
Noir de Platine. ⎭ tropiques.

Iridium. — Offre également des états multiples.

*_**

Composition des Métaux

Ce n'est point arbitrairement que les alchimistes affirment que les métaux sont des corps composés; plusieurs exemples militent en leur faveur, reconnus par les Chimies classiques.

Qu'est-ce donc, en effet, que l'*Ammonium*, sinon un *métal composé* d'Azote et d'Hydrogène.

L'Ammoniaque constitue son oxyde, comme la potasse l'oxyde du Potassium.

Parmi les métalloïdes, nous avons vu que le Chlore, le Brome, l'Iode, le fluor offrent un certain nombre de propriétés communes : par exemple celle de former avec l'Hydrogène des combinaisons acides.

Le *cyanogène*, formé d'azote et de carbone, manifeste des propriétés identiques; il se combine avec l'hydrogène comme un métalloïde et forme un hydracide semblable aux hydracides de Chlore, Brome et Iode. Il s'unit aux métaux et donne des composés binaires, des cyanures parfaitement comparables aux chlorures, aux bromures, aux iodures.

Donc un corps complexe se comporte exactement comme les corps réputés simples.

Le cyanogène est un métalloïde, et c'est un métalloïde composé ; donc les autres métalloïdes ne sont pas des corps simples. La Chimie réduira successivement tous les « métaux » et les « métalloïdes » en leurs éléments primitifs. Tous les corps doivent être isomères, c'est-à-dire doués de propriétés différentes tout en renfermant les mêmes éléments, les mêmes atomes diversement groupés.

Rien de plus rationnel, donc, que de les transmuter.

Les savants, du reste, ont toujours commis une grave inconséquence en ne voulant pas reconnaître que les métaux sont composés.

Ils affirment que quatre substances simples : l'Oxygène, l'Hydrogène, le Carbone et l'Azote entrent seules dans la composition des corps d'origine organique ; mais ils disent que plus de 70 éléments sont nécessaires pour former les combinaisons minérales.

Ne serait-il pas beaucoup plus logique de supposer, en tout cas, que ces 4 éléments qui suffisent aux organisations des produits appelés organiques, suffisent aussi aux besoins des combinaisons minérales ?

L'univers mettrait donc en jeu, partout, ces 4 corps : Oxygène, Hydrogène, Carbone, Azote, présentant ainsi ce fameux : *Tétractis* ou *Tétragramme* des Mystères de l'Inde, de la Khaldée et de l'Egypte.

Or, l'azote pouvant être soustrait de la somme comme composé direct de cette chaîne, nous trouvons, en fin de compte, le nombre 3, le *ternaire* de la *Nature*, produit de l'*Unité*, doublement polarisée, 2 étant l'opposition forcée de 1 pour se manifester à l'existence formelle....

L'Isomérie nous fournit une preuve indéniable, de la non-existence des corps simples. La théorie alchimique ancienne connaissait bien ce phénomène retrouvé par les chimistes modernes, et professait que les corps peuvent offrir les plus grandes différences dans leurs caractères extérieurs, leurs propriétés, bien qu'au fond leur composition soit identique.

Les alchimistes disaient en effet que tous les métaux sont identiques dans leur composition, qu'ils sont tous formés de deux éléments communs : le soufre et le mercure, et que la différence de leurs propriétés tient seulement aux proportions diverses de mercure et de soufre qui les composent. Plusieurs substances, tout en se confondant par leur composition, pouvaient cependant différer entre elles extérieurement et par l'ensemble de leurs réactions.

Les chimistes soutenaient la proposition contraire.

Or, ce furent les alchimistes qui triomphèrent.

Il est d'ordre expérimental et « officiel » aujourd'hui que l'acide fulminique qui fait partie des fulminates, contient exactement les mêmes quantités de carbone, d'oxygène et d'azote que l'acide cyanique. Cependant les fulminates détonent, tandis que les cyanates résistent à la chaleur rouge.

L'urée présente la même composition chimique que le cyanate d'ammoniaque hydraté ; les caractères de ces deux produits sont tout à fait différents cependant. L'acide cyanhydrique, poison, ne diffère en rien du formiate d'ammoniaque inoffensif, etc., etc.

On doit donc admettre que ces corps ne diffèrent entre eux que par la position des atomes, le groupement des molécules. Cette isomérie atteignant les corps dits *simples*, on voit nettement qu'ils sont en réalité, *composés*.

Dumas (avant D. Berthelot !) déclarait déjà :

« Ce caractère (d'isomérie) se trouve chez plusieurs métaux ; dans toutes les substances présentant un cas d'isomérie, on trouve des équivalents égaux, ou bien multiples ou sous-multiples les uns des autres. Or l'*or* et l'*osmium* ont un équivalent presque identique ; le *Platine* et l'*Iridium* ont le même ; l'équivalent du *cobalt* diffère à peine de celui du *nickel* ; le *zinc*, l'*yttrium* et le *tellure* offrent des différences très faibles. » Et quant trois corps « simples » par exemple, Brome, Chlore et Iode ;

Baryum, Strontium et Calcium sont liés entre eux par de grandes analogies de propriétés, l'équivalent chimique du corps intermédiaire est toujours représenté par la moyenne arithmétique entre les équivalents des deux autres.

Les métaux ne proviennent donc que d'une seule et même matière différemment condensée. Cette conclusion est encore prouvée par ceci : que les poids atomiques de presque tous les corps « simples » sont des multiples exacts du poids de l'un d'entre eux : l'Hydrogène (= 1, l'Unité).

Tout dernièrement M. T. Tiffereau a apporté une contribution nouvelle à l'étude de la composition des métaux. Nous la reproduisons telle qu'elle fut communiquée par l'auteur, à notre revue *L'Hyperchimie*, le jour même même que le pli cacheté la renfermant était ouvert à l'Académie des Sciences :

« Les Métaux sont des Corps Composés »

« Monsieur le Secrétaire Perpétuel de l'Académie des Sciences.

» Par le présent pli cacheté, j'ai l'intention de donner une date authentique à une découverte que je viens de faire et qui m'autorise à considérer les métaux comme des corps composés, analogues aux alcools connus.

» Voici comment j'ai procédé pour constater le fait :

» Le 27 juin dernier (1896) dans un tube de verre épais, ayant un diamètre de 6 à 7 mm., j'ai mis une lame d'aluminium pesant 0 gr. 75 ; j'ai rempli le tube aux 2/3 d'acide nitrique pur à 40°, et, après l'avoir fermé à la lampe, je l'ai placé dans une vitrine établie au-devant de la fenêtre de mon laboratoire.

» Dans cette vitrine, la température s'élevait quelquefois à 60 ou 80° par les jours de plein soleil. Il s'est d'abord formé dans le tube des gaz nitreux et de l'acide hypo-azotique qui ont coloré le liquide en vert-bleu foncé ; puis des cristaux blancs ont commencé à se déposer peu à peu au fond du tube et se sont formés tant que l'aluminium n'a pas fini de se dissoudre.

» Au bout de 2 mois d'exposition solaire, le métal ayant entièrement disparu, la liqueur est devenue claire et les cristaux d'un beau blanc, s'élevaient jusqu'à environ la moitié de l'espace primitivement occupé par l'acide nitrique dans le tube.

» La réaction était déjà finie depuis quelque temps, lorsque le 28 août dernier, je me suis préparé à ouvrir le tube. A cet effet, je l'ai entouré d'une certaine quantité de linges, destinés à faire tampon, au moment où se produirait l'explosion prévue.

» Dès que, avec une pince, j'ai eu brisé l'extrémité

du tube, il y a eu une forte détonation déterminant l'éclatement du verre (1). Le liquide n'a donc pu être recueilli mais il s'est perdu dans le linge qu'il a considérablement refroidi.

» Cette particularité jointe à l'odeur très caractéristique d'éther qui s'est répandue, me permet de conclure qu'il s'est répandu de l'éther dans le tube.

» D'où pouvait provenir cet éther et particulièrement le carbone qui avait servi à le composer ? Je crois qu'il avait été fourni par l'aluminium qui a été décomposé en ses éléments sous l'action des acides nitreux et hypoazotique, favorisé sans doute par les actions complémentaires des rayons solaires et de la compression automatique de ces gaz.

» Cette expérience faite d'une façon si rudimentaire ne m'a pas permis de constater la nature des gaz et des liquides produits. C'est ce qui serait bien aisé de faire dans un laboratoire disposant des appareils voulus pour la circonstance. En faisant mon expérience avec toutes les conditions requises, on recueillerait les gaz et les liquides et on pourrait établir scientifiquement la composition de l'aluminium.

(1) A remarquer que dans ce cas, l'explosion a dû se faire latéralement, car d'autres tubes contenant les mêmes matières mais en proportion plus grande, ayant éclaté dans ma vitrine, se sont bornés à briser les quatre vitres latérales sans agir sur le bas ni le haut de la vitrine.

» Bien entendu que des procédés analogues appliqués aux autres métaux permettraient d'en faire l'analyse exacte et peut-être aussi d'en faire la synthèse. Si donc on arrive ainsi à trouver les parties constituantes des métaux précieux, considérés à tort jusqu'ici comme des corps simples, on parviendra aussi sans doute à les reconstituer par la synthèse et à les reproduire en quantité indéfinie.

» Je ne crois pas utile de m'étendre davantage sur cette considération si nouvelle pour la plupart des chimistes.

» Les cristaux que j'ai pu recueillir dans mon expérience pesaient 4 grammes ; ils ont un goût d'acide acétique. Ils doivent contenir du Carbone.

» En tout cas, je les tiens à la disposition de ceux qui voudraient les étudier.

» Ce n'est pas dans mon rudimentaire petit laboratoire que je puis poursuivre les expériences indiquées naturellement comme une suite de la mienne.

» Je fais donc appel à de mieux outillés et de plus experts que moi pour ces sortes d'études.

» Je me contente de la satisfaction d'avoir prouvé ce que j'ai depuis longtemps proclamé, à savoir que les métaux ne sont pas des corps simples, mais bien des corps composés ».

NOTE : Mr S. de Guaïta, dans son ouvrage : *La Clef de la Magie Noire*, reproduit une excellente preuve de la *composition* des « métalloïdes » et « métaux » que nous ne pouvons point passer sous silence (1) :

« .... Etendez de la fleur de soufre (ou de l'oxyde de plomb, de la silice pure) en une couche égale de moyenne épaisseur, semez-y quelques grammes de graines de cresson et les arrosez exclusivement d'eau distillée : les semences ne tarderont guère à germer, les tiges à grandir et bientôt vous pourrez faire votre première cueillette de cresson. Quand un certain nombre de récoltes successives vous aura fourni tiges et feuilles en abondance, incinérez toute cette substance végétale, vous obtiendrez facilement ainsi une quantité de sels fixes dépassant de beaucoup le poids des graines semées. Quelle ne sera pas votre surprise en soumettant à l'analyse cette cendre végétale, d'y trouver en proportions normales de la potasse, de l'alumine, de la chaux, des oxydes de fer et de manganèse combinés pour une part aux acides carbonique, sulfurique et phosphorique — à l'état libre pour l'autre part.

Ainsi vous y constaterez la présence d'un assez grand nombre de corps réputés simples, métaux ou métalloïdes — les mêmes exactement qui se retrou-

---

(1) Fait vérifié jadis par les savants Schrader, Greef et Braconnot.

vent dans la cendre du cresson normal poussé en pleine terre et en pleine eau.

La présence de l'oxygène et du carbone s'explique assez par elle-même : gorgées d'eau distillée, les racines se sont assimilé l'oxygène — ... Mais le silicium ? Le soufre n'en contient pas plus que l'eau distillée. Serait-ce l'atmosphère qui aurait servi de véhicule à ce métalloïde ?... L'air ne peut guère servir de véhicule qu'à des gaz, et je ne sache point que le silicium forme des combinaisons gazeuses (sauf le fluorure de silicium, rare et désorganisateur des tissus végétaux). L'on ne justifierait pas avec un meilleur succès la présence dans l'air, des composés volatils du soufre et du phosphore.

Mais une telle hypothèse deviendrait une supposition absurde pour expliquer la présence dans les cendres du cresson, d'autres corps dits simples, tels que le manganèse, le fer, le calcium et l'aluminium, car ils n'entrent dans aucune combinaison gazeuse ou volatile à la température ordinaire.

— D'accord, mais les graines en contenaient.

— J'attendais l'objection.... N'avons-nous pas dit que le poids des cendres, obtenues en calcinant les tiges et les feuilles, dépassait de beaucoup celui des graines semées dans la fleur de soufre ? D'ailleurs c'est 5 grammes de graines de cresson que vous aviez semé, n'est-ce pas ? Eh bien calcinez 5 grammes des mêmes graines, et soumettez la cendre aux analyses qualitative et quantitative, si vous y découvrez des traces des mêmes corps simples, sera-ce en poids égal à celui des éléments que nous offrent les résidus abondamment produits par l'incinération des tiges et des feuilles récoltées à diverses reprises sur les mêmes pieds ? Non, n'est-ce pas ?

Alors nous voici claquemurés dans ce dilemme : ou ces métalloïdes et ces métaux se sont formés inexplicablement de toutes pièces — ont été créés sous vos yeux — ce que votre science déclare impossible a priori ; ou bien vous en êtes réduits à l'aveu du phénomène taxé par vous de suprême absurdité dans le magistère des alchimistes : la multiplication substantielle — des corps soumis aux lois de la densité...

Qu'a donc fait la Plante ? — Le Vouloir latent de son Moi biologique fait office d'aimant. Son organisme fait office à la fois et d'alambic et d'athanor : si bien qu'élaborant les fluides hyperphysiques, selon les exigences de ses fonctions naturelles, il les réduit de puissance en acte ; — et que, substance permanente et absolue, l'Aôr se différencie en tel ou tel mode de matière transitoire et contingente. »

CHAPITRE DEUXIÈME

L'Attraction Moléculaire

Par ce chapitre seront éclairés les phénomènes de changements moléculaires et atomiques qui produisent les diverses architectures dynamochimiques. Il est donc d'une importance capitale.

Le chimiste calcule les corps *possibles*, non connus encore, non trouvés, qui dérivent d'un type certain, étudié ; de même que l'astronome calcule les positions des astres et la route qu'ils doivent suivre ou suivront à travers l'Espace, de même que l'astronome calcule la marche d'un astre invisible, mais dont il trouve quand même algébriquement l'action mécanique par les perturbations et les mouvements célestes — ainsi le chimiste en partant de l'atomicité d'un corps, peut déduire algébriquement la série de ses composés possibles, de ses composés réalisables. Il prévoit les mouvements des atomes, leurs positions, les perturbations qu'ils font subir à leurs voisins ou qu'ils subissent ; il calcule les *substitutions*, les *additions* d'atomes, les valences, les affinités, l'*attraction atomique* et *moléculaire*.

En un mot, l'on étudie la Mécanique atomique comme l'on approfondit la Mécanique céleste. On calcule les mouvements d'un atome, la gravitation de groupements atomiques, d'édifices, l'évolution des séries, comme les mouvements d'une étoile ou d'une étoile double, d'étoiles multiples (telles les molécules de corps monoatomiques, diatomiques, triatomiques, j'entends formées d'un seul atome ou de deux ou plusieurs), la gravitation d'amas stellaires, l'évolution des mondes et des nébuleuses — comme en zoologie l'on suit l'enchaînement des êtres.

***

Les atomes s'assemblent suivant des formes géométriques, lorsqu'ils constituent un corps, un élément quelconque. Ce n'est point à la légère, au figuré, qu'on parle d'édifices moléculaires ou atomiques. Ce sont bien réellement des édifices que constituent les atomes en se réunissant, se groupant, pour produire les molécules. Ces systèmes possèdent leur architecture, et ces architectures varient énormément ; nous ne connaissons encore que quelques formes prouvées par les mathématiques, mais combien qui existent et que nous ignorons !

L'édifice, pour se maintenir dans l'Espace et résister aux poussées de l'Ether, doit être stable, c'est-à-dire que les valences doivent toutes être satisfaites, les attractions satisfaites. En un mot, l'édifice est alors *saturé*.

Et les changements moléculaires se produisent ainsi dans l'Espace : sous une cause quelconque, certains atomes s'échappent de l'édifice, mais sont immédiatement remplacés par d'autres atomes ou par d'autres molécules plus ou moins *rapides*, plus ou moins *pesants*, *orientés* d'une nouvelle manière : (les radicaux atomiques jouent un très grand rôle en ces modifications moléculaires) de là donc présence *immédiate* (immédiate, instantanée pour nous, car en réalité les millièmes ou dix millièmes de seconde nécessaires pour le changement, correspondent à des siècles dans l'Univers atomique] d'un nouvel élément, d'un nouveau corps chimique présentant des propriétés physiques et chimiques différentes et des aspects différents, par suite de l'orientation, du groupement, du poids nouveau des atomes, par suite de la différence existant dans les vibrations atomiques, éthériques et moléculaires, différences se reportant naturellement sur les vibrations luminifères, magnétiques et électriques, de l'espace ambiant et du corps lui-même.

En un mot, comme nous l'avons vu déjà et dit souvent, la matière est unique : tous les éléments résultent d'une inégale condensation de cette matière primitive identique, de cette substance une.

Les phénomènes d'isomérie, d'allotropie, de polymérie s'expliquent d'eux-mêmes [comme il apparaît au chapitre en traitant] par l'admission de cette condensation inégale, ou du moins ici, de cette condensation différente : le nombre de molécules est le même ; mais les atomes sont placés autrement et forment ainsi divers édifices, divers éléments présentant des propriétés physiques et chimiques différentes, [isomérie des corps « composés » et allotropie des corps « simples »] soit des propriétés différentes dues alors à une condensation *légèrement différente*, très légèrement sans doute (allotropie).

Tous les corps descendent d'un même prototype, attendu qu'ils ont un grand nombre de caractères communs [gaz, liquides, solides]. Cette théorie implique l'existence de chaînons ou éléments, corps intermédiaires, reliant étroitement les unes aux autres toutes les formes de la Matière si complètement dissemblables lorsqu'on les considère superficiellement. Il s'agit de trouver ces chaînons, parmi les éléments chimiques que nous formons, provoquons ou manipulons. Alors l'évolution, le Transformisme chimique sera trouvé.

Un élément en engendre un autre par polymérisation, scission, agglomération, substitution, condensation, etc..., lui communique *héréditairement* certaines propriétés combattues par la tendance à la variation, la sélection « sexuelle » de ces éléments chimiques, et peut-être la sélection naturelle agissant sur le Monde chimique comme sur celui des êtres organiques. Hérédité de certaines propriétés : donc Mémoire de la Matière... La Chimie attend encore son Darwin !

**

Etudions un peu ce mécanisme de la molécule, en partant de l'atome du carbone.

On sait que le carbone est quadrivalent, c'est-à-dire peut se combiner au maximum avec quatre atomes d'Hydrogène. L'hydrocarbure CH^4 est donc celui qui renferme la plus grande quantité d'hydrogène possible. Un tel hydrocarbure n'est plus susceptible de s'unir directement aux corps monoatomiques et ne peut éprouver de la part de ces derniers que des phénomènes de substitution. Tous les hydrocarbures qui jouissent de semblables propriétés sont *donc saturés*.

Mais voyons les édifices moléculaires formés par le carbone et les mouvements qui peuvent s'y produire.

Les hydrocarbures CH^4, C^2H^6, et C^3H^8 ne

peuvent pas avoir d'isomères. Le premier renferme un seul atome de carbone, et les deux autres en renferment trop peu pour que divers groupements puissent se produire.

Entre deux atomes de carbone qui n'échangent qu'une atomicité, il n'y a évidemment que le groupement de possible.

$$H-\underset{\underset{H}{|}}{\overset{\overset{H}{|}}{C}}-\underset{\underset{H}{|}}{\overset{\overset{H}{|}}{C}}-H$$

Si les atomes de carbone s'élèvent au nombre de 3, on ne peut les concevoir unis que de la manière suivante :

$$H-\underset{\underset{H}{|}}{\overset{\overset{H}{|}}{C}}-\underset{\underset{H}{|}}{\overset{\overset{H}{|}}{C}}-\underset{\underset{H}{|}}{\overset{\overset{H}{|}}{C}}-H$$

Mais si l'on envisage l'hydrocarbure $C^4 H^{10}$, on voit qu'il peut avoir deux isomères :

Les atomes de carbone, au lieu d'être disposés

sur une série linéaire, de former une chaîne ouverte, sont également reliés les uns aux autres par des affinités plus nombreuses; ils forment une chaîne fermée: la série des corps aromatiques correspond à cette construction; celle des corps gras à la construction linéaire; des différences analogues doivent exister et existent dans la série des corps dits « inorganiques. »

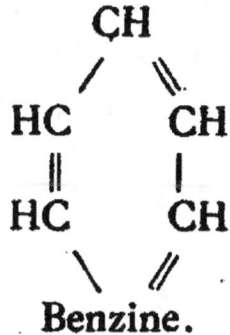

Benzine.

Une remarque importante à signaler est qu'un *groupe d'atomes* est susceptible de se transporter d'un composé dans un autre par voie de double décomposition, aussi bien qu'un atome. On appelle radical simple le radical formé par un seul atome et radical composé celui constitué par des groupes atomiques jouant le même rôle qu'un atome simple.

Donnons encore un exemple de construction moléculaire montrant les substitutions d'atomes à d'autres, dans une réaction.

L'oxychlorure de phosphore $PoCl^3$, traité par

l'eau, donne de l'acide phosphorique ; cela ne peut se formuler que de la manière suivante :

$$O = P {\Large<} \begin{matrix} cl \\ cl \\ cl \end{matrix} + 3\, H^2 O = 3\, Hcl + O = P {\Large<} \begin{matrix} oH \\ oH \\ oH \end{matrix}$$

les additions ou substitutions se passent d'une façon analogue lors de toutes les autres réactions. Par exemple, l'acide sulfurique So_4H^2, donne par réduction, avec les composés aromatiques, des dérivés sulfureux ; nous aurons en exprimant en formules, ce qui revient au même que de dessiner les édifices, mais est plus rapide, une fois les éléments de construction atomique compris :

$$C^6 H^6 + So^2 {\Large<}\begin{matrix}oH\\oH\end{matrix} - So{\Large<}\begin{matrix}o\,(C^6 H^5)\\oH\end{matrix} + H^2 O.$$

Autre exemple de mécanisme atomique : substitution de métal alcalin à un atome d'Hydrogène que renferme ce corps.

$$2 \left(\begin{matrix}H\\H\\H\end{matrix} {\Large>} Az\right) + K\,2 + 2\left(\begin{matrix}K\\H\\H\end{matrix}{\Large>} Az\right) + H^2.$$

Azoture trimétallique.

$$3\left(\begin{matrix}K\\H\\H\end{matrix}{\Large>}Az\right) = \left(\begin{matrix}K\\K\\K\end{matrix}{\Large>}Az\right) + 2\left(\begin{matrix}H\\H\\H\end{matrix}{\Large>}Az\right)$$

Les atomes forment donc dans l'espace des

figures géométriques, des édifices plus ou moins *stables*, suivant leur architecture ; la Dynamochimie, la Stéréochimie nous permettent d'étudier mathématiquement la structure d'une molécule, puis d'un composé, de découvrir si l'édifice affecte la forme tétraédrique, polygonale, triangulaire, circulaire, etc., etc., si un corps existe en chaîne ouverte ou en chaîne fermée et comment il se transmue d'une forme en l'autre.

Les chimistes ont depuis longtemps remarqué que les noyaux à six atomes de carbone se constituent très facilement et offrent une grande résistance, c'est-à-dire que la chaîne est difficilement rompue. Il en est de même pour les noyaux à cinq chaînons.

Mais les noyaux à trois et à quatre chaînons se forment beaucoup plus difficilement et possèdent une stabilité plus faible. Cela s'explique, si l'on considère ceci avec Baeyer :

Les valences de l'atome de carbone sont dirigées vers les angles d'un tétraèdre, formant ainsi un angle de 109° 28′ l'une avec l'autre.

Quand plusieurs atomes de carbone doivent se réunir en un cercle, leurs valences doivent être plus ou moins déviées de cette position normale et par cela une certaine résistance doit être vaincue. Plus la déviation est grande, plus grande est aussi la résistance, et plus ces noyaux se formeront difficilement. Les valences déviées ont la tendance à revenir à leur position primitive. Ils se trouvent donc, ces noyaux en état de *tension*. Cette tension sera proportionnelle à l'amplitude de la déviation et influencera la solidité du système à chaîne fermée. Le système avec la plus grande tension sera le moins solide, le système avec la plus petite tension le plus solide. En calculant la déviation que les valences des atomes de carbone subissent dans les différents noyaux de polyméthylène, on obtient le tableau suivant :

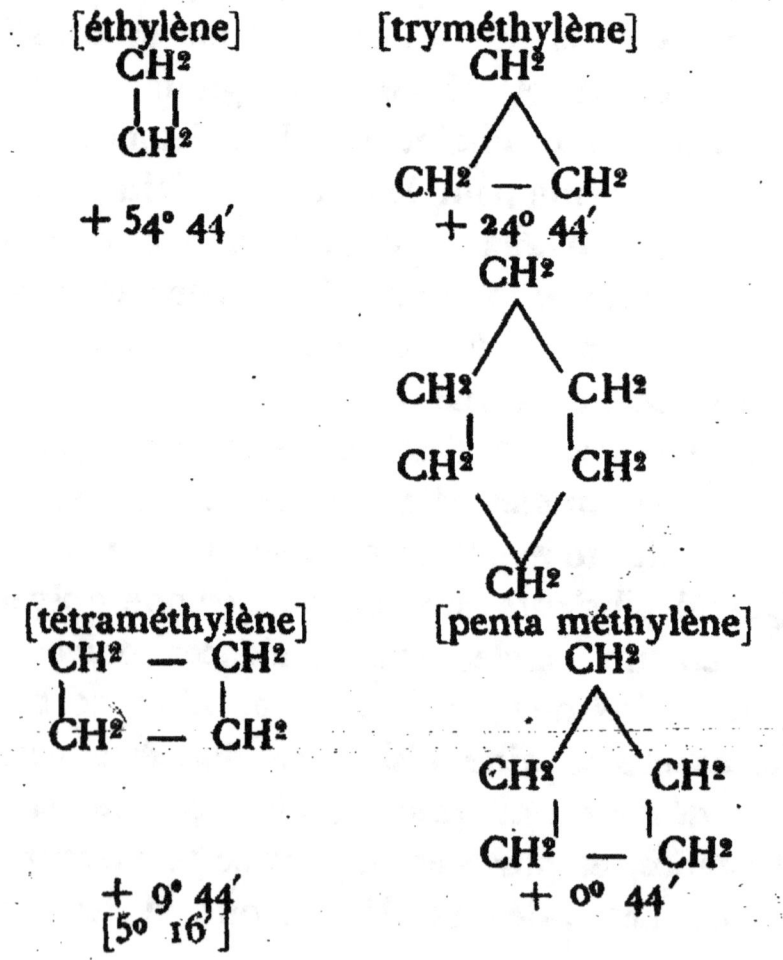

Il est visible, d'après ces illustrations, que les noyaux du penta et héxaméthylène doivent avoir la plus grande stabilité, que les noyaux du tétra et triméthylène sont moins résistants et que le noyau de l'éthylène (diméthylène) doit être le plus attaquable. Les faits correspondent à cette théorie.

Donnons encore quelques exemples de dynamisme, pour plus de clarté. De cette façon l'architecture atomique sera facilement comprise de tous.

Les oximes des aldéhydes, des monocétones asymétriques et des polycétones, peuvent se présenter sous des formes stéréo-isomères ; les oximes de monocétomes symétriques n'existent que sous une forme.

Dans certains cas, on a trouvé des hydrazones stéréo-isomères de monocétones asymétriques.

Pour expliquer ces faits, Hantzch et Werner ont établi la théorie suivante (1) :

Que l'on se figure l'atome d'azote dans l'angle

d'un tétraèdre et ses 3 valences dirigées vers les 3 autres angles du tétraèdre.

(1) Je puise dans les principes de Stéréochimie du Professeur Victor Meyer, remarquablement présentés par M. Moritz.

Ceci serait la position normale des valences de l'azote, position d'où elles peuvent varier dans certaines conditions.

Si l'on représente une substance où un atome d'azote est lié par deux valences (2) à un atome de carbone qui a lui-même ses deux valences restantes saturées par deux radicaux différents, on peut alors prévoir deux constructions différentes, dans l'espace, de cette combinaison, suivant que l'on se représente la troisième valence de l'atome d'azote dirigée du côté de l'un ou de l'autre radical.

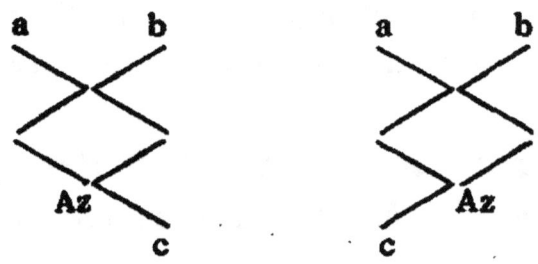

On peut écrire plus simplement

$$a - c - b \qquad\qquad a - c - b$$
$$\parallel \qquad\qquad\qquad\qquad \parallel$$
$$Az - C \qquad\qquad\qquad C - Az$$

Cette théorie explique le nombre de cas d'isomérie observés.

On peut prévoir 2 mono et 3 dioximes du benzile qui ont été trouvés du reste :

$$C^6H^5 - Co - C - C^6H^5 \quad | \quad C^6H^5 - Co - C - C^6H^5$$
$$\parallel \qquad\qquad\qquad \parallel$$
$$OH - Az \qquad\qquad\quad Hz - OH$$
$$(1) \qquad\qquad\qquad (2)$$

On voit très nettement les groupements moléculaires divers.

$$C^6H^5 - C - C - C^6H^5 \quad | \quad C^6H^5 - C - C - C^6H^5$$
$$\parallel \ \parallel \qquad\qquad\qquad \ \ /\!\!/ \ \ \parallel$$
$$OH - Az\ Az - OH \qquad Az - OH Az - OH$$
$$(1) \qquad\qquad\qquad\qquad (2)$$

$$C^6H^5 - C - C - C^6H^5$$
$$/\!\!/ \qquad \backslash\!\backslash$$
$$Az - OH\ OH - Az$$
$$(3)$$

Exemple tiré de la stéréochimie du platine :

Werner admet que ces groupes d'atomes, par exemple des molécules d'eau ou d'ammoniaque, peuvent être reliés directement à un atome de certains éléments comme le cobalt ou le platine, de telle façon que l'atome de métal se trouverait au milieu d'un octaèdre régulier et chaque groupe à chacun des angles. Si les groupes ne sont pas semblables entre eux comme dans les combinaisons Pt + (AzH^3) 2 × 4 (X = cl, Br.) il y aura différentes configurations. Les figures suivantes se comprennent d'elles-mêmes.

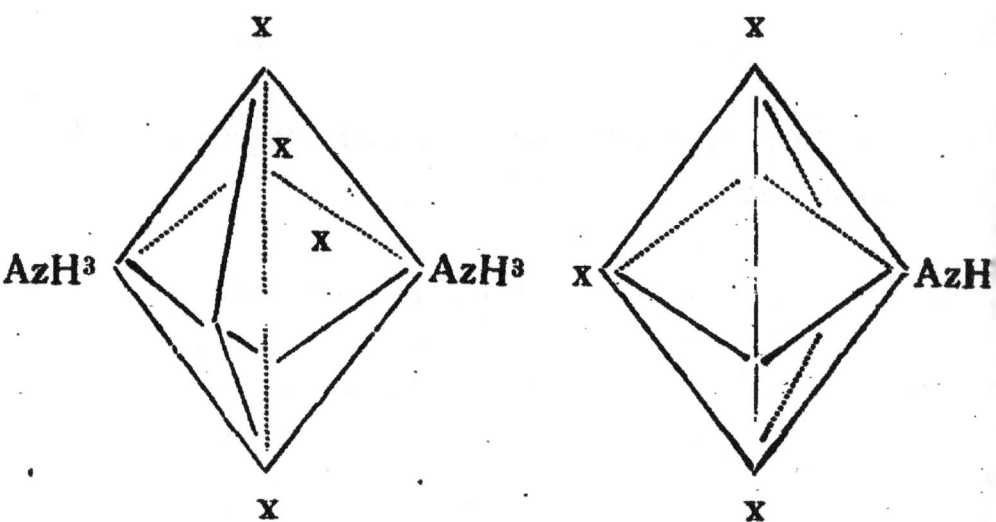

En effet, il y a deux séries de sels isomères de la combinaison Pt (Az H³) 2 X 4 qui sont les sels platinamminiques et les sels platinisemidiamminiques.

Voici maintenant quelques indications qui montrent comment s'opèrent les réactions à la suite des changements moléculaires :

Les complexes qui se composent d'un atome de métal et 6 groupes Ma⁶ ont, d'après leur nature, la propriété de fixer un nombre variable, mais constant pour chaque cas, d'atomes d'éléments, d'une façon indirecte.

Werner suppose ces atomes plus distants de l'atome

central, lequel est situé dans un plan qui passe par les 4 angles de l'octaèdre.

Ainsi s'il existe un chlorure de chrome $Cr(H^2O)cl^3$, dans la molécule duquel les six angles, et l'octaèdre sont pris par les six molécules d'eau, tandis que les trois atomes de chlore sont extérieurs à l'octaèdre sur un plan, dans ce cas les atomes de chlore se comporteront comme des iones et seront précipitables par le nitrate d'argent. Mais si une molécule d'eau s'élimine et que l'un des atomes de chlorure aille à sa place, cet atome se trouve alors en liaison directe avec l'atome de chrome, et perd son caractère d'ione et avec lui sa propriété de précipiter par le nitrate d'argent. Il ne reste donc que deux atomes de chlore précipitables. C'est-à-dire que la quantité de chlore précipitable a été réduite aux deux tiers ; c'est en effet le cas.

**

Ces réflexions et ces figures semblent peut-être, de prime abord, un peu abstraites et compliquées à quelques-uns ; les difficultés ne sont qu'apparentes ; rien n'est plus simple en réalité et dès que l'on s'est un peu familiarisé avec les questions de structure moléculaire, on les approfondit et se le représente sans aucune peine.

Les exemples que j'ai choisis sont parmi les plus

typiques et c'est ce qui m'a décidé à en présenter un certain nombre.

Quelles conclusions tirerons-nous, tout naturellement de ces faits : c'est qu'ils nous offrent une preuve expérimentale de l'Unité de la Matière et de la Transmutation des Eléments ; nous disons donc une fois de plus que tous les corps sont transmutables les uns en les autres (théorie d'accord absolument avec les faits de la chimie et les phénomènes d'allotropie et d'isomérie dont nous avons traité au chapitre spécial), du moins les plus proches *séries* (les séries peuvent correspondre aux classifications zoologiques actuelles, sans prétendre d'ailleurs à plus de certitude, car où se trouvent les limites et les origines d'un corps ou d'une espèce?) sont transmutables les unes dans les autres ; nous pouvons donc pratiquer la fabrication des divers métaux, du cuivre, du fer, du zinc, du nickel, de l'argent, de l'or, etc..., opérer la synthèse de ces corps, comme l'on a tenté et réussi la synthèse en chimie organique. Il n'est plus besoin de rappeler, que, d'ailleurs Frémy et ses successeurs fabriquent aujourd'hui les rubis, les émeraudes, les pierres précieuses, saphirs-améthystes, Moissan le diamant.., le fluor pur.

Logiquement donc, les alchimistes modernes se livrent à la recherche du meilleur procédé de synthèse métallique, car là se trouve le grand Problème pratique de la science sublime de l'Hermétisme !

Et tout en la Nature étant substance, et la Nature étant éternellement vivante (ses palpitations vibrant à l'Infini), la Matière donc qui change, évolue, tâtonne, la Matière *vit*, les moindres atomes possèdent leur monade, leur âme, leur *essence*, pouvons-nous écrire (1). Tout dans l'Unité !

Η α ν Θ ε ο ς

---

(1) Comme il n'y a que la Nature et des êtres en elle, monades, si l'on veut, l'on voit l'absurdité des systèmes chimiques des classifications en corps organiques et inorganiques — simples et composés. Il n'y a que des Etres s'enchaînant par progression.

Chapitre Troisième

La Pierre Philosophale

(Le Mercure des Philosophes; L'Elixir)

Nous avons donné déjà, dans la deuxième partie de cet ouvrage, la définition de L'Alchimie ; répétons brièvement que c'est une science qui apprend à changer les métaux d'une espèce en une autre espèce (Paracelse).

Qui enseigne à préparer une certaine médecine ou Elixir, lequel étant projeté sur les métaux imparfaits, leur communique la perfection dans le moment même de la projection (Roger Bacon).

Elixir et Mercure des Philosophes peuvent donc être considérés comme synonymes, expression identique qui sert à désigner : la Pierre Philosophale ou poudre, ferment de projection.

Sous le nom d'Elixir, pourtant, les Hermétistes fabriquaient aussi une drogue dont les effets puissants rétablissaient la circulation, l'équilibre vital, désorganisé. L'Alchimie et la Thérapeutique occulte, on le sait, constituaient jadis les deux branches sœurs d'une même Science : l'Hermétisme. Les opérateurs qui s'occupaient de transmutation étaient les mêmes que ceux qui préparaient les médicaments. Cela se conçoit, si l'on se rappelle notre exposé des Méthodes alchimiques générales, lesquelles méthodes s'appliquaient à la préparation des remèdes minéraux et végétaux.

L'Hermétiste, pour les deux ordres de faits, agissait et agit, sur l'Astral, d'après les correspondances magiques. Le fluide astral ainsi *incanté* (1), prend des propriétés très spéciales et violentes.

Notre Traité étant uniquement consacré à la science transmutatoire, nous ne nous étendrons point sur la Thérapeutique Occulte. Nous nous contenterons d'exprimer ce verbe : L'Élixir consistait — et consiste — en *or alchimique* potable dynamisé par l'Adepte. L'Electro-homéopathie n'est pas autre chose que la Médecine hermétique, et nos lecteurs, désireux de s'instruire sur ce sujet, sous une forme *exotérique*, n'auront qu'à lire l'excellente revue : La *Thérapeutique intégrale* (Rédaction et

---

(1) Voir les *Incantations*, p. Paul Sédir; 1 vol. qui vient de paraître chez Chamuel. 3 fr. Etude remarquable.

Administration : 10, rue Durand Claye, Paris) et la brochure fort bien composée : *Iatrochimie et Electrohoméopathie*, de Saturnus.

Quant à nous, poursuivons notre étude de la Transmutation :

Niée par les chimistes aveugles, depuis la fin du XVIIIe siècle, elle trouva pourtant de célèbres défenseurs qui, bien que timides dans leurs assertions — par crainte du ridicule — méritent notre reconnaissance.

L. Figuier, dans son livre *L'Alchimie et les Alchimistes*, écrit :

« La conclusion générale de ce livre, la voici : l'état présent de la Chimie empêche de considérer comme impossible le fait de la transmutation des métaux ; il résulte des données scientifiques récemment acquises (or le livre de Figuier date de 1860 : qu'est-ce donc aujourd'hui !) et de l'esprit actuel de la Chimie que la transformation d'un métal en un autre pourrait s'exécuter. »

Page 89, du même ouvrage (1):

« Par un revirement étrange et bien de nature à nous inspirer de la réserve dans l'appréciation des vues scientifiques du Passé, la Chimie de nos jours, après avoir pendant 50 ans considéré comme

(1) Les Chimistes de notre époque ont pendant 26 ans considéré comme des métaux un oxyde : le protoxyde d'urane et une combinaison azotée, l'azoture de titane, etc.

inattaquable le principe de la simplicité des métaux, incline aujourd'hui à l'abandonner.

L'existence dans les sels ammoniacaux d'un métal composé d'hydrogène et d'azote, qui porte le nom d'ammonium est aujourd'hui admise d'une manière unanime.

On a réussi depuis quelques années à produire toute une série de composés renfermant un véritable métal, et ce métal est constitué par la réunion de 3 ou 4 corps différents. Le nombre des combinaisons de ce genre s'accroît chaque jour et tend de plus en plus à jeter des doutes sur la simplicité des métaux. Concluons de cet examen que les faits empruntés à l'expérience offraient des caractères suffisants de probabilité pour donner le change à l'esprit des observateurs et autoriser ainsi leurs croyances au grand phénomène dont ils poursuivaient la réalisation ».

Les alchimistes d'ailleurs, avaient de nombreuses fois, répété leurs expériences, en public, de façon telle que la fraude devait absolument être écartée. Supposer qu'ils aient pu tromper tout le monde durant une série incalculable de siècles, et que chaque alchimiste soit doublé d'un farceur, un tel raisonnement dénote chez celui qui le tient une absence complète de logique ou de bonne foi. Et aujourd'hui encore, que devrait-on croire des expériences scientifiques modernes? elles nous sont affirmées, mais la plupart ne sauraient être tentées en dehors de *laboratoires* spéciaux, de conditions fort variables.

Que penseraient les scientistes contemporains si l'on suspectait plus tard leurs dits laboratoires d'être truqués.... (par exemple pour la production du diamant artificiel, de Moissan, etc...).

Les témoignages historiques en faveur des essais alchimiques furent nombreux d'ailleurs. Schmieder, notamment (nous dit Figuier lui-même), professeur de philosophie à Halle, qui a réuni avec le plus de soin tous les faits de transmutation, n'hésite pas à déclarer qu'à moins de récuser dans tous les cas l'autorité du témoignage humain, il faut reconnaître qu'au XVIIe et au XVIIIe siècle, le secret de faire de l'or a été trouvé. Il fait remarquer que les transmutations les plus étonnantes ont été exécutées, non par des alchimistes de profession, mais par des personnes étrangères qui reçurent d'une main inconnue de petites quantités de pierre philosophale.

A ce propos, nous devons réfuter l'hypothèse, injurieuse et gratuite, des *Composés Aurifères*, soutenue par Berthelot et L. Figuier qui prétendent en certains passages de leurs livres [se mettant en contradiction avec eux-mêmes, car ils penchent, à d'autres places, pour l'Unité de la Matière et la complexité des soi-disant corps simples] que les transmutations apparentes des alchimistes, étaient dues à une poudre aurifère qu'ils savaient fabriquer, mais laquelle poudre ne constituait, en réalité, qu'une *teinture métallique*.

Or : 1° une teinture métallique ne saurait *pénétrer* un métal, lui communiquer, à l'intérieur, le pur aspect de l'or; en brisant le corps formé, on apercevrait la fraude.

2° une semblable teinture ne transformerait point, à *petite dose*, de très grandes quantités d'un corps donné, si l'on voulait simplement l'aurifier. Il est impossible de faire jouer le rôle de ferment à une telle mixture; on en a la preuve avec les *dorures* actuelles.

3° Berthelot et Figuier disent que les alchimistes préparaient sans doute une teinture spéciale, dont *la recette est perdue*; ils trouvent cela tout naturel que cette recette soit perdue, et introuvable par les chimistes d'aujourd'hui.

Nous avouerons ceci : il semble bien étrange qu'on ne sache plus fabriquer cette poudre aurifère avec les « progrès de la science ». Pourquoi MM. les chimistes de la Sorbonne, et M. Berthelot, qui sont si forts, n'en donnent-ils point la formule, à nouveau ?

Et puisqu'ils avouent que cette recette est *perdue* pourquoi ne veulent-ils point admettre que la manière de *fabriquer de l'or*, le soit également pour eux, connue seulement de quelques adeptes modernes.

Ceci n'est pas plus difficile que cela; nous ne trouvons pas moins extraordinaire que l'on ait su autrefois fabriquer une teinture telle qu'elle donnât le change à tous les observateurs, par son aspect *d'or*, que de proclamer qu'on préparait un ferment métallique transmutatoire et bien réel.

Tous les gens de bonne foi seront de notre avis, admireront l'inconséquence des chimistes titrés et diront que ce *ferment* n'offre rien de plus mystérieux que la fameuse *poudre tinctoriale* impossible à reconstituer pour nos savantissimes professeurs...

Avant que d'aborder en détail la Pierre Philosophale et sa Préparation, nous devons parler de LA LUMIÈRE ASTRALE *des Martinistes*, afin d'éclairer les lecteurs sur ce sujet délicat; car la lumière astrale se *rattache* de très près à la conception du Mercure des Ph∴ des alchimistes Kabbalistiques, de la Matière Radiante des chimistes et de l'Ether des Physiciens.

La Lumière Astrale est l'Agent Universel, le Médiateur Plastique universel, le réceptacle commun des vibrations, du Mouvement et des images de la Forme (Maya).

Cet Agent universel, c'est l'*Od* des Hébreux et

du chevalier de Reichenbach, c'est la lumière astrale des Martinistes ; l'usage, le maniement de cette force constitue le Grand Arcane de la Magie Pratique.

« La lumière astrale aimante, échauffe, éclaire, magnétise, attire, repousse, vivifie, détruit, coagule, sépare, brise, rassemble toutes choses sous l'impulsion de *volontés* puissantes. » (E. Lévi, *Histoire de la Magie*, p. 19).

La Substance Une (1) est Ciel et Terre, c'est-à-dire, suivant la polarisation, *subtile* ou *fixe*, chaude ou froide, force ou Matière, Bien ou Mal.

Cette substance, Hermès Trismégiste l'appelait Grand Thelesma. Elle est à la fois substance et Mouvement, puisque la Substance est conséquente du Mouvement (mouvement compacté). C'est une vibration perpétuelle et transformable...

Le Grand Agent se révèle par quatre sortes de phénomènes principaux, sous ces quatre noms : calorique — lumière — électricité — magnétisme.

La figure Kabbalistique de cet Agent, nous l'avons vue dans 1re *partie*, représente le Serpent des théogonies, *signifie* le nom des Hébreux.

$$Od = +$$
$$Ob = -$$
$$Aour = \infty$$

(1) La Matière première, la substance était un liquide d'une essence spéciale. C'était une *Eau*.

« La lumière universelle, lorsqu'elle aimante les mondes, s'appelle lumière astrale ; lorsqu'elle forme les métaux, on la nomme Azoth ou *Mercure du Sage ;* lorsqu'elle donne la vie aux animaux, elle doit s'appeler magnétisme animal » (E. Lévi). C'est donc toujours la même force, le même agent, mais diversement *condensé* par les catégories d'êtres du Monde.

Quant au *Mouvement*, nous pouvons le considérer, avec Louis Lucas, comme l'état NON DÉFINI de la Force Générale ; il est l'éther électromagnétique agissant en force d'attraction et de répulsion.

Sachant donc que le Mercure des Philosophes était, est le Menstrue, le Dissolvant universel, le Principe de la Matière, nous l'identifions, par ces conclusions, avec la lumière astrale ; nous le considérons comme le fluide éthérique dynamisé. Or, nous le répétons :

Les ondulations astrales *provoquent* les positions atomiques ou les neutralisent. Là réside tout le secret de la Transmutation. A l'Hermétiste incombe la science d'agir sur l'Agent, de le capter selon la Méthode parfaite.

Nous allons maintenant présenter le Problème de la réalisation du Grand-Œuvre ; mais il nous semble nécessaire de faire connaître d'abord le *Cycle des Métaux* d'après la Tradition.

Leur transformation est indiquée par la flèche →.
Fer → Cuivre → Plomb → Etain → Mercure → Argent → Or → Argent → Mercure → Etain → Plomb → Cuivre → Fer → Cuivre, etc.

On voit que, d'après cette théorie, les métaux se formeraient les uns des autres, puis après une évolution, involueraient de nouveau en recommençant la chaîne dans le sens inverse.

La composition des métaux, d'après les alchimistes anciens, consistait (on en jugera plus loin) en soufre et mercure, qui correspondraient peut-être, le soufre au carbone, à l'oxygène ou à l'azote, le mercure à l'hydrogène ou à l'hélium. Il faut bien remarquer de suite, en effet, que le soufre et le mercure, comme les autres termes des alchimistes, ne correspondaient point à ces produits chimiques du même nom.

Composition de la Pierre Philosophale

La matière se différenciait, pour les alchimistes, en *Soufre* et en *Mercure*; ces deux principes s'unissant en diverses proportions, formaient les corps multiples.

Le troisième principe était le *Sel* ou Arsenic, qui servait de lien entre les deux précédents. (V. l'Alchimie Kabbalistique, pour le ternaire, etc).

Le *Soufre* dans un métal, représente : la couleur, la combustibilité, la propriété d'attaquer les autres métaux, la dureté.

Le *Mercure* : l'éclat, la volatilité, la fusibilité, la malléabilité.

Le *Sel* : moyen d'union entre le soufre et le mercure. Soufre, mercure, sel, sont par conséquent des mots abstraits qui servent à désigner un ensemble de propriétés. Ces trois principes dérivaient de la Matière première.

Rappelons ici les quatre éléments des alchimistes :

Terre — Eau — Air — Feu

représentant les états de la Matière ; et résumons, à la suite de A. Poisson, ces notions dans un tableau très net.

Matière première unique, indestructible
- Soufre principe fixe
  - Terre (visible, état solide.) — Force.
  - Feu (occulte, état subtil). — Cause.
- Sel
  - Quintessence — éther ou matière radiante actuels.
  - Mouvement. — Effet.
- Mercure principe volatil.
  - Eau (visible, état liquide). — Matière.
  - Air (occulte, état gazeux — Sujet.

Tous les métaux, nous dit Poisson, sont composés de soufre et de mercure, tous deux réductibles à la matière première.

Le Soufre est le Père (principe actif) des métaux.

Le Mercure, la Mère (principe passif).

Les métaux imparfaits naissent les premiers : le fer se transforme en cuivre, le cuivre se change en Plomb, ce dernier en étain ; l'étain en mercure ; le mercure en argent ; et l'argent en or. Cela forme le Cycle (V. plus haut) ; et il existe une étroite correspondance planétaire avec les divers métaux. (V. *Alchimie Kabbalistique*).

Le degré de cuisson, la pureté variable des composants, divers accidents, les influences des astres, causaient les différences séparant les métaux les uns des autres.

Nous avons examiné, en traitant l'Alchimie et la Kabbale, les principaux symboles de l'Hermétisme. Contentons-nous donc ici d'indiquer seulement que les trois principes sont représentés par trois serpents ou un serpent à trois têtes pour montrer qu'il n'ont qu'une seule racine : la Matière. Quant à la Matière une, on l'exprime par le Serpent qui se mord la queue (Cercle parfait).

On figure ainsi les 4 éléments :

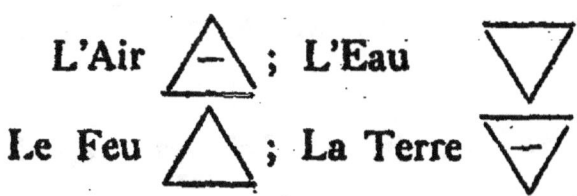

Le Soufre et le Mercure, principes mâle et femelle, sont symbolisés par un homme et une femme, un roi et une reine, un lion et un aigle; le volatil et le fixe, par deux dragons, l'un ailé (volatil) et l'autre non ailé (fixe). Nous prions de se rapporter au *Tarot Alchimique*, afin de compléter cette question des symboles.

La Préparation de la Pierre s'effectuait ainsi :

De l'or, on tirait le *soufre*.

De l'argent, le *mercure*.

Du vif-argent vulgaire (mercure), le sel.

L'or et l'argent préparés pour l'œuvre s'appelaient or et argent des philosophes. On les purifiait d'abord, l'or par la cémentation ou l'antimoine, l'agent par la coupellation, c'est-à-dire le plomb (sauf l'or et l'argent natifs suffisamment purs (1).

Le *soufre* tiré de l'or, et le *mercure* de l'argent, constituaient, à la suite des réactions d'ordre électro-magnétiques dues à la lumière astrale ou Grand Agent involué, la Matière prochaine de la Pierre.

Le Soufre et le Mercure étaient de vrais *ferments* de l'or et de l'argent, comme le sel était un ferment mixte tiré du mercure ordinaire (vif argent) ou de divers autres corps.

Pour extraire le soufre ou le mercure, de l'or

---

(1) V. Albert Poisson : *Théories et Symboles des Alchimistes.*

ou de l'argent, trouvera-t-on dans Poisson (livre cité), les alchimistes dissolvaient d'abord ces deux métaux : [au moyen du Vitriol des Sages ou Azoth, justement, dont l'action dissolvante s'augmentait de l'action fluidique de l'Adepte] *Corpora non agunt nisi soluta;* puis ils congelaient ces solutions, c'est-à-dire les faisaient cristalliser ; ils décomposaient ensuite par la chaleur les sels ainsi obtenus, redissolvaient le résidu, or et argent pulvérulent, et après divers traitements, avaient enfin le soufre et le mercure pour la Pierre.

Le *Sel* était généralement un sel de mercure volatil : bichlorure de mercure ou sublimé corrosif. Le Mercure était auparavant purifié par distillation.

Les alchimistes employaient des *acides* pour dissoudre l'or et l'argent. C'est cette partie surtout du Grand-Œuvre qui était tenue secrète, car la Matière Première de l'Œuvre était l'opération la plus difficile à réussir.

« La plupart des adeptes ont même passé sous silence cette partie de l'œuvre, et ils commencent la description du Grand-Œuvre en supposant la préparation de la matière connue. » (Poisson).

Les acides consistaient sans doute en acide azotique, acide sulfurique, eau régale, acide fluorhydrique ; mais nous le répétons encore ils augmentaient leur puissance de réaction de toute l'*astralité* condensée par l'Hermétiste en ces divers produits, et surtout en le *Vitriol* ou Azoth extrait de la Magnésie.

D'ailleurs les sels ainsi obtenus par l'action des acides ne servaient pas directement à l'œuvre ; ils subissaient de nombreuses manipulations après lesquelles ils étaient transformés en oxydes, ou de nouveau en sels.

La Pierre Philosophale constituait un ferment métallique, formé de l'essence de l'or et de l'argent (soufre et mercure) alliée au sel ou agent médiateur.

Cette essence pure corporifiée formait le *Mercure des Philosophes* consistant donc en

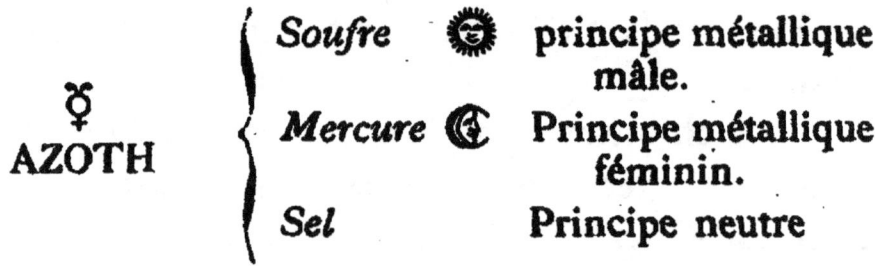

Ce ferment provoquait la transformation moléculaire, absolument comme un ferment change le sucre en acide lactique, etc... Dès lors on n'a point à s'étonner de voir accorder à la Pierre Philosophale la propriété d'agir à doses infiniment faibles, et les alchimistes assurer qu'un grain de Pierre peut convertir en or une livre de mercure ; le ferment agit aussi sur les « matières organiques » à doses infinitésimales ; la diastase transforme en sucre 2000 fois son poids d'amidon. Rien de mystérieux donc dans le rôle chimique de la Pierre Philosophale.

**

Les *acides* sont symbolisés, dans les ouvrages spéciaux, par des lions *dévorant* le soleil ou la lune ; on comprendra maintenant pourquoi.

On saisira de suite aussi que le Mercure des Philosophes, quand il est donné comme seule matière de l'Œuvre, désigne l'ensemble des corps entrant dans la composition de la Matière. C'est le synonyme de matière de l'œuvre.

Le Petit Œuvre ou Petit Magistère se faisait avec le Mercure (sels d'argent ; la pierre Philosophale obtenue était blanche et ne transmuait les métaux qu'en argent.

Il s'arrêtait à l'apparition de la couleur blanche : on le symbolisait par un arbre lunaire portant des lunes en place de fruits.

Le Grand-Œuvre, nous venons de le montrer, s'effectuait avec un mélange de sels, d'or et d'argent. On obtenait ainsi la véritable Pierre Philosophale, rouge, transmuant les métaux en or. (Symbolisme : arbre solaire portant des soleils).

Opérations chimiques du Grand-Œuvre

Nous résumons encore A. Poisson, qui exposa le mieux ces délicates synthèses :

La Matière de l'Œuvre préparée, on l'enfermait dans un ballon appelé œuf philosophique ; on plaçait le matras sur une écuelle pleine de sable et l'on chauffait au moyen du *feu de roue*. Le ballon était hermétiquement scellé.

L'écuelle et l'œuf étaient mis dans un fourneau spécial, nommé *Athanor* ; le feu se continuait sans interruption jusqu'à la fin de l'œuvre. La vraie méthode, à ce sujet, consiste à diriger un feu ascendant de 100 en 100, puis descendant, pour remonter ; par exemple : 0 — 100 — 200 — 300 — 200 — 100 — 0 — 100 (1).

Une fois la matière dans l'œuf philosophique et le feu allumé, les corps entraient immédiatement en réaction : précipitation, sublimation, dégagement de gaz, cristallisation, changements de couleurs. Cela constituait les *opérations* que l'on peut ramener à une seule : la *cuisson*.

En résumé, telle est la marche générale :

1º *(la Matière étant préparée)*. *Conjonction* ou *coït* : union du soufre et du mercure (dans l'œuf

---

(1) La simple *lampe à huile* suffit pour le G∴ O∴ traditionnel : il ne faut point brusquer la température.

bien entendu). On chauffe ; apparition de la couleur noire.

On est arrivé alors à

2° : *la Putréfaction*.

3° : Vient ensuite l'*Ablution* : la blancheur apparaît, la pierre se lave.

4ᵉ : *la Rubification* : couleur rouge ; l'œuvre est parfait.

5° : *Fermentation*. Elle suit l'apparition de la couleur rouge ; son but est d'accroître la puissance de la Pierre. On brisait l'œuf, recueillait la matière rouge, la mêlait à de l'or fondu ; on obtenait un produit friable rouge auquel on faisait subir divers traitements.

La Pierre augmentait ainsi de quantité et qualité.

La Matière, fermentée, était dès lors apte à transmuer les métaux ; les métaux vils étaient changés en :

6° *Or* et *Argent* : c'était la *Projection*.

On prenait un métal, mercure, plomb, étain, on le fondait, puis, dans le creuset où se trouvait le métal chauffé, on projetait un morceau de pierre philosophale enveloppé de cire. Après refroidissement, l'on avait un lingot d'or égal en poids au métal employé, selon les uns, moindre selon les autres, suivant la qualité de la pierre employée.

L'enveloppe de cire était indispensable.

Symbolisme des opérations.

Opérations.	Symbolisme.
1° Conjonction :	Mariage du Roi et de la Reine.
2° Putréfaction :	Cadavre ; squelette ; corbeau.
3° Déalbation :	Résurrection, blancheur.
4° Fixation :	Enfant nouveau-né ; couleur Rouge.

Couleurs.		Symbole.	Correspondances.
Noir,	représenté par le	Corbeau —	Saturne.
Blanc,	— —	Cygne —	Lune.
Iris,	— —	Paon —	Mars.
Rouge,	— —	Phénix —	Soleil.

☿

Symbole de l'œuvre achevé.

Arrivée au rouge, la Matière se dessèche et se transforme en une poudre, d'un rouge éclatant, lourde. On chauffe plus fortement, brise l'œuf, et l'on a la Pierre Ph∴ ou Elixir rouge ou Grand Magistère (1).

Papus a si élégamment résumé le Problème de

---

(1) Pour obtenir l'Elixir, en somme, on réduisait les corps métalliques en leur *matière première*, au moyen du Vitriol ou ☿ Telle est l'*Idée* qui doit guider les chercheurs perspicaces dont l'esprit s'élèvera dans l'illumination de la Voie Parfaite.

J. C.

la Pierre Ph∴ que nous devons à nos lecteurs de leur mettre sous les yeux cette substantielle élucidation, avant que de définir les Propriétés de l'Elixir.

« Fabrication de la Pierre : Tirer du mercure vulgaire (2) un ferment spécial appelé par les alchimistes *Mercure des Philosophes*. Faire agir ce ferment sur l'argent pour en tirer également un ferment.

Faire agir le ferment du mercure sur l'or pour en tirer aussi le ferment.

Combiner le ferment tiré de l'or avec le ferment tiré de l'argent et le ferment mercuriel dans un matras de verre très solide, et en forme d'œuf; boucher hermétiquement ce matras et le mettre à cuire dans un fourneau spécial : *Athanor*.

Les couleurs apparaissent alors successivement; la matière devient *noire* (tête de corbeau), puis blanche éclatante (petit œuvre; transmutation du plomb, du mercure, du cuivre, en argent), puis les teintes variées se montrent, bleu, vert, jaune, orangé, enfin *rouge rubis*.

On parfait alors la Pierre en la remettant dans un œuf avec un peu de mercure des Ph∴ et on

---

(2) Ou d'autres corps métalliques... ☿ est une quintessence presque résolue en mouvement vibratoire, et semi-éthérée.

J. C.

réchauffe 3 mois au lieu d'un an ; on recommence encore un mois ; à cet état, la Pierre transmue mille fois son poids de métal, au lieu de 5 ou 10 fois. C'est ce qu'on nomme : *multiplication de la Pierre.* »

« La Pierre Philosophale a donné de son existence des preuves irréfutables, à moins de nier à jamais le témoignage des textes, de l'Histoire et des hommes. » (Papus).

Propriétés de la Pierre Philosophale

Les alchimistes hermétistes gardent un avis unanime sur les propriétés de leur Elixir.

Cet Elixir, parfait, est une poudre rouge transformant les impuretés de la Nature.

« Il fait évoluer rapidement ce que les forces naturelles mettent de longues années à produire ; voilà pourquoi il agit, disent les adeptes, sur les règnes végétal et animal aussi bien que sur le règne minéral et peut s'appeler médecine *des trois règnes.* » (Papus : *Traité Méthodique de Science occulte*, p. 646).

La Pierre Philosophale jouit de trois propriétés générales :

1° Elle réalise la transmutation des métaux vils en métaux nobles, du Plomb en argent, du Mercure en or ; et transforme les unes en les autres toutes les substances métalliques. Elle produit la formation de pierres précieuses. (Correspondance Kabbalistique : plan matériel. Monde physique, des Faits).

2° Au 2° degré, elle guérit rapidement, prise à l'intérieur, toutes les maladies, et prolonge l'existence : c'est la *Panacée universelle*. Elle agit sur les Plantes, les fait croître, mûrir et fructifier en quelques heures.

(Corrrespondance Kabbalistique : monde astral, des Lois).

3° Elle représente le *spiritus mundi* et permet aux hommes de communiquer avec les êtres spirituels, révélant les secrets de l'Hermétisme.

(Correspondance : monde intellectuel, divin; des Principes). Nous pouvons traduire en langage plus moderne ces affirmations ; on verra qu'elles concordent avec les propriétés de 3 degrés de l'Energie.

1° Le Premier degré de l'Elixir correspond à la *Gazéification des métaux* ; donc l'on obtient le changement moléculaire, une orientation nouvelle, la *Transmutation*.

2° Le Deuxième degré correspond à une *Condensation d'Electro-magnétisme* agissant dans le corps humain, provoquant la guérison par ses courants dynamiques (Thérapeutique Occulte).

3° Le troisième degré correspond à la Matière Radiante, l'Ether, la *Lumière Astrale*. Il permet à l'Adepte voyant de pénétrer dans le monde de l'*Astral*, d'en capter les énergies, les semi-consciences élémentales. L'Hermétiste réalise alors *la Palingénésie* ou évocation des formes du *Plan de Formation*.

« Ces trois propriétés, concluerons-nous avec le Dr Papus, n'en constituent qu'une seule : renforcement de l'activité vitale.

La Pierre Philosophale est donc tout simplement une condensation énergique de la Vie dans une petite quantité de matière et elle agit comme un ferment sur le corps en présence duquel on la met. Il suffit d'un peu de Pierre Philosophale pour développer la vie contenue dans une matière quelconque. »

Note : Dans son récent et magnifique tome II *du Serpent de la Genèse* :

La Clef de la Magie Noire, le maître de Guaïta consacre un profond chapitre à l'Alchimie hermétique. Nous en extrayons ces quelques préceptes pour l'édification de nos lecteurs :

« — Au laboratoire, et dans leur acception restreinte à la nature métallique, le Soufre des Métaux sera le point fixe, séminal, qui, déterminant le Mercure métallogène, spécifie chaque métal en une nature caractéristique, où s'inscrit chaque étape de maturité ; — le Mercure sera la première substance des métaux, diversement spécifiable par tel ou tel soufre — et le sel sera la matière de l'œuvre ».

« Ainsi en principe naturant, le Soufre est un feu subtil, occulte, insaisissable; tout ce qu'il y a de plus éthéré, de plus spiritueux; — en application naturée, ce même Soufre incorporé et spécifié dans la nature métallique, devient la semence fixe, inaltérable des métaux, l'étalon de leur type sigillé à même leur matière; tout ce qu'on peut concevoir de plus dense et de permanent.

En un *Sommaire* concis, l'auteur résume les opérations du Grand Œuvre. Voici l'opération préparatoire — la plus importante, ne l'oublions pas — indiquée au mieux :

« Tout l'arcane gît dans la préparation du Mercure philosophal, ou Dissolvant Universel, ou Azoth des Sages ». On l'obtient par une sublimation mystérieuse, en appliquant à la matière première le feu secret, qui est l'Acier des Philosophes. Pour préparer cet Acier, il faut connaître et savoir utiliser leur Aimant. » Cet aimant s'appelle *Magnésie* ou Minière des Sages; c'est une spécification de la Lumière métallique potentielle, de laquelle on extrait le Mercure et le Soufre libres, que l'on purifie, et joint ensuite en *Azoth des Sages* dans une liqueur saline qui est le *Lait virginal*, le *Dissolvant* des Alchimistes.

Comment dégager ces principes : *Par l'acier*

des Sages ; attiré par l'artifice de l'Aimant, et cet Acier, M. de Guaïta n'hésite pas à le nommer : c'est l'*Electricité* ; l'Aimant le symbole de la Pile d'où elle émane. Le lecteur retrouvera d'ailleurs ces correspondances dans tout le cours de notre chapitre : *le Mercure des Philosophes*, où nous exprimons *chimiquement* et *physiquement* ces symboles. Mais — et cela apparaît capital — l'électricité n'agira dans toute sa force que *magnétisée*, ou soutirée astralement selon un modus adeptal.

Enfin M. de Guaïta définit sans ambages la nature des deux Magistères :

« Pour le petit magistère, c'est-à-dire si l'on ne prétend point pousser l'œuvre au-delà de la couleur blanche, ni rien obtenir de plus que la pierre transmutatoire des métaux en argent, il suffit de dissoudre dans l'Azoth une petite quantité de Lune immaculée ou d'argent très pur.

Pour le grand magistère, il faut y dissoudre en égales proportions Lune et Soleil, c'est-à-dire argent et or francs de toute impureté.

Ces métaux doivent se fondre dans le Lait virginal ou Mercure des Sages, comme la glace dans l'eau tiède, sans effervescence ni difficulté d'aucune sorte. Le propre de ce dissolvant est de s'assimiler tous les métaux sans le moindre effort et de les réduire en leur propre substance de Soufre et de Mercure.

C'est dans ce Soufre et ce Mercure, libérés et revivifiés, que consiste le double ferment qui est le sperme métallique d'où naîtra l'enfant royal. »

Chapitre quatrième

Palingénésie ; Gamahés ; Matérialisation Métallique

La Palingénésie se rattache intimement à l'Alchimie, car c'est un fait de l'ordre hermétique. Mais elle n'en constitue point partie intégrale. Notre rôle consiste donc seulement à la mentionner. Nous en traiterons prochainement, d'une manière complète en un volume spécial : *La Palingénésie hermétique*.

La Palingénésie est l'opération par laquelle on reconstitue, avec leurs propres cendres, un végétal, une fleur, un être quelconque.

Ce phénomène est une évocation de la forme primitive de l'être, de son double ou corps astral rappelé momentanément par la puissance de la volonté de l'Hermétiste, sous l'influence de la Chaleur et de certaines conditions chimiques.

Ce corps astral, flottant auprès des cendres encore nouvelles, les agrège à nouveau sous l'aspect éthéré de la forme première.

Un grand nombre d'alchimistes anciens firent de la Palingénésie l'objet d'une étude approfondie ; nous citerons parmi eux : Paracelse, Kircher, Disraëli, le P. Ferrari, et Digby.

Il faut appeler l'Astral, pour produire ces sortes de reconstitutions fantômales, obtenir le fameux *Spiritus Universi* des Spagyristes.

On le rencontre, nous confient les opérateurs, dans quelques minéraux notamment ; et de même que des minéraux on peut tirer un *spiritum universalem* ; de même parmi tous les minéraux, deux existent qui d'eux-mêmes fournissent ce spiritum.

L'un est une *minera bismuthi*, l'autre une terre minérale brune qui se trouve parmi les minerais d'argent. Les cailloux que l'on rencontre dans les cours d'eaux donnent aussi un sel liquoreux, mais propre seulement à faire croître les métaux.

Voici comment s'obtenait le spiritum, trouvons-nous dans un article fort original de Kusevveter sur la *Palingénésie historique*, dans l'*Initiation* d'avril 1896.

« Prenez une *minera bismuthi* telle qu'on la tire des montagnes ; réduisez-là par le broiement en une poudre impalpable, et mettez cette poudre dans une cornue bien lutée.

Plongez cette cornue dans une coupelle pleine de limaille de fer de façon qu'elle en soit entièrement recouverte et adaptez-lui un serpentin : vous en ferez sortir alors un *spiritum per gradus ignis* en 48 heures, lequel spiritus débordera comme les larmes coulent des yeux. On ne préconise point ici l'eau, mais comme la rosée fournit le *spiritum universi*, qu'on en ajoute 1/2 livre ; qu'on y introduise ensuite le spiritum bismuthi. Quand tout y sera, laissez éteindre le feu. Lorsque tout sera refroidi, vous verserez la *liquorem* qui a débordé lors de la distillation, dans un grand alambic, et vous placerez cet alambic dans un bain-marie après l'avoir recouvert d'un chapiteau ; puis celui-ci étant bien luté, distillez ; vous obtiendrez un spiritum pur comme du cristal : ce spiritum est un esprit vivant et appartient à la *Magia*.

Opération Palingénésique (1). — On prendra un

---

(1) NOTE : *L'Homunculus et les Homunculi*. Cette opération ressortissait de la Palingénésie ; les Adeptes se targuaient de savoir produire un « homme minuscule » organique, de toute pièce ; cet être, semblable à l'homme normal, en possédait les diverses facultés. Nous réservons cette question pour notre prochain livre en préparation : *La Palingénésie hermétique*.

Mais nous pouvons toujours affirmer que les *homunculi*

récipient à embouchure étroite et à large ventre, dans lequel on versera de l'esprit universel ci-dessus, la valeur d'une livre ; puis on mettra dans ce récipient les branches avec les fleurs et les fruits, et on bouchera à la cire afin que l'esprit reste bien dans le récipient. Abandonnez ensuite l'opération à elle-même. En 24 heures tout commencera à verdir et à croître : les fruits mûriront, les fleurs revêtiront leur parfum.

Manière de préparer l'nniversel à l'aide de la Rosée, de la Pluie et de la gelée blanche (gîvre).

Recueillez dans un tonneau de la gelée blanche, de la neige, du brouillard, de la rosée et de l'eau de pluie, autant que vous pourrez vous en procurer ; abandonnez toutes ces choses à elles-mêmes et laissez-les se putréfier jusqu'en juillet.

A la partie supérieure se formera une membrane verte ; des vermisseaux apparaîtront. Ce

---

étaient des *élémentaux* ondins, gnômes, sylphes, etc., etc. (les indigènes de l'Astral forment légion), que l'on attirait par évocation de l'Astral et qu'on revêtait d'une sorte de corps matériel, au moyen d'opérations alchimiques et hermétiques. On sait que les élémentaux, avides d'existence physique, guettent une incarnation quelconque ; dès que les éléments leur sont offerts, ils se précipitent sur le Plan matériel. Seulement les opérateurs de cette Palingénésie concluaient de graves engagements, encouraient une responsabilité morale qui pouvait devenir terrible. Leur volonté ne devait point faillir, surtout *après la Mort*... F. J. C.

sera bien. Remuez et mêlez le tout alors. Versez ensuite dans un alambic avec son serpentin, et distillez par un feu doux les 100 livres, par 10 livres à la fois, pas plus, jusqu'à épuisement de votre eau putréfiée.

Vous remettrez dans un alambic et distillerez de nouveau par 10 livres ce produit de la première distillation. Puis jetant le résidu, vous distillerez encore par 10 livres. Quand vous n'aurez plus en tout que 10 livres, prenez une forte cornue, capable de bien supporter le feu et versez-y ces 10 livres; puis dans les cendres, sur un feu doux, réduisez par distillations, ces 10 livres à 6; remettez encore le spiritum dans une cornue, plongez celle-ci dans un bain-marie et ramenez par distillations à 3 livres. A ce point, septième distillation, montera un esprit très volatil, un esprit donnant la vie; il ragaillardit le cœur absorbé à la dose d'une petite cuillerée.

Opération. — Prenez la cendre d'une plante, d'une fleur ou d'un animal ou d'un cadavre d'enfant; portez-la au rouge; mettez-la dans un large et haut matras; puis versez dessus, de cet esprit, la hauteur d'une main, et bouchez avec soin le récipient que vous placerez en un endroit chaud. Au bout de trois fois 24 heures la plante apparaîtra avec sa fleur, l'enfant avec ses membres.... »

Gamahés et P∴ Ph∴

On appelle Gamahés des curiosités naturelles formées sur divers corps : silex, marbre, écorce, reproduisant des figures insolites, des dessins parfois ébauchés, parfois d'un admirable contour et qu'on dirait burinés par de parfaits artistes.

Nous n'entrerons point ici dans l'étude de ces formes, car cela constitue un chapitre trop spécial de l'Alchimie ; M. le Dr Marc Haven a d'ailleurs très bien résumé la question en un article de l'*Initiation* (nov. 1896). Seulement nous reproduisons au sujet de la Pierre Philosophale, de sa recherche absolument hermétique, ces passages suivants fort initiatiques, mettant sur la bonne voie les chercheurs consciencieux et sagaces : on verra comment le Dr Marc Haven rattache aux Gamahés la Pierre productrice d'or :

« ...On le voit, l'étude et l'observation nous ont permis de préciser le sens que l'analyse hiéroglyphique du mot Gamahé nous avait fait entrevoir : le gamahé est bien l'enveloppement, la matérialisation de ce qui circule. Mais cette étude faite selon la méthode occulte, nous enseigne encore autre chose. Le processus que nous avons indiqué ne se limite pas à la génération des Gamahés ; on peut tirer de ce que nous avons dit un enseignement alchimique général relatif à la chrysopée et cet enseignement se résume en un seul aphorisme : *la pierre est un gamahé à forme d'or.*

Que disent en effet les Adeptes ? De L'Hylé primitive naissent deux principes, l'Interne de l'Eau hyléale ou azothique, l'Esprit du Monde et l'Externe de l'Eau hyléale ou matière première des philosophes : ces deux principes se conjoignent et forment cette magnésie catholique que l'on appelle aussi Ame Universelle du Monde qui contient les formes actives de toutes les espèces et produit par sa spécification dans chacun des individus, selon l'attraction de sa semence, la variété des genres et des espèces. L'or vulgaire comme les autres métaux (et comme les gamahès) naît donc d'une matière déjà complexe, quoique tous les philosophes l'appellent matière première, résultant d'une première union du ☉ avec la ☾ et impressionnée par les formes de l'or parfait qui nagent dans le ☿ des philosophes. L'adepte réduit le ♀, le ☉ et le ☿ dont il se sert comme point de départ et qu'il prend dans les régions qui lui conviennent selon son travail et sa science, en une terre qu'il traite ensuite de la façon suivante : « Il lui fait de grandes ailes et la rencogne et la presse tellement qu'elle monte en haut et vole par dessus toutes les montagnes jusqu'au Firmament : alors (2ᵉ opération), il faut couper à la terre les ailes à force de jeu, afin qu'elle tombe dans la mer Rouge et s'y noie, puis il faut faire calmer la mer et dessécher ses eaux par feu et par air, afin que la terre renaisse. » C'est le texte même de Basile Valentin : il est assez explicite. Cette terre ainsi ouverte, régénérée, est informe, nue et chaotique : elle est devenue apte à recevoir toute forme : le philosophe y sémera son or. Ici on objectera peut-être que pour l'or, il ne s'agit pas seulement d'une forme à donner comme pour la pierre qui reçoit l'image d'une rose ou d'une tulipe, mais qu'il y a changement même de nature. Cette objection est peu fondée, mais comme elle vient naturellement à l'esprit, nous allons y répondre. La forme n'apparaît dans la pierre, prise comme type du gamahé, que par un changement complet de la nature de la pierre à l'endroit même du signe apparu ; les modifications de couleur, de substance, les reliefs, les cavités sont pour le point où ils se trouvent des changements absolus de nature ; ce n'est que par une faute de langage ou par un manque de réflexion que nous opposons forme et nature. Toute forme est spéciale à une nature et ne saurait s'en distinguer ; l'or a sa forme qui correspond à un nombre ; c'est, si l'on veut une image, sa forme moléculaire qui n'est pas autre à nos yeux que la forme de ses propriétés et qui symbolise son essence. C'est cette forme de l'or, absolument semblable dans la hiérarchie actuelle à celle du poisson ou de la fleur qui doit s'imprimer dans la matière choisie pour l'œuvre. Quelle est donc cette forme et où le philosophe va-t-il la prendre ? Pour la première question, tous les maîtres sont d'accord et n'ont qu'une réponse : un cheval ne naît que d'un cheval, un homme que d'un homme, notre fils royal ne peut naître que de son père ; c'est la forme de l'or que va faire notre or à condition qu'un rayon de ce soleil qui ne se couche jamais vienne encore fixer notre forme aurique sur la matière ; mais encore une fois l'or n'est pas pris comme matière première de l'œuvre, soit au blanc, soit au rouge. Il en est seulement le sujet formel.

Pour la seconde question, les philosophes ont si habilement voilé leur réponse qu'ils ont paru se contredire ; il n'en est rien cependant, et, si l'on étudie à fond leur terminologie et leurs symboles on voit bien que c'est uniquement dans le Mercure des philosophes qu'ils ont cherché les éléments nécessaires à l'évolution de la matière.

Mais comme le ☿ des Ph∴ contient bien d'autres choses encore, la grande difficulté est de le laver et purifier, de le travailler et manier assez bien pour qu'il n'y reste aucune impureté et que la forme seule que nous cherchons y demeure.

Donc avec l'or vulgaire et le ☿ des Ph∴ on peut faire la pierre. Quant aux lieux et aux feux ils sont variables selon les méthodes suivies et selon les opérateurs. On a vu tous les philosophes depuis Arnauld et Paracelse jusqu'à nos jours, voyager au travers du monde à la recherche des mines où l'or se forme, en quête de conditions clématériques les plus propres à permettre sa formation. Ils allaient dans tous les pays où le métal précieux est à l'état primitif, amassé dans les minières, espérant trouver là plus facilement cette forme parfaite de l'or qu'il leur fallait. Ce n'était pas toujours vrai, mais cela pouvait l'être : ainsi s'expliquent les succès momentanés et locaux de certains chimistes et l'impossibilité où ils sont ensuite de reproduire leur même travail dans d'autres conditions. Le véritable adepte n'a plus besoin de voyager et peut opérer partout ; il n'en est pas moins vrai que dans les pays chauds et dans certaines contrées où les minières sont mieux aménagées, plus mûres, l'or naît et se forme sans cesse en plus grande quantité qu'ailleurs et que c'est aussi dans les pays chauds, dans les terres où la végétation est le plus active, que les gamahés naissent aussi le plus facilement, comme l'avait déjà remarquer le judicieux J. Gaffarel.

Il est inutile d'insister sur l'identité de ce processus alchimique avec celui des gamahés. De même que l'or alchimique a quelques propriétés communes avec l'or naturel et aussi quelques propriétés différentes, de l'avis de tous, de même la rose ou le serpent sculptés dans la pierre ont quelques vertus communes aux roses naturelles ou aux serpents vivants et aussi d'autres vertus différentes. Dans les deux cas de même, la propriété imprimée dans ces corps en fait partie constituante et ne peut être chassée que par une opération exactement inverse de l'art ou de la nature. Il en résulte que le gamahé, réduit en poussières ou en cendres, conservera sa vertu, et que, de même, la pierre au rouge garde dans chacune de ses parcelles le pouvoir de transmuer en or autant de mercure vif que l'artiste voudra, et, si la multiplication a été faite, le même pouvoir pour tout métal, argent ou plomb. En elle est en effet la vertu séminale de l'or, ce que nous pourrions appeler, dans un langage plus moderne et pour frapper l'imagination, son type cristallin. L'empreinte de cette forme séminale pouvant se faire sur le moindre atome prêt à la recevoir, on comprend qu'il n'y a vraisemblablement pas une pierre qui ne contienne du mercure des philosophes, des métaux imparfaits et même de l'or vulgaire, car la miséricorde de Dieu est infinie. Enfin dans cette science de la Genèse de l'or est aussi le secret de la palingénésie. Michel Maier l'indique et l'explique dans son *Emblème*.

....Ces considérations peuvent s'étendre plus loin encore, à toute une classe de phénomènes magiques.... Nous voulions seulement montrer que la clef du Grand-Œuvre se trouvait aussi dans l'étude des formations naturelles et que ce n'était pas pour la stérile satisfaction de collectionneurs que la nature produit ses curiosités inouïes. »

Matérialisation d'un Métal par la Médiumnité d'un Métal

Cet exemple occultiste de formation puis de dématérialisation d'un métal, *d'or*, nous prouve dans un autre ordre d'idées l'unité de la Matière, la transmutation de la substance, le dynamisme de la matière, la construction atomique et moléculaire variée des corps ; c'est une preuve en faveur de l'Idéalisme, système, on le sait, affirmant la non existence de la Matière en tant que Matière entité, la résolvant en force, énergie, dynamide, illusion causée par l'énergie compactée. En somme il n'y a que de l'Energie différemment polarisée, en sens contraire, c'est-à-dire que la substance est formée d'un courant « force » (peut-être +) et d'un courant « matière » (peut-être —), la différence entre force et matière résiderait donc uniquement en le sens du courant ou de la polarité, sens inverse).

L'exemple que je rapporte ici est tiré du livre de M. Aksakof : « *Animisme et Spiritisme* » p. 106-107 : « Pour compléter la série de matérialisations d'objets inanimés, il me reste à mentionner la matérialisation d'un métal par la médiumnité d'un métal.

Nous trouvons l'antécédent de ce phénomène dans les apports ou disparitions et réapparitions d'objets métalliques qui se sont produits souvent pendant les séances (de spiritisme) ; mais en fait de matérialisation, je ne connais que l'exemple suivant, et comme il s'agit d'un anneau d'or, je puis mentionner son antécédent spécial : la *dématérialisation d'un anneau d'or* pendant qu'on le tenait dans la main.

Voici ce dont témoigne M. Cateau van Rosevelt, membre du Conseil privé de la Guyane hollandaise qui, étant à Londres, eut une séance avec Melle Kate Cook (la sœur de la célèbre Florence Cook), au cours de laquelle le phénomène suivant se produisit : « Mme Cook, la mère du médium, me donna, dit M. Van Rosevelt, deux bagues que je remis à Lily (forme matérialisée), qui se les mit aux doigts. Je lui dis que, ne pouvant porter ces ornements dans le monde des esprits, elle ferait mieux de me les rendre pour que je les remette à Mme Cook. Elle ôta les bagues que je reçus dans ma main droite. « Tenez-les bien dit-elle, car je veux les dissoudre. » Je tenais les bagues avec force entre mes doigts, mais elles devenaient de plus en plus petites, et disparurent complètement au bout d'une demi-minute. « Les voici » dit Lily, en me montrant les bagues dans sa main. Je les pris et les remis à Mme Cook. » (Spiritualist. 1879, II, p. 159).

Passons à présent au fait correspondant de la matérialisation d'un anneau d'or. Voici un phénomène qui a été observé à une série de séances tout à fait intimes, tenues par un cercle avec un medium amateur, M. Spriggs; ce phénomène est raconté par un des membres du cercle, M. Smart, dans une lettre publiée dans le *Ligth* de 1886, p. 94. « La même figure a matérialisé un jour un anneau d'or dont elle a démontré la dureté en en frappant l'abat-jour de la lampe et en l'appuyant sur nos mains. Ce qu'il y a de curieux dans ce fait, c'est que pour aider à la matérialisation, elle demanda la chaîne d'or d'un assistant, la mit sur la table et fit des passes de la chaîne à sa main, comme si elle voulait en extraire une partie *des éléments les plus subtils.* — » C'est en somme la *quintessence* qui est enlevée au métal par le soi-disant esprit, son Soufre et son Mercure, lesquels sont manipulés pour rematérialiser le corps ou bien le dématérialiser. On aurait dû prier « l'esprit » de transformer en argent cet or, ou vice-versâ ; sans doute eût-on obtenu de curieux phénomènes de transmutation, dus au changement moléculaire ou de la subtilité des éléments métalliques.

Chapitre Cinquième

Théories et Recettes Anciennes

« La lettre tue ; c'est l'esprit qui vivifie. »

Nous fournissons à nos lecteurs, dans ce chapitre, les renseignements les plus curieux, les plus originaux, touchant le Grand-Œuvre. Les ouvrages dont nous offrons des extraits, pour la plupart introuvables aujourd'hui, côtés à un prix excessif toujours, renferment la substance même de l'Art Hermétique.

∴

Sublimation et *Fixation de la Matière*. — L'eau mercurielle extraite du cinabre philosophique devient fluide, de volatile qu'elle était d'abord. Et le cœur de l'homme lui fut donné par l'influence du feu secret tiré du régime de Mars.

Le principe métallique réside surtout dans les

terres argileuses et l'alumine. Le manganèse est le ♂ des Ph∴.

L'antimoine chauffé se combine avec l'oxygène; il s'élève une fumée blanche qui donne un oxyde blanc.

Le peroxyde d'☉ s'obtient en y versant une partie d'acide nitrique et 4 d'acide muriatique.

Le Cinabre, on ne doit pas l'oublier, correspond au sulfure de mercure.

*
* *

Remarque Capitale : Hermès a dit : *Le Mercure universel* est partout ; en effet, l'Hermétiste, sachant parfaitement réduire les corps en leur quintessence une, peut les transmuter les uns en les autres, au moyen de *sels* qui servent de St-Esprit pour fixer la force volatile. Le ♀ et le ☿ des Corps unis au ⊖, peut être avec du ♂ Ph∴. telle apparaît la réalisation du G∴ Œuvre Traditionnel.

*
* *

Avant que de transcrire les recettes des anciens alchimistes donnons encore ces explications absolument nécessaires, qu'E. Lévi exprime dans son ouvrage : *Clef des Grands Mystères* (*les sept chapitres d'Hermès*).

Dans l'œuvre alchimique, le mercure doit être détruit comme mercure, et le soufre comme soufre. Il faut que l'alliage de ces deux substances en produise une troisième qui est le sel.

Le soufre et le mercure, à l'état séminal, sont du sperme d'or. C'est pourquoi les sages disent qu'il faut prendre de l'or. La Pierre Philosophale est un sel de lumière ; la lumière dans les métaux est la quintessence de l'or. La substance en est cristallisée et cassante ; c'est pourquoi elle est nommée vitriol par B. Valentin.

Le Plomb, le Fer, l'Antimoine, le nitre, l'or, peuvent servir aux préparations ; mais il ne doit pas entrer dans la matière une seule molécule de ces substances. — Les extrêmes antithèses ou pôles sont ♂ et ♀, ♃ et ☉. Antithèse moyenne : ☾ et ♃.

Becker et d'autres chimistes modernes ont reconnu l'existence d'une terre mercurielle dont les principes existent dans certains métaux et dans l'acide du sel marin. (Hcl). C'est cette terre mercurielle qui contient la matière première du G∴-O∴ à l'état de petite lune ou femelle blanche.

Il n'entre dans la matière ni arsenic, ni antimoine, ni teinture d'arsenic ou d'antimoine, ni vitriol, ni sel marin, ni salpêtre, ni mercure vulgaire, ni soufre commun.

La matière ne saurait être un métal ; c'est un sel mercuro-sulfureux très exalté ; c'est de la lumière astro-métallique condensée. La P∴ Ph∴ est un phlogistique concentré par le *moyen* d'un principe intermédiaire qui est la quintessence mercurielle.

*_**

Recettes Alchimiques Anciennes et Extraits. — Les extraits suivant montreront quelles étaient les recettes et les théories des anciens alchimistes hermétistes, indiqueront quelques-uns de leurs procédés de travail. — Ils sont tirés du *Cosmopolite* ou « *Nouvelle Lumière de la Physique naturelle — contenant les trois principes des Philosophes* » édition originale de 1640.

Il faut travailler, nous dit l'auteur, les choses avec leur semblable : « car si simplement tu veux faire quelque chose comme faict la Nature, suy-la, mais si tu veux faire quelque chose de plus excellent, regarde en quoy et par quoy elle l'améliore et tu trouveras que c'est toujours avec son semblable. Comme pour exemple, si tu veux entendre la vertu intrinsèque de quelque métal plus outre que la Nature, il te faut prendre Nature métallique et ce encore au mâle et à la femelle, autrement tu ne feras rien. Car si tu penses faire un métal d'une herbe tu travailleras en vain, comme aussi d'un chien tu ne scaurois produire un arbre ». Voici qui démontre clairement que l'on doit travailler sur les métaux pour produire la Pierre Ph.·.

Qu'entend-on par le sperme des métaux dont s'entretiennent constamment les hermétistes?

« Le sperme c'est l'Elixir ou la quinte-essence d'une chacune chose, ou bien encore la parfaite et accomplie décoction et digestion d'une chacune chose ou le baulme du soulphre, qui est une même chose que l'humide radical des métaux. Nous pourrions à la vérité icy faire un grand et ample discours de ce sperme, mais nous ne voulons tendre à autre chose qu'à ce que nous avons proposé. En cet art les quatre éléments donc engendrent ce sperme par la volonté de Dieu et par l'imagination de la Nature... ».

On voit ici que le sperme est donc la quintessence d'une chose, d'un métal, de ses propriétés les plus subtiles, lesquelles étaient censé formées par les quatre éléments.

Sur la « vraye et première matière des métaux » l'auteur nous dit: « la première matière des métaux est double, mais néanmoins l'une sans l'autre ne crée point un métal; la première et la principale est une humidité de l'air meslée avec chaleur, et cette humidité les Philosophes l'ont appelée Mercure, lequel est gouverné par les rayons du Soleil et de la Lune, en notre mer philosophique; la seconde est la chaleur de la terre qu'ils appellent soulphre, mais d'autant que tous les vrays philosophes l'ont caché le plus qu'ils ont pu, nous, au contraire, l'expliquerons le plus clairement que nous pourrons... »

Suit une discussion où naturellement, l'auteur n'en explique guère plus que ses prédécesseurs ; nous retiendrons seulement donc sa nette séparation des principes d'un métal en *soufre* et *mercure*, lesquels, pour la P. P∴ doivent être tirés du Soleil et de la Lune, c'est-à-dire de l'or et de l'argent. Il s'explique encore à ce sujet d'ailleurs par ces phrases qui se rapportent à l'extraction du corps :

« Tu seras assuré contre ceux non seulement qui ignorent le vray lieu de la semence, et veulent prendre tout le corps au lieu d'icelle, mais encore contre ceux qui s'amusent à une vaine dissolution des métaux, se forçant de les dissoudre tout entièrement... mais les bonnes gens s'ils considéroient le progrès de la Nature, ils verraient clairement que la chose va bien autrement : Car il n'y a métal si pur qu'il soit, qui n'aye des impuretés, plus toutes fois l'un que l'autre ; toy doncques amy lecteur, pren garde au poinct de la Nature, et tu as assez, mais tien cette maxime asceurée qu'il ne faut point chercher ce poinct aux métaux du vulgaire, car il n'y est point, aussi sont-ils morts, et les nostres au contraire vifs et ayans esprit, et c'est ceux-là de par Dieu qu'il faut pren-

dre : car il faut que tu sçaches que la vie des métaux n'est autre chose que le feu, cependant qu'ils sont encore en leur première matière, et leur mort est le feu, mais c'est le feu de fusion. »
C'est bien le Soufre et le Mercure des Ph∴ qui sont indiqués en les lignes précédentes, semence des corps qu'il ne faut point chercher dans la *totalité* des métaux vulgaires, mais bien en leur quintessence ou subtilité.

Le Mercure des Ph∴ ou Elixir est tiré de la Magnésie vulgaire, c'est le 1ᵉʳ ferment (1).

L'unité de l'atome, de la substance, est affirmée par les lignes suivantes : « il y en a qui estiment que le Saturne (plomb) a une semence, l'or une autre et ainsi chaque métal, mais cette opinion est vaine, car il n'y a qu'une unique semence, tant au Saturne qu'en l'or, en l'argent et au fer. Mais le lieu de *leur naissance* a été cause de leur différence, si tu m'entends comme il faut... »

Toujours à propos de la semence, il nous faut citer la page ci-dessous qui donne de curieux détails sur la semence minérale :

« C'est une chose très vraye que ce qui est en haut est comme ce qui est en bas, et, au contraire, ce qui naît en haut naît d'une même source que

---

(1) On le fait réagir sur l'or et l'argent et il produit deux autres ferments.

ce qui est dessous dans les entrailles de la terre, et je vous prie quelle prérogative auroient les végétables (végétaux) par dessus les métaux, que Dieu eust donné de la semence à ceux-là et en eût exclus ceux-cy : les métaux ne sont-ils pas en aussi grande autorité envers Dieu que les arbres ? tenons donc pour tout asseuré que rien ne croist sans semence, car là où il n'y a point de semence, la chose est morte. Autrement il est nécessaire que les quatre Éléments créent la semence des métaux ou qu'ils les produisent sans semence, si c'est sans semence, ils ne peuvent être parfaits, car toute chose sans semence est imparfaite, eu égard au composé ; qui n'ajoute foy à cette indubitable vérité, il n'est pas digne de rechercher les secrets de la Nature, car rien ne naist au monde sans semence : les métaux à la vérité, ont en eux vrayment et réellement leur semence, mais leur génération se faict ainsi. Les quatre Éléments en la première opération de Nature distillent par l'artifice d'Archaeus, dans le centre de la terre, une vapeur d'eau pondéreuse qui est la semence des métaux, et s'appelle Mercure à cause de sa fluidité et facile adhérence à chaque chose : il est accomparé au soulphre à cause de sa chaleur interne, et après la congélation, c'est l'humide radical, et combien que le corps des métaux soit procrée du Mercure (ce qui se doit entendre du Mercure des Ph∴) néanmoins il ne faut point écouter ceux qui estiment que Mercure vulgaire soit la semence des métaux, et ainsi prennent le corps au lieu de la *semence*, ne considérant pas que le Mercure a aussi bien en soy sa semence que les autres ; l'erreur de ces gens là sera manifeste par l'exemple suivant, il est tout certain que les hommes ont leur semence en laquelle ils sont multipliez : le corps de l'Homme c'est le Mercure, la semence est cachée dans ce corps, et eu égard au corps, elle est en très petite quantité. Qui veut donc engendrer cet homme métallique, il ne faut pas qu'il prenne le Mercure, qui n'est qu'un corps, mais la semence qui est cette vapeur d'eau congelée : Ainsi en la régénération des métaux, les vulgaires opérateurs y procèdent mal, car ils dissolvent les corps métalliques, soit mercure, soit or, soit argent, soit plomb et les corrodent avec des eaux-forts et choses hétérogènes et étranges non requises à la vraye science, puis après conjoignent ces dissolutions, ignorans ou ne prenans pas garde que des pièces et morceaux d'un corps ne peut être engendré un homme.... »

Touchant la « practique et confection de la Pierre ou teinture selon l'art » il indique ce procédé : « de notre terre par unze degrez, unze grains, et de nostre or (non de l'or vulgaire) un grain, de nostre argent, et non de l'argent vulgaire, deux grains, et garde-toi bien te di-je, de prendre or ny argent vulgaire, car ils sont morts, et n'on aucune vigueur, mais pren les nostres qui sont vifs, puis les mets dans nostre feu, et de là se fera une liqueur sèche, car premièrement la terre se refondra en eau, laquelle s'appelle le Mercure des Ph.·., et cette eau résoult les corps du Soleil et de la Lune, et les consume de façon qu'il n'en demeure que la dixième partie, avec une part, et voyla ce qu'on appelle humide radical. Puis après reprends de l'eau de sel nitre, tirée de notre terre, en laquelle est le ruisseau et l'onde vive, prens donc en icelle de l'eau qui soit bien claire, et dans icelle eau tu mettras cest humide radical, mets le tout au feu de putréfaction et génération, non tel toutefois comme tu as faict en la première opération, gouverne le tout avec grand artifice et discrétion, jusques à ce que les couleurs apparoissent comme une queue de paon, gouverne bien encore un coup et qu'il ne t'ennuye point en digerant toujours jusques à ce que les couleurs cessent, et qu'il n'y en aye qu'une seule qui apparoisse, à sçavoir la couleur verde, et ainsi des autres, et quand tu verras au fond du vaisseau des cendres de couleur brune, et l'eau comme rouge : ouvre ton vaisseau alors, mouille une plume et en oingts un morceau de fer, s'il teint, aye soudain de l'eau, de laquelle nous parlerons tantôt, et y mets autant de cette eau qu'il y a entré d'air creu, cuits le tout de rechef jusques à ce qu'il teigne. Jusques la est allée mon expérience, je n'ay rien trouvé plus oultre, je ne peux que cela. Mais cest eau que je dis, doit être le menstruel du monde, de la Sphère de la Lune, tant de fois rectifié qu'il puisse calciner le Soleil. »

Cette recette est certainement une des plus nettes que nous connaissons : l'alchimiste décrit avec une clarté extrême pour son époque, les diverses phases de l'opération : combinaison du soufre et du Mercure avec le menstrue des Ph∴ (1) et obtention par ces ferments, de la Pierre finale.

Maintenant, voyons les idées de l'alchimiste sur les quatre éléments, avant que d'en arriver au Soufre.

« *De l'Élément Terre* : La Terre est grossière, poreuse et pesante, si on considère sa petiteese, mais légère eu égard à sa nature : c'est aussi le centre du monde et des autres éléments, et par le centre d'icelle passe l'essieu dudit monde jusques à l'un et l'autre Pôle. Elle est, dis-je, poreuse comme une éponge, et de soy ne peut rien produire : mais elle reçoit tout ce que les autres

---

(1) Ferment tiré du Mercure vulgaire parfois, et qu'on fait agir sur l'or et l'argent pour en tirer le Soufre et le Mercure, ferments métalliques, car chaque corps a son mercure.

Eléments jettent et laissent couler dans elle...

De soy-même comme nous avons dit elle ne produit rien, mais elle reçoit tout ce que les autres Eléments produisent et tout ce qu'ils ont produit demeure en icelle, par le moyen de la chaleur motive se pourrit en icelle, par le moyen de la même chaleur se multiplie aussi en icelle, après la séparation du pur d'avec l'impur : ce qui est pesant demeure en terre, la chaleur centrale pousse à la superficie ce qui est léger. C'est donc elle qui est la *matrice* et la nourrice de toute semence et de toute commixtion. — Elle est froide et sèche, mais l'humidité de l'eau tempère cette sécheresse. Extérieurement elle est visible et fixe, mais en son intérieur elle est invisible et volatile ... »

De l'Élément de l'Eau. — « L'Eau est un élément plus digne en sa qualité, il est très pesant et plein de flegme onctueux : extérieurement il est volatil, mais fixe en son intérieur il est froid et humide ; c'est l'air qui le tempère : c'est luy qui est le sperme du monde et dans lequel la semence de toutes les choses du monde se conserve, tellement qu'il est le gardiataire de toute espèce de semence. Sachez donc qu'autre chose est le sperme, autre chose est la semence. La terre est le réceptacle du sperme, l'eau est la matrice de la semence. Tout ce que l'air jette dans l'eau, par le moyen du feu, l'eau le jette dans la terre (1), le sperme est toujours en assez grande abondance, et n'attend que la semence pour la porter dans la matrice, ce qu'il fait par le mouvement de l'air, excité de l'imagination du feu... »

De l'Élément de l'Air. — « L'Air est un Élément entier, très digne en sa qualité ; extérieurement il est volatil et invisible, mais en son intérieur il est visible et fixe, chaud et humide ; c'est le feu qui le tempère ; il est volatil mais il se peut fixer, et quand il est fixé il rend tout corps pénétrant. C'est un très digne élément, comme nous avons dit, qui est le vray lieu de la semence de toutes choses ; et comme dans l'homme il y a une semence imaginée, de même aussi en l'air il y en a une qui après par un mouvement circulaire est jettée en son sperme. Cet Élément a une forme entière qui par le moyen du sperme et menstrual du monde distribue chaque espèce de semence en ses matrices : outre qu'en l'air est la semence de toutes choses, il contient aussi l'esprit vital de toute

---

(1) Ce qu'on pourrait modernement exprimer ainsi : tout ce que la matière à l'état gazeux, projette, par transformation, et par le moyen de la matière radiante dans la matière à l'état liquide, le liquide (pris dans le sens général) le jette dans le solide. — Le sperme des corps se trouve en la matière solide ; la semence en la matière liquide.

F. J. C.

créature, lequel esprit vit partout, pénètre tout... C'est l'air qui nourrit les autres éléments : c'est luy qui les conserve; c'est luy qui les imprègne ».

De l'Élément du Feu. « Le Feu est le plus pur et le plus digne Élément de tous, plein d'une onctuosité corrosive, pénétrante, digérante et très adhérante : extérieurement visiblement, mais invisible en son intérieur, très fixe, chaud et sec, c'est la terre qui le tempère. » (1)

Après avoir étudié les quatre Éléments, l'auteur aborde les trois Principes de toutes choses d'une capitale importance en alchimie. Laissons-lui encore la parole; ses enseignements sont très curieux :

« Après avoir descrit ces quatre Éléments, il faut parler des trois principes des choses, lesquels immédiatement les dits quatre Éléments ont produit en cette manière : Incontinent après que Dieu eut constitué la Nature pour régir toute la Monarchie du monde, elle commença à distribuer à chaque chose des dignitey selon leurs mérites. Et premièrement elle constitua les quatre Éléments, Princes du Monde, et afin que la volonté du Très Haut fut exécutée. Elle ordonna que chacun des dits Éléments agiroit incessamment dans l'autre : De manière que le Feu commença d'agir contre l'air,

---

(1) On voit indiquées les réactions des divers états de la matière les uns sur les autres.

et cette action produit le soulphre : l'air pareillement commença à blocquer l'eau et cette action produit le sel. L'eau aussi commença à agir contre la Terre, et cette action produit le Mercure. Mais la Terre ne trouvant plus d'autre Élément contre qui elle peut agir, ne peut aussi rien produire, mais elle retient en son centre ce que les autres trois avoient produit : de sorte qu'il n'y eût que trois Principes, desquels la Terre demeura la Matière et la nourrice ».

« Ainsi donc, à cause de ces trois Principes, tu trouveras en chaque composition naturelle, un corps, un esprit et une âme cachée, lesquels trois si tu sépares et les purifies très bien, puis après les réunis de rechef, sans doute ils te donneront un fruict très pur. Tu as maintenant l'origine des trois Principes, desquels en imitant la Nature tu dois extraire le Mercure des Philosophes, et leur première Matière, sans la séparation desquels principes, spécialement de ceux des Métaux, il t'est impossible de rien faire qui vaille, vu que la Nature même ne faict et ne produit rien sans eux. Ces trois, dis-je, sont en toutes les choses du monde et sans eux il ne faict rien et naturellement ne se fera rien au monde.

Mais à cause que nous avons dit cy-dessus que les anciens Philosophes ont tant seulement nommé les Principes I V S, afin que l'inquisiteur de la science ne faille point, faut qu'il sçache qu'encores qu'ils n'ayent faict mention que du Soulphre et du Mercure, et néanmoins sans le Sel ils n'eussent jamais peu arriver à cette œuvre, car c'est luy qui est la clef et le Principe de cette divine Science : c'est lui qui ouvre les portes de Justice ; c'est luy qui a les clefs des prisons où le Soulphre est emprisonné ».

Quelques pages plus loin nous trouvons les renseignements ci-après sur la matière prochaine de l'Œuvre :

« Nous disons en répétant que le Soulphre et le Mercure conjoints, sont la minière de notre argent-vif, de celuy dis-je, qui a le pouvoir de dissoudre les métaux, les mortifier et les vivifier, laquelle puissance le dit argent-vif à receüe du Soulphre, qui, de sa propre nature, est aigre. Mais afin que tu puisses encore mieux comprendre cecy, écoute quelle différence il y a entre notre argent-vif et celui du vulgaire (le vif-argent, on le sait, est le Mercure d'où l'on tirait le sel, généralement ; (1) en disant que ce n'est point le vif-argent vulgaire, l'alchimiste entend que l'on n'emploie point le mercure tel quel, mais bien qu'on en tire le principe fermentatif donnant le sel approprié

---

(1) Mais on peut le tirer de tout métal, en somme. La Magnésie constitue la vraie minière...   J. C.

ou le Mercure philosophique. F. J. C.) l'argent-vif vulgaire ne dissoult point l'or ni l'argent et ne se mesle point avec eux inséparablement ; mais nostre argent-vif dissout l'or et l'argent et se mesle avec eux inséparablement ; car si une fois il s'est meslé avec eux on ne peut les jamais séparer, non plus que de l'eau meslée avec de l'eau. Le Mercure vulgaire a en soy un Soulphre combustible, noir et mauvais, mais notre Mercure a un soulphre incombustible, fixe, bonc, très blanc et rouge. Le Mercure vulgaire est froid et humide ; le nostre est chaud et humide. » Le sel obtenu, après distillation du Mercure, devait être du sublimé corrosif, d'après ce que nous supposons ; et après de nouvelles manipulations, était mis en contact avec les métaux ou les ferments métalliques.

Relevons encore un passage où il est absolument manifeste que l'hermétiste ne devait travailler que sur les métaux : « si tu veux faire quelque métal, prens un métal pour fondement matériel : car un chien engendre un chien, le métal produit le métal... si tu veux produire un métal, tu le fermenteras par un métal ; mais si tu veux produire un arbre, il faut que la semence d'un arbre de même espèce que celuy que tu veux produire, te serve de ferment pour cette production. » La chimie moderne, et la chimie dite organique, confinnent ces vues : nous savons que les *séries* de corps, les *familles*, se relient étroitement, s'enchaînent, sont transmutables ; il ne faut point que les éléments soient trop éloignés les uns des autres pour se résoudre.

Glanons à présent, quelques rapides indications sur le Soulphre, envisagé par notre hermétiste :

Du Soulphre. — « Les Philosophes, à bon droit ont attribué le premier degré d'honneur au Soulphre, comme à celuy qui est le plus parfait des trois Principes ; aussi toute la science ne dépend que de la vraye préparation d'iceluy. Or le soulphre est triple, sçavoir le Soulphre teignant ou colorant, le Soulphre coagulant le Mercure, le troisième est le Soulphre essentiel, qui amène à maturité, duquel nous devions sérieusement traicter. Le Soulphre est le plus meur (mûr) des trois Principes et le Mercure ne se sçauroit congeler sans le Soulphre ; de manière que toute notre intention et opération ne doit être autre que d'extraire du corps des métaux le Soulphre, par le moyen duquel nostre vif-argent se coagule en or et en argent, dans les entrailles de la terre, lequel Soulphre extraict des métaux, est en ce lieu prins pour le Masle : c'est pourquoy il est tenu pour le plus digne et le Mercure est prins pour la femelle. Le composé qui vient de ces deux, engendre des Mercure Philosophic. »

Nous arrêterons là ces citations, malgré le vif

intérêt qu'elles offrent, nous contentant de relever les traits les plus saillants et importants dans le « *Traicté de l'Esprit général du Monde* » qui termine le volume de la Physique Naturelle et des Trois Principes.

Traittez du Sel et de l'Esprit du Monde. — L'Hylozoïsme y est nettement affirmé par son auteur qui écrit :

« Le Monde donc ayant été créé bon par celuy qui est la bonté même, est non seulement corporel, mais encore participant d'intelligence ; (car il est plein d'idées omyniformes) et comme j'ay désia dit il n'a membre et partie qui ne soit vitale. Pour cette cause les sages l'on dit estre animale ; par tout masle et femelle et se conjoindre par mutuelle amour et conjonction à ses membres tant il est convoiteux et avide du mariage et lyaison de ses parties. »

« Que le Monde puisqu'il vit, a Esprit, Ame et Corps » établit le philosophe hermétique en un curieux chapitre. L'Esprit du Monde sert de médiateur plastique entre l'Ame et le Corps ; cet Esprit est donc la lumière astrale des Kabbalistes ; il possède la qualité de l'Unité ce qui revient à affirmer l'Unité de la Substance :

« Le corps du monde est familiairement cognu par les sens, mais en luy gist un esprit caché, et en cet esprit une âme, qui ne peut être accouplée au corps que par le moyen d'iceluy, car le corps est grossier, et l'âme très subtile ; éloignée des qualitez corporelles d'une longue distance. Il est donc besoin à cet accouplement d'un tiers qui soit participant de la Nature des deux et qui soit esprit corps (matière subtile) parce que les extrêmitez ne peuvent être assemblées que par la liaison de quelque médiateur, ayant telle affinité à l'une et l'autre, que chacune y puisse rencontrer sa propre nature. Le Ciel est haut, la Terre est basse : l'un est pur, l'autre est corrompu. Comment donc pourroit-on eslever et joindre cette lourde corruption à cette agile pureté, sans un moyen participant des deux ? Dieu est infiniment pur et net ; les hommes sont extrêmement impurs et souïllez de péchez : la réconciliation et rapprochement desquels avec Dieu ne pouvait jamais arriver sans l'entremise de Jésus-Christ qui vrayement Dieu et homme en a esté le vray aymant. De mesme en la machine de l'Univers, cet esprit corps ou corps spirituel, est comme agent commun ou ciment de la conjonction de l'âme avec le corps. Laquelle âme est en l'esprit et corps du monde un appât et allèchement de l'intelligence divine... »

La page est savoureuse ; le symbolisme y éclate, l'ésotérisme du Christ et de sa nature ; les Martinistes retrouvent en ces lignes les principes analogiques de leur Ordre et de leurs travaux.

Mais quel rôle possède cet esprit par rapport aux corps chimiques, par exemple : « Il se voit que tout respire, vit, croist et se nourrit par cet esprit infus au monde, et se dissout et meurt iceluy défaillant. Il s'en suit donc que tout est fait de luy qui n'est autre chose qu'une simple essence subtile, que les Philosophes nomment quinte parce qu'elle peut être séparée des corps comme d'une matière crasse et grossière, et de la superfluité des quatre Éléments, et lors elle a des opérations merveilleuses... Cet Esprit donc (par les Philosophes appelé Mercure) à cause qu'il est multiforme, voire omniforme, faisant la production de tous les corps, eslargit une vie aux uns plus nette et incorruptible, et aux autres plus embrouillée et sujette à corruption et défaillance, selon la prédisposition de la matière... »

Cet Esprit du Monde, spiritus mundi se *corporifie* en *Sel*. La première matière est donc un sel : « c'est-à-dire que le sel est le premier corps par lequel elle se rend (la matière) palpable et visible, duquel sel Raymond Lulle entend parler dans son testament quand il dit : nous avons cy dessus déclaré qu'au centre de la terre est une terre vierge et un vray élément et que c'est l'œuvre de Nature. Partant Nature est logée au centre de chacune chose. Ainsi le Sel est cette terre vierge qui encore n'a rien produit ; en laquelle l'Esprit du Monde se convertit premièrement par vitrification, c'est-à-dire par exténuation d'humeur. C'est luy qui donne forme à toutes choses et rien ne peut tomber au sens de la vëue ni de l'attouchement que par le sel. Rien ne se coagule que le sel ; rien que le sel ne se congèle. C'est luy qui donne la durté à l'or et à tous les métaux, au diamant et à toutes les pierres tant précieuses qu'autres par une puissante mais très secrète vertu vitrifiante. Qui plus est-il se void que toutes les choses composées des quatres éléments retournent en Sel. » — Le Sel apparaît donc, le terme tout spécial en lequel l'esprit du Monde, l'astral se trouve condensé au degré nécessaire à la transmutation conséquente corporelle ; de là la nécessité d'obtenir le Sel pour l'œuvre, sans lequel tout labeur resterait vain. Et en fin de compte, nous constaterons que le Mercure des Mercure pouvait s'extraire de tout corps, — matérialisé en *Sel* principe d'union entre les principes fermentatifs également d'or et d'argent — de Soleil et de Lune.

Terminons en transcrivant ce passage où le rôle du corps est tracé d'une manière générale :

« Ce corps ainsi glorifié montera donc au ciel sur les ailes de son Esprit : puis en la même perfection qu'il y sera monté, il redevallera en terre pour séparer le bon du mauvais, pour conserver et vivifier l'un, pour tuer et consommer l'autre. C'est à savoir que tous les corps où il entrera, il en chassera l'impureté, amendant en conservant la pure substance d'iceux, car les réitérées solutions et fixations luy auront donné une force de pénétrer les corps, dans lesquels autrement il n'aurait pu entrer. Il faut donc replonger le jeune Hermaphrodite et la délicate Salmacis dans la fontaine, afin qu'ils s'embrassent ; et que Salmacis ravie de contentement puisse dire : Avienne qu'en aucun temps ce bel adolescent ne soit séparé de moy, ni moy de luy ; et qu'en mutuelle félicité amour perpétue nostre conjonction : ainsi nos deux corps n'auront qu'un cœur et une mesme face. Puis faire que l'Ile de Delle apparoisse immobile, portant Apollon et Diane que Latone y a enfantez. Fable qui ne veut nous apprendre autre chose sinon que l'on congèle et fixe cette matière dissoute en laquelle sont contenus le Soleil et la Lune des Philosophes. »

L'allégorie, d'ailleurs, n'est point obscure, et nos lecteurs n'ignorent point que l'Hermàphrodite représente le Soufre et le Mercure réunis, qu'Apollon a la même signification que le Soleil et que Latone, enfin, était la mère d'Apollon et Diane (du Soleil et de la Lune, de l'Or et de l'Argent des Philosophes).

Nous extrayons les renseignements ci-après, du très rare et curieux : *Livre Secret du Très Ancien Philosophe Artephius* (1) *traitant de l'Art occulte et de la Pierre Philosophale.*

« L'Antimoine est des parties de Saturne, ayant en toutes façons sa nature, aussi cet Antimoine saturnin convient au Soleil, ayant en soy l'argent vif dans lequel aucun métal ne se submerge que l'or : c'est-à-dire tant seulement vraiment se submerge en l'argent-vif antimonial saturnin, sans lequel argent vif aucun métal ne se peut blanchir. Il blanchit donc le leton, c'est-à-dire l'or, et réduit le corps parfaict en sa première matière, c'est-à-dire en soulphfre et argent vif de couleur blanche, et plus qu'un miroir resplendissante. Il dissout le corps parfaict qui est de sa nature : car cette eau est amiable et aux mitaux placable, blanchissant le Soleil parce qu'elle contient un argent vif blanc. Et de ceci tu dois tirer un très grand secret, c'est à savoir que l'eau antimoniale Saturnine doit estre mercuriale et blanche, afin qu'elle blanchisse l'or, ne bruslant point, mais seulement dissolvant, et puis après se congelant en forme de cremeur blanche.

Voilà pourquoi le Philosophe dit que cette eau faict le corps estre volatil, parce qu'après qu'il a

---

(1) Artephius était un alchimiste du XIe siècle.

esté dissoult et refroidy, il monte en haut en la superficie de l'eau. Prens de l'or crudfolié ou laminé, ou calciné par Mercure, mets iceluy dans nostre vinaigre Antimonial Saturnin, Mercurial et tiré du Sel Ammoniac (comme on dit) mets-le dans un vaisseau de verre large et haut de quatre doigts ou plus, et laisse-le là en chaleur tempérée, et tu verras en peut de temps s'effleuer comme une liqueur d'huile surnageante au-dessus en forme de pellicule, recueille-là avec une cuillier, ou en mouillant une plume, et ainsi par iours par plusieurs fois collige-là, iusque à ce que rien plus ne monte, puis fay evaporer au feu l'eau, c'est-à-dire la superflue humidité du vinaigre, et te restera une quinte essence d'or en forme d'huile blanc, incombustible, dans lequel huile les Philosophes ont mis leurs plus grands secrets, et cest huile est d'une très grande douceur, ayant de grandes vertus pour apaiser la douleur des playes. »

Notre auteur maintenant va nous indiquer les propriétés de l'Eau :

« Partant, nous devons avec nostre eau atténuer les corps parfaits, les altérer et molifier, afin qu'après ils se puissent mesler avec les autres imparfaits. Voilà pourquoi quand nous n'aurions autre bénéfice et utilité de nostre eau Antimoniacale que celuy-ci, qu'elle rend les corps parfaits substils, mols et fluides selon sa nature, il nous suffit. Car elle réduit les corps à la première origine de leur Soulphfre et Mercure, et puis après un peu de temps, en moins d'une heure d'un jour, nous pouvons d'iceux faire sur la terre ce que la nature a fait dessous aux mines de la terre en mille années, ce qui est quasi miraculeux. Notre final secret est donc ques, par nostre eau faire les corps volatils, spirituels, et eau tingente ayant entrée sur les autres corps. »

On voit que c'est bien l'application des principes de la *Table d'émeraude* d'Hermès : « sépare avec soin le subtil de l'épais, le volatil du fixe... »

Artéphius exprime nettement ensuite que c'est sur l'*or et l'argent* que l'on doit travailler ; bien entendu ces corps seront préparés spécialement pour l'Œuvre, n'auront plus rien de commun avec les métaux vulgaires de ce nom : mais le point de départ réside en eux : ils sont la matière première quoique éloignée de la Pierre. Dissous, réduits en leur quintessence magnétisée, animée — au moyen du ☿ des Ph∴ ou fluide astral, ils se nourriront de leur Eau.

« Disons donc le Soleil et la Lune, en notre eau dissolvènte, qui leur est famillière et amie, et de leur nature prochaine, qui leur est douce et comme une matrice, mère, origine, commencement et fin de vie, qui est la cause qu'ils prennent amendement en cette eau, parce que la nature s'esjouit avec la nature, et que la nature contient la nature, et avec icelle se conjoint de vray mariage, et qu'ils se font une nature seule, un corps nouveau ressuscité et immortel. Et ainsi il faut conjoindre les consanguins avec les consanguins, alors ces natures se suivent les unes les autres, se putréfient, engendrent et s'éjouyssent, parce que la nature se régit par la nature prochaine et amie. Nostre eau donc est la fontaine belle, agréable et claire, préparée seulement pour le Roy et la Reine, qu'elle connoit très bien, et eux elle. Car elle les attire à soi, et eux demeurent en icelle à se laver deux ou trois jours, c'est-à-dire deux ou trois mois, et les fait rajeunir et rend beaux. Et parce que le Soleil et la Lune ont leur origine de cette eau leur mére, partant il faut que de rechef ils entrent dans le ventre de leur mère, afin de renaître de nouveau, et qu'ils deviennent plus robustes, plus nobles et plus forts. Et partant si ceux-cy ne meuvent et ne se convertissent en eau, ils demeureront tous seuls et sans fruit.

Mais s'ils meurent et se résolvent en nostre eau, ils apporteront un fruit centiesme, et du lieu duquel il semblait qu'ils eussent perdu et qu'ils estoient, de ce même lieu ils apparoîtront ce qu'ils n'estoient auparavant. Donc avec le Soleil et la Lune, fixez avec très grande subtilité l'esprit de nostre eau vive. Car ceux-cy convertis en nature d'eau, ils meurent et sont semblables aux morts, toutefois de là puis après inspirez, ils vivent, croissent et multiplient comme toutes les autres choses végétables. Il te suffit donc de disposer extrinséquement, suffisamment la matière car elle œuvre suffisamment pour sa perfection en son intérieur...

Donc, il te faut conjoindre les parens, car les natures trouvent les natures semblables et en se purifiant se meslent ensemble, voire se mortifient et revivifient. Il est donc nécessaire de connoître cette corruption et génération, et comme les natures s'embrassent et se pacifient au feu lent, comme la nature s'éjouit par la nature, comme la nature retient la nature et la convertit en nature blanche. Après cela, si tu veux rubifier, il te faut cuire ce blanc en un feu sec continuel, jusqu'à ce qu'il se rougisse comme le sang, lequel alors ne sera autre chose que feu et vraye teinture.

Et ainsi par le feu sec continuel, se change corrige et parfait la blancheur, se citrinise et acquiert la rougeur et vraye couleur fine. D'autant doncque plus ce rouge se cuit, d'autant plus il se colore, et se fait teinture de plus parfaite rougeur. Partant il faut par un feu sec et par une calcination seiche sans humeur, cuire le composé, jusqu'à ce qu'il soit vestu de couleur très rouge, et qu'il soit parfait Elixir.

Si après tu le veux multiplier, il te faut de rechef résoudre ce rouge en nouvelle eau dissolvente, et puis de rechef par décoction le blanchir et rubifier par les degrez du feu, réitérant le premier régime. Dissous, congèle, réitère, fermant la porte, l'ouvrant et multipliant en quantité et qualité à ta volonté.

Car par nouvelle corruption et génération, s'introduit de nouveau un nouveau mouvement, et ainsi nous ne pourrions point trouver la fin si nous voulions toujours travailler par réitération de solution et coagulation, par le moyen de nostre eau dissolvante, c'est-à-dire dissolvant et congelant comme il a été dit par le premier régime.....

Partant, tout l'accomplissement de l'œuvre ou de nostre pierre seconde consiste en ce que tu prennes le corps parfait que tu mettras en nostre eau dans une maison de verre bien close et bouchée avec du ciment, afin que l'air n'y entre point et que l'humidité dedans enclose ne s'enfuye, que tu tiendras en la digestion de la chaleur douce et lente très tempérée, semblable à celle d'un bain ou fumier, sur lequel avec le feu tu continueras la perfection de la décoction jusqu'à ce qu'il se pourrisse et sois résous en couleur noire, et puis s'efleue et se sublime par l'eau, afin que par là il se netoye de toute noirceur et ténèbres, se blanchisse et subtilise, jusqu'à ce qu'il vienne en la dernière pureté de la sublimation, et se fasse volatil et blanc dedans et dehors. Car le Vautour volant en l'air sans ailes, crie afin de pouvoir aller sur le mont, c'est-à-dire sur l'eau, sur laquelle l'esprit blanc est porté. Alors continue ton feu convenable, et cet esprit, c'est-à-dire cette subtile substance du corps et du Mercure, montera sur l'Eau, laquelle quinte-essence est plus blanche que la neige, continue encore, à la fin fortifiant le feu iusques à ce que tout le spirituel monte en haut. Car sçaches que tout ce qui sera clair, pur et spirituel montera en haut, en l'air en forme de fumée blanche que les Philosophes appellent le lait de la Vierge.

Il faut donc que de la terre le fils de la Vierge soit exalté, et que la quinte-essence blanche après sa résurrection s'efleue devers les cieux, et qu'au fonds du vaisseau et de l'eau demeure le gros et l'espois, car puis après le vaisseau refroidi tu trouveras au bas les fèces noires et brûlées, séparées de l'esprit et de la quinte-essence blanche que tu dois ietter. En ce temps l'argent-vif plut de nostre air, sur nostre terre nouvelle, lequel est appelé argent-vif sublimé par l'air, duquel se fait l'eau visqueuse, nette et blanche, qui est la vraye teinture séparée de toute fèce noire, et ainsi notre leton se régit avec nostre eau, se purifie et orne de couleur blanche, laquelle couleur ne se fait que par la décoction et coagulation de l'eau. Cuis donc continuellement, oste la noirceur du laton, non avec la main mais avec la pierre, ou le feu, ou avec nostre eau Mercuriale seconde qui est une vraye teinture.

... Il faut donc efleuer nostre leton par les degrey du feu, et qu'il monte en haut librement de soy-mesmes, sans violence ; partant si le corps par le feu et l'eau n'est atténué et subtilisé jusqu'à ce qu'il monte ainsi qu'un esprit, ou comme l'argent-vif fuyant, ou comme l'âme blanche séparée du corps et emportée en la sublimation des esprits, il ne se fait rien en cet art ».

L'Alchimiste termine son recueil par cet apparent résumé des opérations hermétiques :

« Donc cette composition n'est point une opération de mains, mais c'est un changement de natures, et une connexion et liaison admirables du froid avec le chaud et de l'humide avec le sec. Car le chaud se mesle avec le froid, le sec avec l'humide, ainsi par ce moyen se fait commiation et conjonction du corps et de l'esprit, qui est appelée la conversion des natures contraires. Car en telle solution et sublimation, l'esprit est converty en corps, et le corps en esprit, ainsi donc meslées ensemble et réduites en un, les natures se changent les unes les autres, parce que le corps incorpore l'esprit, et l'esprit change le corps en esprit teint et blanc. Et partant decuis le en nostre eau blanche, c'est-à-dire dans du Mercure, jusqu'à ce qu'il soit dissous en noirceur, puis après par décoction continuelle sa noirceur se perdra, et le corps ainsi dissous à la fin, montera avec l'âme blanche, et alors l'un se meslera dans l'autre, et s'embrasseront de telle façon qu'ils ne pourront jamais plus estre séparey, et alors avec un réel accord l'esprit s'unit avec le corps, et se font permanens, et cecy est la solution du corps et coagulation de l'esprit qui ont une mesme et semblable opération. Qui sçaura donc marier, engrosser, mortifier, putrifier, engendrer, vivifier les espèces, donner la lumière blanche, et nettoyer le Vautour de sa noirceur et ténèbres jusqu'à ce qu'il soit purgé par le feu, coloré et purifié de toutes macules, il sera possesseur d'une si grande dignité, que les Roys luy feront grand honneur.

Et partant que notre corps demeure en l'eau jusques à ce qu'il soit dissous en poudre nouvelle au fond du vaisseau et de l'eau, laquelle est appelée cendre noire, et cela est la corruption du corps, qui par les sages est appelé Saturne, Leton, Plomb des Philosophes et la poudre discontinuée. Et en cette putréfaction et résolution du corps, aparoistront trois signes, c'est à sçavoir la couleur noire, la discontinuité et séparation des parties et l'odeur puante qui est semblable à celle des sépulchres. Cette cendre donc est celle là de laquelle les Philosophes ont tant parlé, qui est restée en l'inférieure partie du vaisseau, que nous ne devons pas mépriser, car en icelle est le Diadème de nostre Roy, et l'argent-vif noir et immonde, duquel on doit oster la noirceur en la décuisant continuellement en nostre eau, jusqu'à ce qu'il s'éfleue en haut en couleur blanche qui est appelée l'Oye et le Poulet d'Hermogenes. Donc qui oste la noirceur de la terre rouge, et puis la blanchit, il a le magistère, tout de même que celui qui tire le vivant et ressuscite le mort. Blanchis donc le noir, et rougis le blanc, afin que tu parachèves l'œuvre. Et quand tu verras apparoistre la vraye blancheur resplendissante comme le glaive nud, sçache que la rougeur est cachée en icelle, alors il ne te faut point tirer hors du vaisseau cette poudre blanche, mais seulement il te faut toujours cuire, afin qu'avec la calidité et la siccité survienne finalement la citrinité, et la rougeur très estincelante, laquelle voyant avec une grande terreur, tu loüeras à l'instant le Dieu très bon et très grand qui donne la sagesse à ceux qu'il veut et par conséquent les richesses, et selon l'iniquité des personnes les leur oste et soustrait personnellement, les plongeant en la servicitude de leurs ennemis. Auquel soit louange et gloire, aux siècles des siècles. Ainsi-soit-il. »

Nous croyons devoir transcrire aussi quelques

pages importantes d'un non moins profond et rare ouvrage : *Le Vray Livre de la Pierre Philosophale*, du Docte Synésius, abbé grec (1). Les persévérants adeptes de la tradition y trouveront de précieux enseignements lesquels concordent admirablement avec ceux des divers alchimistes pour qui sait comprendre l'unité et extraire la moelle de ces écrits.

A ceux qui me reprocheraient de ne point éclaicir ces extraits, je répondrai : Suivez les préceptes des sages philosophes hermétistes : Lisez, travaillez, priez — recommencez vos essais — ne prenez point les écrits à la lettre, mais en esprit — et vous trouverez.

Lege, Ora et invenies.

Sous ce titre : *Practique*, Synesius enseigne :

« Mon fils, il est besoin que tu travailles avec le Mercure des Philosophes et des Sages, qui n'est pas le vulgaire, ny du vulgaire en tout, mais celon iceux est la première matière, l'âme du monde, l'élément froid, l'Eau béniste, l'Eau des Sages, l'Eau Vénimeuse, le Vinaigre très fort, l'Eau minérale, l'Eau de céleste grâce, le Laict virginal, nostre Mercure minéral et corporel. Car iceluy seul parfait toutes les deux Pierres blanche et rouge. Regarde ce que dit Geber : que nostre Art ne consiste en

---

(1) Qui vivait au Ve siècle a. J.-C.

la multitude des choses diverses, pour ce que le Mercure est une seule chose, c'est-à-dire une seule Pierre dans laquelle consiste tout le Magistère; à laquelle tu n'adjouteras aucune chose estrange, excepté qu'en sa préparation tu osteras d'icelles toutes matières superflues, d'autant qu'en cette matière toutes choses nécessaires en cet Art y sont contenües. Et pour ce notamment il dit, Nous n'adjouterons rien d'estrange sinon le Soleil et la Lune pour la teinture blanche et rouge qui ne sont estranges, mais sont son ferment par lequel se fait l'œuvre. Finalement notte mon fils que ces Soleils et Lunes ne sont semblables aux Soleils et Lunes vulgaires, parce que nos Soleils et Lunes sont meilleurs en leur nature que les Soleils et Lunes vulgaires.

D'autant que nostre Soleil et nostre Lune en un même suiect sont vifs et ceux du vulgaire morts, à comparaison des nostres existans et permanens en nostre Pierre. En suite de quoy tu remarqueras que le Mercure tiré de nos corps est semblable au Mercure aqueux et commun ; et pour ce la chose se réjouit de son semblable, et à plaisir avec luy, et s'accompagne mieux et volontiers, ainsi que fait le simple et composé, ce qui a esté caché par les Philosophes en leurs livres. Donc tout le bénéfice qui est en cet Art, gist au Mercure, au Soleil et Lune, et tout le reste est vain. Aussi Diomède dit : Use de la Matière à laquelle ne dois introduire chose estrange poudre ny eau, pour ce que les choses diverses n'amendent point nostre pierre, et par là il démontre à qui bien l'entend, que la tainture de nostre Pierre ne se tire que du Mercure des Philosophes, lequel est leur principe, leur racine et leur grand arbre duquel sortent puis après tant de rameaux. L'opération parfaite pour la transformation des matières est la *Sublimation*, car elle comprend, d'après les Alchimistes toutes les autres opérations : distillation, destruction, coagulation, putréfaction, calcination, fixation, réduction des teintures blanches et rouges.

Synesius appelle donc l'attention du disciple sur le procédé de *Sublimation* :

« Pren donc au nom du grand Dieu la vénérable matière des Philosophes, nommée premier Hylee des Sages, lequel contient le susdit Mercure Philosophal, appelé première matière du corps parfaict, mets le en son vaisseau comme il faut, clair, lucide et rond, bien bouché et clos par le seau des seaux, et le fais à eschauffer dans son lieu bien préparé avec tempérée chaleur par un mois philosophal continuel, le conservant en la sueur de la sublimation jusqu'à ce qu'il commence à se purifier, s'eschauffer, colorer et congeler avec son humidité métallique, et se fixe tant qu'il ne puisse plus rien monter par la fameuse substance aérée, mais qui demeure fixe au fonds, altérée et privée de toute visqueuse humidité, purifiée et noire qui s'appelle robe noire, ténèbres ou la teste du Corbeau.

Ainsi quand nostre Pierre est dans le vaisseau et qu'elle monte en fumée en haut, cette manière se nomme sublimation, et quand chet du haut en bas distillation et descension quand elle commence à tenir de la fumeuse substance et se putréfier, et que par la fréquente montée et descente se commence à coaguler, alors se forme la putréfaction et le dévorant souffre, et finalement par le deffaut ou privation de l'humidité de l'eau radicale, se faict la calcination et fixation en un mesme temps par la seule décoction en un seul vaisseau ».

Suivent les autres opérations : *Déalbation*, *Rubification*, qui consistent, toujours, on le sait, à augmenter le feu, progressivement, à calciner la matière. Enfin la *Projection* termine le Cycle du Grand Œuvre.

Dans *le Traité du Mercure et de la Pierre des Philosophes*, Georges Riplée insiste, lui aussi, sur la nature des corps devant constituer la Pierre. Que de chercheurs eussent évité de folles recherches, lors de leurs travaux sur la transmutation des éléments en argent, en or — et par analogie, sur la transmutation des divers métaux — s'ils

avaient bien médité cette maxime des Philosophes :
Le semblable engendre le semblable.

« Vous devez comprendre — affirme nettement G. Riplée — que si vous voulez avoir la quintessence de l'Homme, il est premièrement nécessaire que vous ayez l'homme, et de cette matière vous n'aurez rien autre chose. Prenez garde de bien observer cette vérité. Car je vous dis que si vous désirez avoir la Pierre des Philosophes, il faut que vous ayez auparavant la Quintessence de la Pierre minérale, végétale ou animale. Assemblez donc chaque espèce et chaque genre avec son semblable, afin que l'un ne soit pas sans l'autre et qu'il n'y ait rien contraire aux espèces ou impropre au genre ». Avis donc aux souffleurs ignorants, si quelqu'un d'entre eux, par hasard, feuillette ce livre, qu'il se souvienne, encore une fois, du précepte hermétique, appliqué sur tous les plans, en médecine hermétique comme en art spagyrique : *Similia similibus curantur.*

Terminons ces déjà beaucoup trop longs extraits — mais on nous saura gré de les avoir offerts, vu leur utilité et leur sûreté — par ces excellentes conclusions du Traité de Riplée :

« Maintenant mon fils, nous vous avons parlé assez clairement si la grâce divine ne vous manque point : car la boisson qui se tire du sol est rouge, et celle qui se tire de la Lune est blanche, et partant l'un s'appelle or potable et l'autre Lait virginal; l'un aussi est masle et l'autre femelle, quoique l'un et l'autre prenne son origine d'une mesme source et d'un mesme genre. Faites en sorte que vous soyez diligent à la circulation de la voie Philosophique, c'est-à-dire afin que vous sçachiez tirer l'eau de la terre, l'air de l'eau, le feu de l'air et la terre du feu, et que toutes ces choses enfin soient extraites d'une mesme tige et racine, c'est-à-dire de leur propre genre; et que vous les nourrissiez de leur propre viande et nourriture naturelle, dont leur vie puisse estre entretenue sans cesse. Quiconque donc a de l'entendement comprenne ce que j'ay dit, ne m'estant pas permis d'en dire davantage. Et toy mon fils, si tu as bien entendu et compris ce que j'ay représenté ci-dessus, je ne doute point que tu ne cache avec soin des secrets si grands et si aussi désiables ».

Nous pouvons résumer ces lignes de conseils par la maxime de l'Initié : Vouloir — Oser — Savoir — Et se Taire.

Recette pour L'Or artificiel suivant Berzelius.

Obtenir du sulfure d'antimoine par des voies détournées et par des moyens dont plusieurs sont contraires aux lois connues de la Chimie, et le combiner avec deux poudres, dont l'une est du cinabre qu'on fait bouillir trois fois dans de l'esprit de vin jusqu'à la volatilisation de ce liquide, et l'autre de l'oxyde ferrique ou safran de mars, obtenu par la combinaison du nitre avec la limaille de fer.

Regles du Philalethe pour se conduire dans l'Œuvre Hermétique [1]

TRADUITE DE L'ANGLAIS

Premiere Regle

Qui que ce soit qui vous dise, ou veuille vous suggerer ; quoique vous puissiez lire dans les livres des Sophistes, ne vous écartez jamais de ce principe ; que comme le but où vous tendez est l'or ou l'argent, aussi l'or et l'argent doivent être les sujets seuls sur lesquels vous devez travailler.

Seconde Regle

Prenez garde qu'on ne vous trompe, en vous disant, que notre or n'est pas l'or vulgaire, mais

---

[1] Le traité de Philalethe, intitulé : « *L'Entrée au Palais fermé du Roy* » est un des plus profonds de l'Hermétisme. Aussi nous en extrayons la substance même sous la forme des *Règles du Philalèthe pour se conduire dans l'œuvre Hermétique* ».

l'or Physique ; l'or vulgaire est mort à la verité ; mais de la maniere que nous le préparons il se revivifie de même qu'un grain de sémence, qui est mort dans le grenier, se revivifie dans la terre. Ainsi après six semaines l'or, qui étoit mort, devient dans notre œuvre vif, vivant et spermatique, dès qu'il est mis dans une terre, qui lui est propre, c'est-à-dire dans notre composé. Il peut donc être appellé notre or, parce qu'il est joint avec un agent, qui certainement lui rendra la vie ; comme par une denomination contraire, un homme condamné à mort est appellé un homme mort, parce qu'il est destiné à mourir bien-tôt, quoiqu'il soit encore en vie.

Troisieme Regle

Outre l'or, qui est le corps, et qui tient lieu de mâle dans notre œuvre, vous aurez encore besoin d'un autre sperme, qui est l'esprit, l'ame ou la femelle ; et c'est le Mercure Fluide semblable dans sa forme à l'argent vif commun ; mais qui est pourtant et plus net et plus pur. Plusieurs au lieu de Mercure se servent de toutes sortes d'eaux et de liqueurs, qu'ils appellent Mercure Philosophique : ne vous laissez pas surprendre par leurs paroles, on ne sçauroit recueillir que ce que l'on a semé ; si vous semez donc votre corps, qui est l'or en une terre ou en un

Mercure, qui ne soit pas métallique, et qui ne soit pas Homogene aux métaux, au lieu d'un Elixir métallique, vous ne recueillerez qu'une chaux inutile et sans vertu.

Quatrieme Regle

Notre Mercure n'est qu'une même chose en substance avec l'argent vif commun ; mais il est different dans sa forme ; car il a une forme celeste et ignée et il est d'une vertu excellente : telle est la nature et la qualité, qu'il reçoit par notre Art et notre préparation.

Cinquieme Regle

Tout le secret de notre préparation consiste à prendre un mineral, qui est proche du genre de l'or et du Mercure. Il faut l'impregner avec l'or volatile qui se trouve dans les reins de Mars, et c'est avec quoi il faut purifier le Mercure au moins jusques à sept fois ; ce qui étant fait, ce Mercure est préparé pour le bain du Roy.

Sixieme Regle

Sachez encore que depuis sept fois jusques à dix, le Mercure se purifie de plus en plus et devient plus actif, étant à chaque préparation acué par notre vrai souffre ; et s'il excede ce nombre de préparations ou de sublimations, il devient trop igné ; de maniere qu'au lieu de dissoudre le corps, il se coagule lui-même.

Septieme Regle

Ce Mercure ainsi acué ou animé doit encore être distillé en une retorte de verre deux ou trois fois ; d'autant plus qu'il peut lui être resté quelques Atômes du corps, au temps de la préparation, et ensuite il le faut laver avec du vinaigre et du sel Ammoniac, alors il est préparé pour notre œuvre.

Huitieme Regle

Choisissez pour cette œuvre un or pur et net, sans aucun mélange : et s'il n'est pas tel, lorsque vous l'achetez, purifiez-le vous-même par les moyens convenables. Alors vous le mettrez en poudre subtile, soit en le limant, soit en le réduisant, ou faisant reduire en feuilles, soit en le calcinant avec des Corrosifs, soit enfin par quelqu'autre voie que ce soit, pourvu qu'il soit très subtil, n'importe.

Neuvieme Regle

Venons maintenant au mêlange : et pour cela prenez du corps susdit, ainsi choisi et préparé une once, et deux ou trois onces au plus du Mercure animé, comme il a été dit ci-devant : mêlez-les dans un mortier de marbre, qui aura été auparavant chauffé aussi chaud que l'eau bouillante le pourra faire ; broyez et triturez-les ensemble jusqu'à ce qu'ils soient incorporez ; puis y mettez du vinaigre et du sel jusqu'à ce qu'il soit très-pur, et en dernier lieu vous le dulcifierez avec de l'eau chaude, et le secherez exactement.

Dixieme Regle

Sachez maintenant que dans tout ce que nous marquons, nous parlons avec candeur : notre voye n'est aussi que ce que nous enseignons, et nous protestons toujours que ni nous, ni aucun ancien Philosophe, n'a point connu d'autre moyen ; étant impossible que notre secret puisse être produit par aucune autre disposition que par celles-ci.

Notre Sophisme est seulement dans les deux sortes de feux employez à notre ouvrage.

Le feu secret interne est l'instrument de Dieu, et ses qualitez sont imperceptibles aux hommes : nous parlerons souvent de ce feu, quoiqu'il semble que nous entendions la chaleur externe ; c'est de là que naissent plusieurs erreurs entre les imprudens. C'est ce feu, qui est notre feu gradué, car pour la chaleur externe elle est presque linéaire, c'est-à-dire égale et uniforme dans tout l'ouvrage ; si ce n'est que dans le blanc ; elle est une sans aucune altération, hormis dans les sept premiers jours, où nous tenons cette chaleur un peu faible pour plus de sureté ; mais le Philosophe expérimenté n'a pas besoin de cet avis.

Pour la conduite du feu externe, elle est insensiblement graduée d'heure en heure, et comme il est journellement réveillé par la suite de la cuisson, les couleurs en sont altérées, et le composé meuri. Je vous ai dénoué un nœud extrêmement embarassé ; prenez garde d'y être pris de nouveau.

Onzieme Regle

Vous devez être pourvû d'un vaisseau ou matras de verre, avec lequel vous puissiez achever votre ouvrage, et sans lequel il vous seroit impossible de rien faire : il le faut de figure ovale ou sphérique, de grosseur convenable à votre composé ; en sorte qu'il puisse contenir environ douze fois autant de matiere dans sa capacité que vous y en mettrez. Il faut que le verre en soit épais, fort et transparent, sans aucun défaut ; son col doit être d'une paume, ou tout au plus d'un pied de long ; vous mettrez votre matiere dans cet œuf, scellant le col avec beaucoup de soin ; de sorte qu'il n'y ait ni défaut, ni crevasse, ni trous ; car le moindre esvent feroit évaporer l'esprit le plus subtil et perdroit l'ouvrage : Vous pourrez être certain de l'exacte sigillation de votre vaisseau en cette maniere. Lorsqu'il sera froid mettez le bout du col dans votre bouche à l'endroit où il est scellé, succez fortement, et s'il y a la moindre ouverture vous attirerez dans votre bouche l'air qui est dans le matras, et lorsque vous retirerez de votre bouche le col du vaisseau, l'air aussi-tôt rentrera dans le matras avec une sorte de siflement, de maniere que votre oreille en pourra entendre le bruit, cette expérience est immanquable.

Douzieme Regle

Vous devez aussi avoir pour fourneau ce que les sages appellent Athanor, dans lequel vous puissiez accomplir tout votre ouvrage. Dans le premier travail celui dont vous avez besoin doit être disposé de telle maniere qu'il puisse donner une chaleur d'un rouge obscur, ou moindre à votre volonté, et qu'en son plus haut degré de chaleur il s'y puisse maintenir égal au moins douze heures : si vous en avez un tel.

Observez *premierement* que la capacité de votre nid ne soit pas plus ample que pour contenir votre bassin, avec environ un pouce de vuide tout-à-l'entour, afin que le feu, qui vient du soupirail de la tour, puisse circuler autour du vaisseau.

En *second lieu*, votre bassin doit contenir seulement un vaisseau ou matras, avec environ un pouce d'épaisseur de cendres entre le bassin, le fonds et les côtez du vaisseau ; vous souvenant de ce que dit le Philosophe :

Un *seul vaisseau*, une *seule matiere*, et un *seul fourneau*.

Ce bassin doit être situé de maniere qu'il soit précisément sur l'ouverture du soupirail d'où vient le feu ; et ce soupirail doit avoir une seule ouverture d'environ trois pouces de diamètre, qui biaisant et montant conduira une langue de feu, qui frappera toujours au haut du vaisseau, et environnera le fonds, le maintiendra continuellement dans une chaleur également brillante.

En *troisième lieu*, si votre bassin est plus grand qu'il ne faut, comme la cavité de votre fourneau doit être trois ou quatre fois plus grande que son diamètre alors le vaisseau ne pourra jamais être échauffé exactement ni continuellement comme il faut.

En *quatrième lieu*, si votre tour n'est de six pouces ou environ à l'endroit du feu, vous n'êtes pas dans la proportion, et vous ne viendrez jamais au point juste de chaleur ; car si vous excedez cette mesure, et que vous fassiez trop flamber votre feu, il sera trop foible.

En *dernier lieu*, le devant de votre fourneau doit se fermer exactement par un trou, qui ne doit être que de la grandeur nécessaire, pour introduire le charbon, comme environ un pouce de diamètre, afin qu'il puisse plus fortement en bas repercuter la chaleur.

Treizieme Regle

Les choses étant ainsi disposées, mettez le vaisseau, où est votre matiere dans ce fourneau et lui donnez la chaleur que la nature demande; foible et non trop violente, commençant où la nature a quitté.

Sçachez maintenant que la nature a laissé vos matieres dans le régne minéral ; c'est pourquoi encore que nous tirions nos comparaisons des végétaux et des animaux, il faut pourtant que vous conceviez un rapport convenable au régne, où est placée la matiere, que vous voulez traiter. Si par exemple je fais comparaison entre la génération d'un homme et la végétation d'une plante; vous ne devez pas croire que ma pensée soit telle, que la chaleur, qui est propre pour l'un le soit aussi pour l'autre, car nous sçavons que dans la terre où les végétaux croissent, il y a de la chaleur que les plantes sentent, et même dès le commencement du Printems. Cependant un œuf ne pourroit pas éclore à cette chaleur, et un homme ne pourroit en appercevoir aucun sentiment ; au contraire elle lui sembleroit un engourdissement froid. Mais puisque vous sçavez que votre ouvrage est entièrement dans le régne minéral, vous devez connoître la chaleur qui est propre pour les minéraux, et celle qui doit être appellée petite ou violente.

Considérez maintenant que la nature vous a laissé non-seulement dans le régne minéral, mais encore que vous devez travailler sur l'or et le mercure, qui tous deux sont incombustibles.

Que le Mercure est tendre et qu'il peut rompre les vaisseaux, qui le contiennent, si le feu est trop fort : qu'il est incombustible et qu'aucun feu ne lui peut nuire ; mais cependant qu'il faut le retenir avec le sperme masculin en un même vaisseau de verre, ce qui ne pourra se faire, si le feu est trop violent ; et par conséquent on ne pourroit pas accomplir l'œuvre.

Ainsi le degré de chaleur, qui pourra tenir du plomb ou de l'étain en fusion, et même encore plus forte, c'est-à-dire telle que les vaisseaux, la pourront souffrir sans rompre, doit être estimée une chaleur tempérée. Par là vous commencerez votre degré de chaleur propre pour le régne, où la nature vous a laissé.

Quatorzieme Regle

Sçachez que tout le progrez de cet ouvrage, qui est une cohobation de la lune sur le sol, est de monter en nuées et retomber en pluye ; c'est pourquoi je vous marque de sublimer en vapeurs continuelles, afin que la pierre prenne air et puisse vivre.

Quinzieme Regle

Ce n'est pas encore assez; mais pour obtenir notre teinture permanente, il faut que l'eau de notre lac bouille avec les cendres de l'arbre d'Hermès; je vous exhorte de faire bouillir nuit et jour sans cesse, afin que dans les ouvrages de notre mer tempêtueuse, la nature céleste puisse monter et la terrestre descendre. Car je vous assure que si nous ne faisons bouillir nous ne pouvons jamais nommer notre ouvrage une cuisson, mais une digestion, d'autant que quand les esprits circulent seulement en silence, et que le composé, qui est en bas, ne se meut point par ébullition, cela se nomme proprement digestion.

Seizieme Regle

Ne vous hâtez point dans l'espérance d'avoir la moisson ou la fin de l'œuvre aussitôt après son commencement; car si vous veillez avec patience l'espace de 5o jours au plus, vous verrez le bec du corbeau.

Plusieurs, dit le Philosophe, s'imaginent que notre solution est une chose fort aisée; mais il n'y a que ceux qui l'ont essayée & qui en ont fait l'expérience, qui puissent dire combien elle est difficile.

Ne voyez-vous pas que si vous semez un grain de bled, trois jours après vous le verrez simplement enflé ; que si vous le faites secher il deviendra comme auparavant. Cependant on ne peut pas dire qu'on ne l'ait pas mis en une matrice convenable; car la terre est son vrai & propre lieu ; mais il a seulement manqué du tems nécessaire pour la végétation.

Considérez que les semences plus dures ont besoin d'être plus long-tems dans la terre, comme les noix & noyaux de prunes, chaque chose ayant sa saison ; & c'est une marque certaine d'une opération naturelle, lorsque sans précipitation elle demeure le tems nécessaire pour son action.

Pensez-vous donc que l'or, qui est le corps du monde le plus solide, puisse changer de forme en si peu de tems. Il faut que nous demeurions dans l'attente jusqu'à vers le quarantième jour que le commencement de la noirceur se fait voir. Quand vous verrez cela concluez alors que votre corps est détruit ; c'est-à-dire, qu'il est réduit en une ame vivante, & votre esprit est mort ; c'est-à-dire, qu'il est coagulé avec le corps. Mais jusqu'à cette noirceur l'or & le mercure conservent chacun leur forme & leur nature.

Dix-Septieme Regle

Prenez garde que votre feu ne s'éteigne, pas même pour un moment ; car si une fois la matiere devient froide, la perte de l'ouvrage s'ensuivra immanquablement.

Vous pouvez recueillir de tout ce que nous avons dit, que tout notre ouvrage n'est autre chose que faire bouillir notre composé au premier degré d'une liquefiante chaleur, qui se trouve dans le règne métallique, où la vapeur interne circule autour de la matiere, & dans cette fumée l'une & l'autre mourront & ressusciteront.

Dix-Huitieme Regle

Continuez alors votre feu jufqu'à ce que les couleurs paroiffent, & vous verrez enfin la blancheur. Sçachez que lorsque la blancheur paroîtra (ce qui arrivera vers la fin du cinquième mois) l'accomplissement de la Pierre blanche s'approche. Réjouissez-vous donc, car le Roi a vaincu la mort, et paroît en Orient avec beaucoup de gloire.

Dix-neuvieme Regle

Continuez encore votre feu, jusqu'à ce que les couleurs paroissent de nouveau, et vous verrez enfin le beau vermillon et le pavot champêtre. Glorifiez donc Dieu et soyez reconnoissant.

Vingtieme Regle

Enfin il faut que vous fassiez bouillir (ou plûtôt cuire cette Pierre) derechef dans la même eau, avec la même proportion et selon le même régime. Votre feu doit être seulement un peu plus foible, et par ce moyen vous l'augmenterez en quantité et en vertu suivant votre désir.

Que Dieu, le Pere des Lumieres, vous fasse voir cette régéneration de Lumiere, et vous fasse un jour participant de la vie éternelle. Ainsi soit-il.

Chapitre Sixième

Théories et Recettes Modernes

Théories et Travaux de M. Auguste Strindberg

Nous avons déjà présenté les travaux ainsi que la personnalité de M. Auguste Strindberg, d'une manière générale, dans notre ouvrage : « *L'Hylozoïsme. — L'Alchimie. — Les Chimistes Unitaires.* »

Nous ne parlerons donc point ici de l'auteur des *Lettres sur la Chimie* (publiées en français dans la revue *L'Hyperchimie*), de l'*Introduction à une Chimie Unitaire*, et de *Sylva Sylvarum*.

Que l'on veuille bien se rapporter pour ces détails à nos livres et à nos articles parus à l'*Initiation*, au *Voile d'Isis* et au *Mercure de France*.

Ici nous présentons les théories et les travaux de M. Auguste Strindberg, extraits de la *Corres-*

pondance qu'il a bien voulu nous adresser depuis plus de deux ans, et dont nous respectons le style plein d'originalité.

FABRICATION DE L'OR ET ETATS DES CORPS

Dans une de ses premières lettres, voici ce que le savant chimiste écrivait au sujet des métaux : « Exister pour une matière n'est qu'exister dans un moment donné, sous une température donnée, sous une pression donnée. Donc le plomb, poids atomique 207, peut très bien s'atténuer à 200 par la chaleur, de sorte que le plomb fondu soit du mercure = 200, et à une température encore plus haute 107 = argent.

Preuve : je fonds du plomb, y jette du Soufre et en un moment j'y vois du cinabre. Le creuset devenu froid, il y est sulfure de plomb.

J'ai acheté du plomb ordinaire : je fonds et je verse le plomb fondu dans un acide nitrique bouillant. A l'analyse, je trouve des traces d'argent. Donc le plomb fondant étant argent, s'allie avec l'acide nitrique au moment donné. Je connais fort bien que tout plomb contient un peu d'argent et que presque tout l'argent est tiré du minerai de plomb ; mais je suis persuadé que le plomb se transmue en argent et que l'on *fait* de l'argent chaque fois qu'on le tire du minerai de plomb.

De même et pour faire de l'or.

Vous savez que l'on a tiré tout son or du minerai sulfure de fer, avant que les mines d'Australie et Californie aient été découvertes. Je crois bien, puisque le poids atomique de l'or $= 197$, le poids moléculaire de Fe 3 S $= 197$.

Donc on a fait de l'or toujours ! »

L'auteur a tant travaillé avec le fer et le soufre qu'il se sent capable de faire de l'or sans électricité ni haute pression, nous dit-il en réponse à la théorie émise par nous que l'on réussirait mieux avec le four électrique de Moissan. Et il montre les parentés des corps :

Or $= 197$.

Chromate de potassium $= 197$.

$K^2 Mn O^4 = 197$.

Recette : « Précipiter *chromate de potasse* avec *sulfate de fer*, et vous verrez un dépôt aussi ressemblant à celui de l'or.

D'ailleurs une solution de sesquichlorure d'or ressemble à une solution de chromate de potasse. »

Voilà indiquée déjà la méthode dont ne se départira point Strindberg et qu'on lui verra perfectionner sans cesse.

Le point de départ, pour lui, de la fabrication de l'or, est le sulfate de fer et le chromate de potasse (qui jouent le rôle de mâle et femelle). Il recommande surtout le chalumeau pour les essais.

« Là vous verrez comme les oxydes des métaux se transmuent à l'avenant de la chaleur décroissante. » (Lettre du 22 juillet 1894).

Notices sur l'or. — « Similia similia appetunt; similia similibus dissolventur.

Cuivre sent l'acide nitrique, se dissout le mieux dans l'acide nitrique.

$$Cu = 63$$
$$HNo^3 = 63$$

L'or se dissout dans l'eau régale.

$$Au = 197$$
$$(HCl \times No^3)^2 = 197$$

L'or se dissout dans So^3K.

$$Au = 197$$
$$(So^3K)^2 = 197$$

Anhydride azoteux : Az^2O^3 se produit par bioxyde d'arsenic et acide nitrique.

$$Az^2O^3 = 75$$
$$As = 75$$

Les radicaux alcooliques (CH^3, C^2H^5) possèdent la faculté de se combiner avec les métaux et de manière que le métal ne se retrouve plus. Donc il est décomposé. Similia similibus dissolventur. Le radical d'un métal est alors CH^3 ou C^2H^5.

Regardons cette série :

$C^2 H^5 Fl = 48 =$ Titane.
$C^2 H^5 Cl = 63 =$ Cuivre.
$C^2 H^5 Br = 107 =$ Argent.
$C^2 H^5 I + \frac{1}{2} Br = 197 =$ Or.

Autre série :

$C^2 H^5 Nc = 52 =$ Chrome. $CH^3 Nc =$ Calcium,
$C^2 H^5 Ph = 57 =$ Nickel. $C^2 H^5 NCS =$ Strontium.
$C^2 H^5 S = 58 =$ Cobalt. $C^3 H^7 NCSH^2 =$ Baryum.
$C^2 H^5 SH^2 = 63 =$ Cuivre.
$C^2 H^5 No^2 = 76 =$ Arsenic.

Le sulfate de fer *précipite* l'or d'une solution de chlorure d'or. Voici ce qui se passe dans la liqueur :

$Au\, cl^4 H + 3\, aq = 393 = 196 \times 2.$
$Fe\, So^4 + 7\, aq =$ »

Maintenant Fe se combine avec $Cl^2 + 4$ aq.
$Fe\, cl^2 + 4\, aq = 196.$

Donc c'est le fer qui entre comme base dans le nouvel or qui se produit.

Tout l'or que l'on produisait autrefois s'extrayait des pyrites.

$Fe^3 S = Au = 197.$

Les pyrites qui se trouvent dans certains charbons de terre sont dorés parce qu'ils ne sont pas attaqués par l'air et l'eau comme les pyrites.

Expérience : J'ai exposé des houilles avec des pyrites mouillées, à l'air et au soleil pendant plusieurs jours sans qu'ils soient attaqués. Une goutte d'acide nitrique ne réagit pas ; une goutte de Hcl non plus ; mais de l'eau régale dissout et colore en jaune d'or de suite. Diluée avec de l'eau, la liqueur donne avec acide oxalique un précipité jaune qui se change en brun.

Le précipité doit être : $FeCl^2 + 4aq = Au$.

Une autre explication de la réaction de l'acide oxalique :

Acide oxalique $= C^2 H^4 O^2 + 2H^2 O = 126 =$ Iode.
$\quad\quad$ Or $= C^2 H^5 I + 1/2$ Br.

Perchlorure d'or $= AuCl^4 H + 3H^2 o = 196 \times 2$.
$\quad\quad\quad C^2 H^4$ de l'adide oxalique s'hydrate à $C^2 H^5$.
$\quad\quad\quad Cl^4$ se transforme en $1/2$ Br et I...??

Une autre :
$$\left.\begin{array}{r} C^2 H^4 O^2 + 2H^2 O = 126 \\ Cl^2 = 70 \end{array}\right\} = 196 = Au = \text{Or}.$$

Fait curieux, peut-être un hasard :
Sulfate de fer $= FeSO^4 + 7H^2 O$;

$\quad\quad\quad 7H^2 O = 126 =$ acide oxalique

Autre synthèse de l'or.

$$\left. \begin{array}{l} Cr\,o^3 = 100 \\ Cu\,o^2\,H^2 = 97 \end{array} \right\} \; 197 = Or.$$

Expérience : Dans une éprouvette à froid au Soleil.

Filtrer. Mettre a/ cuivre poli ; b/ argent ; c/ fer ; d/ zinc ; e/ mercure, etc...

Précipiter avec a/ acide oxalique.
b/ sulfate de fer.

Mettre en même temps ou avant, ou après du *cuivre*, etc...

Omnia in omnibus. Omne omne est.

Similia similia appetunt ; similia similibus dissolventur. (Lettre du 6 juillet 95).

Dès ici, M. Auguste Strindberg, en venant à la vieille théorie alchimique, fait s'unir le roi et la reine, le mâle et la femelle : cuivre et fer, dans le vitriol (acide).

———

Méthodes pour l'or. « Le sulfate de fer précipite les sels d'or.

Expérience : Tremper une bande de papier en sulfate de fer ; puis la tenir au dessus du flacon d'ammoniaque ouvert, une minute au plus. Après, laisser la bande sécher dans la fumée d'un cigare, pendant 5 à 10 m. C'est tout.

Le cigare dessèche et donne ammoniaque. Il

empêche l'oxyde de fer hydraté de retourner à l'état de fer.

Voici ce qui se passe :

Sulfate de fer ammoniacal :

$= Fe(AzH^4)^2(So^4)^2 + 6aq = 392.$
$= 196 \times 2$

Or.

(Lettre du 16 avril 96).

Nouvelle méthode améliorée :
Bain :   Chromate de sodium.
Développeur : Sulfate de fer.
                Acide oxalique.
                Alcool (une goutte).
Fixateur :   Ammoniaque.
Douce chaleur (pas presser).

Pour l'analyse, une circonstance curieuse se présente : l'échantillon ne se colore pas en bleu par le prussiate de potasse, si l'on ne recourt à Hcl. Ce qui prouve que le fer est caché sous l'or. Une fois la coloration bleue parue, l'or est caché par le fer. Afin d'éloigner le fer et de garder l'or, on devrait traiter par acide sulfurique étendu ou par acide oxalique. » (Lettre du 20 avril 96). Nous avons repris ces expériences, à la demande de M. A. Strindberg, et nous avons obtenu les intéressants résultats qu'il annonçait.

« Une meilleure méthode : tremper les bandes de papier en acide oxalique et potasse (oxalate de potasse), qui dissout la rouille et laisse l'or intact, lorsqu'ils ont été préparés comme il a été indiqué précédemment. On décape les échantillons en chlorhydrate d'ammoniaque ; on repêche les pellicules d'or sur la surface du chlorhydrate d'ammoniaque, après plusieurs décapages ; ces pellicules flottent comme une graisse. Toujours fumiger au-dessus de l'ammoniaque et de Hcl, tout en desséchant à la fumée de cigarette » (Lettre du 27 avril 96).

Genèse de l'Or, d'après A. Strindberg.

« L'or qui se trouve partout est formé partout, mais le plus fréquemment où le fer et le soufre prospèrent. Or le secret de la procédure semble consister dans l'interruption de la réaction, comme dans la photographie ; et il me paraît maintenant que ce soit la pellicule formée de l'ammoniaque, plus la douce chaleur qui empêche l'air et l'humidité de continuer l'oxydation de l'oxyde de fer hydraté. Vous gardez votre croyance en la forte chaleur, mais la Nature n'indique pas ce facteur. Par exemple, les sables aurifères dans les fleuves sont formés par les pyrites des roches, seulement par l'action de l'eau et peut-être de l'ammoniaque. C'est pourquoi l'on trouve des sables aurifères près des grandes villes : Toulouse, Montpellier, Strasbourg, etc.

Maintenant pour les réactions :

1. Oxalate de potasse dissout le fer (sur le papier) et laisse les paillettes jaunes intactes si l'on a la précaution de ne pas laisser le fer entraîner les paillettes (au sujet des expériences précitées).

2. Ferrocyanure jaune, coloré d'abord en vert émeraude, ce qui est le caractère de l'or ; puis coloration bleue.

3. Acide Azotique, attaque ; mais le papier est blanchi au chlore.

4. Hcl ; attaque ; parce que Hcl dégage Cl ; etc...

Voici une autre recette :

Un seau de zinc (qui précipite l'or métallique). Y verser pêle-mêle : sulfate de fer : $Cu\ o^2\ H^2$ (hydrate cuivrique) Cro^3 — Kcy ; sulfure de potassium ; chlorure stanneux ; sulfate de cuivre, un sel de plomb, de mercure et d'argent ; chlorhydrate d'ammoniaque ; ammoniaque ; remuer avec un bâton de zinc. Laisser reposer après addition d'eau ammonicale. Puis écumer les paillettes abondantes et les traiter comme d'habitude sur des bandes de papier à chaleur douce, les fumigeant alternativement avec Hcl et $Az\ H^3$, et à la fin avec So^2 (au-dessus d'une allumette soufrée).

Puis examiner le seau de zinc, s'il y a des dépôts d'or, et sur le bâton ou l'écumoir. Il faut de la patience, et tout essai d'augmenter le rendement a mal réussi.

En attendant le moment des creusets, je recommande la voie humide et les bandes de papier. Après 300 essais, je suis revenu au sulfate de fer avec AzH^3 et $Hcl \times So^2$, comme la meilleure des méthodes. » (Lettre du 4 mai 1896).

« La dernière et la plus simple ainsi que la plus sûre des méthodes : dans un verre à eau, verser une solution de sulfate de fer et hydrochlorate d'ammoniaque. Ajouter un peu d'ammoniaque ; remuer et laisser reposer quelques heures ou une nuit entière. Alors il s'est formé des taches grasses sur la surface, ou une pellicule. Verser une goutte d'éther, et repêcher sur papier. Tremper les papiers en mercure qui dissout l'or et laisse le fer. Si la pellicule est trop forte et brune, verser le tout dans un verre plus grand et diluer avec de l'eau. Laisser reposer quelques heures. Les taches grasses se présentent, quand elles sont mûres, en belle couleur jaune d'or métallique sur le papier.

Vous pouvez dorer avec votre amalgame. Si vous voulez déterminer le rendement : pesez le mercure avant et après l'opération. Si vous voulez isoler l'or, chauffez l'amalgame dans un matras.

En ajoutant un sel de cuivre, le résultat devient meilleur. »

« Sur le couvercle nickelé et brillant de mon encrier, j'ai mis une goutte de chromate de sodium, puis une goutte de sulfate de fer, puis j'ai fumigé avec le bouchon du flacon d'ammoniaque. Quand la pellicule s'est formée, j'ai laissé en repos au soleil jusqu'à siccité complète. En frottant avec du papier, le couvercle se montre d'une dorure mate. Pour brunir l'or, les doreurs se servent d'une « dent de loup. » — Comme fixateur décisif, je recommande le mercure, rien que le mercure qui dispense de la chaleur et du reste. Voilà la bonne voie. » (Lettre du 14 mai 1896).

« L'or mussif est un mauvais or en voie de formation.

$$SnS^2 = 182 \; ; \; SnS^2 Az = 196.$$

Appliquer un azotate à l'or mussif. Comment ? Cyanure de potassium ! — Ou réduire un sel d'étain avec sulfocyanure de potassium. — Plomb et étain comme point de départ.

L'iodure de plomb cristallisé d'une solution chaude ressemble beaucoup à l'or.

Le zinc avec le cinabre doit produire un sulfure de zinc (l'or « accompagne » le sulfure de zinc). Essai : Chlorure de zinc, cinabre et cyanure de potassium. Refroidir sous une couche de cyanure de potassium.

Refroidir un plomb 206 à or = 196 (197). Reste 10 ou 9 (9 = 1/2 $H^2 O$).

Oxyde de plomb massicot ressemble déjà à des paillettes d'or. Il faut essayer de marteler du plomb avec massicot ; fondre et ajouter massicot. Marteler et ainsi de suite » (Juin 1896).

« Recette : Verser dans un baquet de l'eau, du sulfate de fer, un peu de sulfate de cuivre et du chlorhydrate d'ammoniaque. Ceci le soir, et mettre le baquet dans le jardin. Le lendemain matin, repêcher la graisse métallique qui surnage. C'est un bon or et beau. En renouvelant l'ammoniaque, on pêche une semaine » (Lettre de juillet 1896).

Enfin, nous reproduisons l'étude sur la Synthèse d'Or, qu'Auguste Strindberg, écrivit en novembre 1896 pour notre revue : *L'Hyperchimie*, et où il condensa toutes ses expériences. Nos lecteurs auront ainsi une vue absolument complète des beaux travaux entrepris par le chercheur suédois sur la transmutation qu'il a réalisée sur une petite échelle.

Certes il améliorera encore beaucoup sa méthode et arrivera à réaliser une Synthèse presque parfaite. Nous fûmes frappé, lorsque nous eûmes le grand plaisir de causer longuement avec Strindberg, à Paris, de la rare logique avec laquelle il nous développa ses essais et ses projets. Une ardente conviction se dégage de ce profond savant, illuminant ses yeux bleus, pâles, rêveurs, très sympathiques. D'une parole lente, aux accents tout scandinaves, il nous exposa ses combats acharnés, ses luttes contre la science routinière et persécutrice ; et nous nous plûmes à admirer le désintéressement superbe d'Auguste Strindberg, digne de celui des vrais alchimistes qui ne poursuivent que la Vérité ; la douceur, l'invincible persévérance, se lisaient en ses regards magnifiques ainsi que sur le front large, où la flamme du génie brille d'un vif éclat.

Synthèse d'Or.

Sulfate de fer ammonical
$= Fe (Az H^4)^2 (SO^4)^2\ 6\ aq = 392.$
La molécule de l'or $= Au^2 \qquad = 392.$
Peut-être la solution de l'énigme :

POINT DE DÉPART

Sulfate de fer (couperose verte) précipite les solutions d'or. Précipiter veut dire, d'après la chimie moniste, entrer comme facteur dans la reconstitution d'un corps de composé.

EXPÉRIENCE FONDAMENTALE

On trempe une bande de papier dans une solution de sulfate de fer : fumige au-dessus du flacon d'ammoniaque. Ce papier se colore en bleu-vert comme le protoxyde d'or. On fait sécher au-dessus du cigare allumé, et le papier se colore en brun marron comme le deutoxyde d'or. Mais peu à peu des paillettes jaunes d'or métalliques se forment, constituant un or non fixé, lorsque le sulfate de fer produit une autofécondation en se précipitant soi-même.

Cependant, les paillettes jaunes s'amalgament avec le mercure. Donc ce n'est plus du fer au moins, puisque le fer ne s'amalgame point avec le mercure.

Toutefois les bandes de papier se colorent en bleu avec le ferrocyanure jaune, ce qui indique la présence du fer, mais en même temps de l'or puisque le ferrocyanure jaune produit du Bleu de Prusse avec certains sels d'or.

Essayons d'expliquer ce qui se passe dans l'expérience fondamentale.

1º Ou il se forme un sulfure de fer hypothétique et inconnu $Fe^3 S - 196 = Au - 196$.

Ce qui n'est pas probable, lorsque les paillettes jaunes ne donnent pas hydrogène sulfuré avec les acides, comme les pyrites le font. Ce qui pourrait être le cas, puisque l'or accompagne les pyrites.

2º Ou il se constitue un hydrate d'oxyde de fer inconnu, $Fe^2 O^3 + 2 H^2 O - 196 - Au - 196$. Ce qui pourrait être vraisemblable lorsque les sables aurifères sont toujours ferrugineux.

3º Ou il se forme un sulfate de fer ammonical : $Fe (azH^4)^2 (SO^4)^2 6 H^2 O - 392$. Le nombre 392 indique justement le poids moléculaire du chlorure d'or = 392, ce qui laisse à penser, et le chlorure d'or est réduit par la nicotine (du cigare) réducteur de sels d'or.

Ce qui rend cette dernière réaction probable ? Un fait puisé dans la vieille chimie.

Orfila dit, Tritosulfate de fer ammoniacal se produit en dissolvant de l'or (?) dans le chlorhydrate d'ammoniaque et l'acide azotique et en précipitant par le sulfate de fer.

Recourir à une solution *d'or* afin de produire une simple combinaison du fer indique une relation intime entre la constitution de l'or et du fer.

Enfin cet or non fixé et incomplet se dissout en acide azotique seul et en acide chlorhydrique, propriété toutefois commune avec l'or extrêmement atténué.

EXPÉRIENCE II

L'autofécondation du fer a donné une mauvaise progéniture et il faut croiser ce métal avec un autre qui possède les propriétés plus accentuées de l'or.

Le cuivre, appartenant au second groupe des métaux, différent du premier ou celui du fer par plusieurs qualités, paraît déjà par la nature être désigné comme la femelle lorsque les chalcopyrites, sulfures de fer et de cuivre combinés produisent un or plus parfait que les sulfures de fer simples.

Une bande de papier est trempée en chlorure cuivreux $Cu^2 Cl^2$ puis trempée en sulfate de fer et fumigée sur l'ammoniaque et le cigare.

Cet or est plus résistant, plus éclatant.

La réaction pourrait s'expliquer comme suit :

$$Cu^2 Cl^2 = 196 = Au = 196.$$

Comment produit-on ce chlorure cuivreux ? En précipitant le sulfate de cuivre avec le chlorure d'étain.

Mais le chlorure d'étain précipite l'or de ses solutions. Donc le sulfate de cuivre paraît être doué de la possibilité de former un or.

Cette Synthèse d'or est constatée et vérifiée pour la procédure dite de Falun, appliquée à l'extraction de l'or des chalcopyrites ou sulfures de fer et de cuivre combinés.

Il existe en Suède deux mines de cuivre où l'on a toujours extrait l'or : Falun et Adelfors.

La procédure dans la forme la plus simple est celle-ci, correspondant exactement à la Synthèse ci-dessus pratiquée.

Les chalcopyrites sont grillés avec du chlorure de Sodium ; il se forme chlorure de fer le Cl^2 4 $N^2 O = 196 = Au$: ou $Cu^2 Cl^2 = 196$.

Les minerais sont traités avec chlorure de calcium et acide sulfurique (ou chlorhydrique), par où ils deviennent chlorurés.

Puis et à la fin on précipite par le sulfate de fer. C'est tout, et juste l'opération ci-mentionnée.

EXPÉRIENCE III
POUR LE RENDEMENT EN GROS, MÉTHODE SIMPLIFIÉE

Dans un baquet je verse 1 sulfate de cuivre, 3 sulfate de fer, 1 chlorhydrate d'ammoniaque et de l'ammoniaque à discrétion. Puis je remplis le baquet avec de l'eau et laisse reposer au soleil ou devant un feu.

Sur la surface de l'eau des taches grasses font apparition après quelques heures ou mieux après un jour d'attente. On repêche les taches grasses sur du papier et laisse sécher tout doucement. En ajoutant de l'ammoniaque, la production continue pendant des semaines.

**

Les mines d'or seront-elles superflues et vaudra-t-il mieux opérer dans les fabriques ou usines ? Question industrielle qui ne nous intéresse pas.

Cependant en écrivant ceci, je lis dans un journal qu'un monsieur Stephen, minéralogue à New-York, vient de faire transmuter l'argent en or.

Qu'a-t-il fait ? Le télégraphe en garde le silence, mais je me rappelle mal un fait trouvé l'hiver passé dans « L'*allotropie des corps simples* » par Daniel Berthelot.

« Tartrate (?) d'argent précipité par tartrate de fer donne un argent métallique jaune. »

Il se peut que je me trompe sur les détails, privé de mes livres, et je renvoie le lecteur ami à l'ouvrage cité.

Argent jaune, c'est l'or, et comme le Platine est l'or blanc, peut-être ! cela vaudrait bien la peine d'analyser l'argent jaune de M. Berthelot, en tous cas.

Auguste Strinberg.

15 Septembre 1896.

Travaux de M. T. Tiffereau

M. Tiffereau — dont nous avons déjà parlé, au sujet des preuves de la composition des métaux, qu'il affirma pour une grande part — lutte depuis plus de vingt ans pour le triomphe de l'Alchimie. Ses travaux, à plusieurs reprises, cités par les feuilles quotidiennes, ne rencontrèrent, naturellement, que le plus complet mépris dans le monde scientifique patenté.

M. Tiffereau a réuni ses essais, ses théories, en un petit livre fort suggestif : *L'or et la Transmutation des Métaux* ; (Chacornac). Combien les chimistes gagneraient à le lire ! Ecrit, en effet, d'un style absolument moderne, il permet à quiconque de s'initier aux recettes *positivistes* de l'Alchimie. M. Tiffereau, comme M. Strindberg, n'a point dépassé les limites de l'*expérience habituelle*, c'est-à-dire, effectuée avec les outils seuls du laboratoire normal. Néanmoins, les résultats obtenus, bien que très imparfaits, méritent toute l'attention des chercheurs patients dont l'esprit répugne encore à franchir le seuil qui conduit aux Pratiques, non point du *surnaturel*, il n'y en a pas, mais de l'*Extra-Naturel*...

D'accord avec les vieux alchimistes, Tiffereau attribue à des *ferments* spéciaux, les changements moléculaires des corps, dès lors leurs commutations respectives. Réduire un métal en ses éléments, le réunir ensuite au ferment du corps que l'on veut produire : telle est l'idée, très rationnelle, qui préside aux tentatives de M. Tiffereau. Or, les composés oxygénés de l'azote, devant sans aucun doute, jouer un rôle important de fermentation, sur les éléments métalliques (Carbone, Hydrogène, etc...) l'*acide nitrique* constitue le milieu tout indiqué de dissolution sous l'influence de la chaleur, de l'Electricité, et de divers adjuvants (iode, $SO^4 H^2$, etc...)

De là les recettes suivantes, au moyen desquelles *on fabrique de l'or indéniablement*:

1º Réduire par la lime 8 à 10 grs. d'*argent* et

de *cuivre*, en poudre fine ; verser cette limaille dans un petit flacon et par dessus de *l'acide nitrique*. Exposer au *Soleil* ; dégagement de gaz nitreux, formation d'un dépôt noir, agrégé.

Laisser la fiole *12 jours* en repos. Ajouter ensuite au mélange de l'eau distillée ; le 17e jour faire bouillir jusqu'à cessation des vapeurs nitreuses. Puis chauffer jusqu'à complète siccité ; il reste une matière noire, verdâtre, terne. Sur ce résidu, verser à diverses reprises de l'*acide nitrique bouillant*. On obtient une coloration plus verte, puis jaune et enfin jaune d'or. A ce moment la masse se désagrège et des paillettes d'or sont visibles.

2°) Projeter de la *limaille d'argent pur* dans des tubes de verre remplis au 1/3 de leur capacité d'acide nitrique à 36°. (Acide ayant été exposé aux rayons solaires). Une certaine portion des parcelles d'argent restera *complètement insoluble* dans l'acide.

— Opérer sur un alliage de 9/10 argent et 1/10 cuivre. La même insolubilité se manifeste ; la solubilité n'est complète que dans l'eau régale.

Il faut employer l'acide nitrique à divers degrés de dilution, après exposition au Soleil.

— L'or introduit en petite quantité dans l'alliage facilite la production artificielle de ce métal.

Le Chlore, le Brome, l'Iode, le Soufre, favorisent également la production.

3º) Mêler douze parties d'acide sulfurique concentré et deux parties d'acide nitrique à 40º. En remplir des tubes de verre. Y projeter de la limaille d'argent et de cuivre préparée avec des métaux purs, le cuivre entrant pour 1/10.

Porter à l'ébullition pendant plusieurs jours en ajoutant de l'acide sulfurique pur et concentré pour chasser l'acide nitrique. Ajouter du sulfate d'ammoniaque et faire bouillir de nouveau.

Décanter la solution nitrique des tubes et faire bouillir le restant de l'acide nitrique avec 10 à 12 fois le volume en acide sulfurique. — Chauffer jusqu'à 300º, durant 36 heures. Après refroidissement, il se déposera des parcelles d'or précipitables par l'acide oxalique.

4º Traiter de l'argent pur, suspendu dans un flacon à tubulures par un fil de platine (flacon rempli d'oxygène humide) par le courant électrique que fournit une pile. Laisser passer le courant un mois au moins.

5º Faire dissoudre dans l'acide nitrique pur une pièce nouvelle de 5 francs ; l'or se dépose en petits flocons bruns rougeâtres qui nagent dans la liqueur ; étendre celle-ci d'eau distillée, filtrer cette même dissolution plusieurs fois de suite afin d'en *tirer tout l'or* ; en précipiter l'argent par du cuivre pur réduit de son chlorure par l'hydrogène ou le sel marin purifié ; dans ce cas laver le chlorure à l'eau pure, puis à l'eau de chlore ; réduire ensuite le chlorure par la craie et le charbon ou bien par le gaz hydrogène ; fondre cet argent et le convertir en grenaille ; en le dissolvant dans l'acide nitrique pur on aura un dépôt d'or. Filtrer de nouveau cette dissolution après l'avoir étendue d'eau distillée ; en séparer l'or produit.

La méthode de Tiffereau, on le voit, diffère assez sensiblement de celle de Strindberg : ce qui prouve que l'on peut provoquer la transmutation des corps, en *apparence* si difficile, par de nombreux moyens : confirmation exotérique de la Doctrine Alchimique enseignant que le sagace travailleur peut extraire le Mercure des Philosophes de toute Matière réellement quintessenciée puis mise en contact avec les divers ferments métalliques.

*_**

Nous *indiquons* d'ailleurs, en terminant ce chapitre, quelques recettes *hermétiques* pour la fabrication de l'Œuvre ; mais que l'étudiant sache bien qu'à son intelligence seule appartient de *vivifier*, de *compléter* les notes *rudimentaires* mises sous ses yeux. Il n'a point oublié notre précepte absolu : l'Art Spagyrique, en sa *Perfection*, reste incommunicable..... Lege, Ora et Invenies.

1) Recette pour le G∴ O∴ (*Panacée*).

Prendre un gros ballon ouvert ; l'installer sur un plateau tournant, avec une lentille assez puissante, de telle sorte que la lentille tourne avec le soleil et projette toujours au centre du ballon son foyer.

Au bout de quelques jours une poudre rouge se déposera dans le ballon. Cette poudre est tingente ; elle constitue, dissoute dans de l'alcool, un cordial puissant. Quant aux détails de la projection, c'est à l'expérimentateur de les trouver :

Dans la confection du Grand-Œuvre, la manipulation chimique devient vivante. Elle est le fils de l'Artiste ; et ce fils ne peut être que *consubstantiel* au Père.

---

2) Recette pour l'Or.

Mettre dans un creuset une couche de lamelles de fer et de vitriol concassé. Placer au-dessus un creuset avec un trou pour laisser respirer. Feu de roue.

Mais il faut ajouter dans le creuset une eau qui l'empêche de couler.

Eau. 1 kil. litharge
      1 kil. sable blanc bien net } mélange.

Le mélange des creusets se produit à feu violent.

L'huile jaune que l'on ôte avec une cuillère de

fer, est mise de côté. Les deux composants n'ont pas perdu de poids.

Cette huile est l'eau sèche, un feu, une salamandre.

Il faut l'ajouter pendant le feu de roue. Elle est l'intermédiaire de la descente du feu céleste.

On obtient un métal jaune d'or, de densité 24, non monnayable. On le ramène à l'or ordinaire.

———

3) Toute chose a son alcool (son esprit), celui des métaux est l'antimoine. Si l'on en sait tirer le feu, il n'est plus besoin de creusets ; le plomb et l'argent se transforment en or.

3 parties de Sb et 1 du résultat fondu ; avec un peu de Nitre (fondant cabire).

On verse vivement dans un cône en métal ; l'on a un culot d'or qu'on sépare de Sb.

Sb. est devenue une médecine.

———

4) Formation de l'eau dans un ballon par une lame de Pt. Si on y fait passer des effluves statiques, l'eau va devenir une *terre*, de volume double de l'eau. On y trouvera le mercure, le soufre, le feu et le sel pour la confection de la Pierre.

———

5) Prendre de la chaux ; la pulvériser ; Employer un creuset très solide ; bien le luter ; feu de roue 26 h. Résolution en une eau permanente, fixe au feu, sèche.

On peut y faire : fer, or, argent vifs ; puis au feu le tout se résout ; dissoudre le culot dans l'eau ou le vinaigre = huile. Distillation, puis feu de digestion dans un matras ; couleurs de l'Œuvre, jusqu'au rouge. On ferme l'œuf ; puis multiplication au régime du feu, 40 jours. Recommencer dans le vinaigre.

---

6) La rosée renferme de l'Astral condensé que l'on extrait par distillations répétées. Le produit sert de premier ferment pour obtenir les deux ferments métalliques.

L'Antimoine a été mis aussi à contribution par les alchimistes ; de plus, comme il épure l'or, on a supposé qu'il nettoyait le corps de ses impuretés et constituait un remède excellent, lorsque le poison qui s'y trouve mélangé, a été enlevé.

CHAPITRE SEPTIÈME

Appareils, Instruments, Produits

Voici la liste des appareils, instruments et produits, dont l'alchimiste a le plus fréquemment à faire usage. On verra qu'il n'est point nécessaire de se procurer une quantité d'objets coûteux ou de drogues rares.

Fourneaux. 1°) En terre réfractaire, chauffé par une batterie de becs de gaz, fourneau dit à moufles, ordinaire ; employé pour les calcinations.

2°) Fourneau-creuset en terre réfractaire pour essais alchimiques.

3°) Idem, en fer : s'emploie pour les essais avec litharge ; on sait en effet que la litharge a la propriété de percer tout creuset en terre ; il faut donc se servir de récipients en métaux : platine, argent ou fer ; ce dernier se prend de préférence à cause de la modicité de son prix. On doit pouvoir y introduire 2 à 3 k. de matière.

Becs : Bec de Bunsen, très précieux à cause de la grande quantité de chaleur qu'il dégage, et parce qu'il fournit la flamme de réduction et la flamme oxydante (application au chalumeau).

Chalumeau : en cuivre ; pouvant donner, dans la flamme une température de 1200°, on voit à quels usages il s'aplique : fusion, réduction, oxydation des métaux et de tous les corps que l'on désire combiner en général. — Très utile pour l'analyse par voie sèche.

Puis il faut se procurer :

Une série de *Creusets* en terre et en métal, de diverses tailles.

Un ou deux *Matras* en verre solide.

Quelques *Cornues* en verre épais et en terre réfractaire, pour les distillations.

Bien entendu, nous ne faisons que signaler les principaux appareils ; nous ne notons points les indispensables objets que l'on devine : *verres à pied* — *tubes en verre* — *pinces* — *ballons* de diverses tailles — *mortiers* — *capsules* en porcelaine ou en verre — balance, etc...

Si l'on a les moyens d'installer un *four électrique* dans le laboratoire, il ne faut point hésiter à réaliser ce rêve de l'alchimiste moderne.

⁎⁎⁎

Produits Chimiques. — Nous n'indiquons également que les plus importants, ceux dont l'usage est continuel et immédiat. Chaque hermétiste arrangera le laboratoire suivant ses ressources, le genre de ses travaux particuliers [Alchimie ; Synthèses variées; Palingénésie; Elixirs thérapeutiques, etc...].

Acides : *Sulfurique* pur et au 1/10me.

Chlorhydrique pur et au 1/10me.

Nitrique à 36° et au 1/10me.

Oxalique au 1/10e.

Chromique pur.

Ammoniaque pure et du commerce.

Mercure ordinaire et bichlorure de Mercure.

Alcool pur et dilué.

Sulfate de cuivre ; sulfate de fer.

Cyanure de Potassium.

Chaux ; Litharge.

Fer ; Cuivre; Plomb ; Zinc ; Etain ; Argent : Purs. *Laiton.*

Chlorure d'or: petite quantité.

Sable blanc et fin.

Essences et extraits végétaux pour l'usage thérapeutique.

T. TIFEREAU

CHAPITRE HUITIÈME

Bibliographie Alchimique du XIXᵉ Siècle

Nous reproduisons la liste donnée par A. Poisson dans son excellent volume : *Théories et Symboles des Alchimistes* (Chacornac, Paris), en la complétant jusqu'aux plus récentes dates :

Anonyme. — Légendes Populaires : Nicolas-Flamel — Paris, brochure in-4°.

Balzac. — La recherche de l'Absolu — Paris, 1 vol. in-18.

Barrett. — Lives of the alchemystical philosophers with a catalogue of books in occult chemistry — London, 1815.

Bauer. — Chemie und Alchymie in Österreich bis zum beginnenden XIX Jahrundert. — Vienne, 1883.

Berthelot. — 1° Les Origines de l'Alchimie. 1 vol. in-8. — Paris, 1885 ; 2° Introduction à l'Etude de la Chimie des Anciens et du Moyen-Age. — Paris, 1889. 1 vol. in-4°.

Berthelot et Ruelle. — Collection des anciens alchimistes grecs. Texte et traduction. — Paris, 1887 à 1888. 3 vol. in-4°.

Daniel Berthelot. — De l'Allotropie des Corps Simples. 1 broch. 1895. Paris.

E. Berthet. — Le Dernier Alchimiste.

Cambriel. — Cours de Philosophie hermétique ou d'alchimie en 19 leçons. — Paris, 1843. in-8.

E. Charles. — Roger Bacon, sa vie, ses ouvrages, ses doctrines. — Paris, 1861. in-8.

Cruveilhier. — Paracelse, sa vie et sa doctrine ; Gazette médicale, 7 mai 1842.

Cyliani. — Hermès dévoilé. — Paris, 1832.

Delécluze. — Raymond Lulle. — Revue des Deux-Mondes, 15 novembre 1840.

A. Dumas. — L'Alchimiste, drame.

L. Esquieu. — L'Alchimiste Jean Saunier. — Hyperchimie, n° 4, 1896.

Escodeca de Boisse. — Les Alchimistes du XIXe siècle. — Broch. Paris, 1860.

L. Figuier. — 1° L'Alchimie et les Alchimistes. Paris — 1854 — 1855 — 1860. — 1 vol. in-12. — 2°: Vie des Savants Illustres, Paris, 1870 à 1875. — 3 vol. in-8°.

Franck. — Paracelse et l'Alchimie au XVIe siècle. Imprimé en tête de : « L'or et la Transmutation des Métaux », de Tiffereau.

Gaudin. — L'Architecture du Monde des Atomes. — 1873. 1 vol. Gauthier-Villars.

F. Halm. — Der Adept, trauerspiel.

Von Harlefs. — Jacob Boëhme und die Alchimisten — Berlin, 1870.

Cl. Hémel. — Les Métamorphoses de la Matière. — 1 vol. 1894. Société d'Editions Scientifiques. — Paris.

Dr Marc-Haven. — Arnauld de Villeneuve, sa vie, ses travaux ; un vol. in-8. — Chamuel, 1896.

Hoëffer. — Histoire de la Chimie depuis les temps les plus reculés jusqu'à notre époque. — Paris, 1842. 2 vol.

Hoffmann. — Berliner alchimisten und Chemiken. — Berlin, 1882.

Hortensius Flamel. — Résumé du Magisme, des sciences occultes et de la Philosophie hermétique. — Paris, 1842.

Jacob (bibliophile). — Curiosités des Sciences occultes. — Paris, 1885. 1 vol.

Jacquemer. — La Pierre Philosophale et le Phlogistique. — Paris, 1876. Brochure.

Jehan de la Fontaine. — La Fontaine des Amoureux de science, poëme hermétique du XVe siècle. — Paris, 1861.

Jollivet Castelot (F.). — 1º : La Vie et l'Ame de la Matière. 1894, 1 vol. Sté d'Éditions Scientifiques. — Paris. 2º : L'Alchimie. 1895, 1 broch. *Edition du Mercure de France*. — Paris. 3º : L'Hylozoïsme ; L'Alchimie ; les Chimistes Unitaires. 1 broch. Chamuel. Paris 1896. 4º : L'Attraction Moléculaire. 1896. Annuaire des Sciences Populaires. — Paris. 5º : Comment on Devient Alchimiste. 1897. — Paris. Chamuel. 6º : Études diverses à l'*Hyperchimie* — l'*Initiation* — le *Voile d'Isis* — l'*Aube*.

Kopp. — Die alchimie in älterer und nuerer Zeit. — Heidelberg, 1886. 2 vol.

Le Brun de Virloy. — Notice sur l'accroissement de la matière métallique — Paris, 1888, brochure.

Lewinstein. — Die alchemie und die alchemisten — Berlin, 1870, brochure.

Louis Lucas. — 1º La Chimie Nouvelle — Paris, 1 vol. ; 2º Le Roman Alchimique — Paris, 1857.

Mandon. — Van-Helmont, biographie, histoire critique de ses œuvres — Bruxelles, 1868.

Marcus de Vèze. — Alain de Lille — Nº 10 de *l'Initiation*, juillet 1889.

Masson. — Essai sur la vie et les ouvrages de Van-Helmont — Bruxelles, 1857.

De Mély. — 1º L'Alchimie chez les Chinois et l'Alchimie grecque. 1 broch. 1896, Imprimerie nationale ; 2° : Les Lapidaires Chinois. — 1 vol. 1896. — Leroux, Paris.

L. Menard. — Hermès Trismégiste. — Paris.

Michea. — Studia auctoris. — Traduction de l'auto biographie de Van-Helmont. — Gazette médicale, 1843.

Von Murr. — Literarischen Nachristen zu der Geschiste des Goldmachers. — Braumschweig. — 1844.

Nenter. — Bericht von der alchymie. — Nuremberg, 1827.

Papus. — La Pierre Philosophale, preuves irréfutables de son existence. — Paris, 1889. — Epuisé ; sera réédité par la revue *L'Hyperchimie*, 1897. — 2° L'Alchimiste : n° 5 de *L'Hyperchimie*, 1896.

Albert Poisson. — 1° : Cinq Traités d'Alchimie des plus grands philosophes. — Paris, 1889 : traités d'Arnauld de Villeneuve. — R. Lulle — Albert le Grand — Roger Bacon — Paracelse, traduits du latin. 2° : Théories et Symboles des Alchimistes — 1 vol. 1891. 3° Histoire de l'Alchimie : Nicolas Flamel. — Paris, 1891. Le tout chez Chacornac. On sait que le profond auteur de ces admirables volumes est mort prématurément en 1894.

Pouchet. — Albert le Grand et son époque. — Paris, 1843.

Ragon. — Orthodoxie maçonnique, suivie de l'initiation hermétique.

Rheinhard de Lichtchy. — Albert le Grand et Saint-Thomas d'Aquin. 1 vol.

Rommelaere. — Mémoire sur Van-Helmont, présenté à l'Académie de Médecine de Belgique. — Bruxelles, 1867.

Saturnus. — Iatrochimie et Electro-Homéopathie — Paris, 1897, Chamuel.

Schmieder. — Geschichte der Alchemie Halle, 1837.

Sédir. — 1) La Méthode des Alchimistes ; 2) Les Eléments et diverses études dans *l'Hyperchimie*, 1896-1897.

De Saint-Germain. — Conservation de l'homme puisée dans la science hermétique — brochure.

Sighart. — Albert le Grand, sa vie et sa science. — Paris, 1862.

Solitaire. — Diana diaphana oder die Geschichte der Alchimisten Imbecill Katzlein — Nordhausen, 1863.

Auguste Strindberg. — 1° : Lettres sur la Chimie (Antibarbarus). *Hyperchimie*, 1896-97. — 2° : Sylva Sylvarum. — 3° : Introduction à une Chimie Unitaire. *Mercure de France*. — Paris, 1896. 1 broch. 4° : Le Jardin des Plantes. 2 broch. 1896. — Torsten Hedlunds Förlag — Göteborg. — 5° Synthèse d'or. *Hyperchimie*, n° 4, nov. 1896.

Thomson. — History of Chemisty. Londres, 1830.

Tiffereau. — 1º : L'Or et la transmutation des Métaux, 1889. 1 vol. — 2º : L'Art de faire de l'or : brochure en 1894 et une nouvelle en 1896. — 3º : Un Fait indéniable : *Hyperchimie*, nº 3. 4º : Les Métaux et les Métalloïdes sont des corps composés : *Hyperchimie*, janvier 1897.

de Viriville. — Notice sur quelques ouvrages attribués à Nicolas Flamel.

L. E. Vial. — 1º : Le Positif et le Négatif. Paris, 1 vol. — 2º : L'Amour dans l'Univers, l'Inversion et la Création, 1 vol. 1896, Paris.

Chapitre neuvième

Association Alchimique de France

˙STATUTS

Art. 1ᵉʳ. — L'*Association Alchimique* se propose l'étude théorique et expérimentale de l'évolution et de la transmutation des corps.

Ses membres étudient dans ce but les procédés des anciens hermétistes et les confrontent avec les travaux des chimistes modernes.

Art. 2. — Le siège de la Société est à Paris, 5, rue de Savoie ; le Secrétariat-Général, à Douai, 19, rue St-Jean.

Art. 3. — Les membres de l'Association sont divisés en quatre catégories :

1° Les *Conseillers*, au nombre de *sept* ; les fondateurs : MM. les docteurs Encausse, et M. H.

E. Lalande, F. Ch. Barlet, Sédir et F. Jollivet Castelot, secrétaire général de l'Association, chargé de sa direction effective ; et MM. de Guaïta et Tabris ; un Comité de perfectionnement a été constitué, comprenant Dr Papus, Dr M. Haven Sédir et Jollivet Castelot ;

2° Les *Membres honoraires*, recrutés parmi ceux des savants illustres qui, sans participer activement aux travaux de la Société, l'approuveront et accepteront de l'encourager auprès du public (1) ;

3° Les *Membres Maîtres* chargés de la direction active des travaux des élèves ; la liste en sera publiée ultérieurement (2) ;

4° Enfin les *Membres adhérents* dont le nombre est illimité.

Art. 4. — Les *Membres honoraires* sont sollicités par le secrétaire général au nom de l'Association.

Les *Membres conseillers* autres que les membres fondateurs sont élus à la majorité des voix du Conseil déjà existant.

Les *Maîtres* sont nommés sur l'examen d'une thèse à leur choix, jugée par les Conseillers. Ils se recrutent parmi les membres adhérents ; ils sont

(1) Camille Flammarion et Auguste Strindberg, sont actuellement membres honoraires.

(2) Nommons : Dr Delézininier, T. Tiffereau, A. Strindberg, etc.

en nombre illimité ; ils peuvent résider en France ou à l'étranger.

Enfin les *Membres adhérents* sont admis par l'ensemble des conseillers et des maîtres, après un examen dont le programme est indiqué plus loin ; leur nombre est également illimité.

Le *Secrétaire général*, nommé pour trois ans, est rééligible par le Conseil ; il doit être membre conseiller.

L'Association ne nomme pas de président.

Les membres de tout grade recevront une carte portant mention de leurs noms et titres et revêtue de la signature du secrétaire général.

Art. 5. — Le secrétaire général est l'intermédiaire des membres ; il est archiviste et trésorier.

Art. 6. — Le *Conseil* tient une session annuelle régulière, pour régler les affaires de l'association, les travaux à y provoquer et recevoir les comptes du trésorier.

Art. 7. — Pour la rapidité des décisions, les élections peuvent se faire par correspondance sous pli cacheté et être recueillies par une Commission permanente de trois membres désignés spécialement.

Art. 8. — L'*Association* se propose d'aider à la renaissance des doctrines unitaires de la chimie : 1° en groupant les efforts des chercheurs isolés, au moyen de *L'Hyperchimie* ; 2° en leur procurant l'aide des travailleurs plus avancés ; à cet effet, le secrétaire général met en rapport avec chaque membre adhérent le maître qui semble le mieux qualifié pour le faire avancer selon le genre de ses expériences précédentes et la tournure de son esprit ; 3º en fournissant, dans la mesure du possible, des livres et des instruments à ses membres. La bibliothèque et le laboratoire sont actuellement en voie de création.

Le Conseil se réserve de provoquer tels travaux qu'il jugera utiles à l'occasion. Les travaux des membres seront, lorsque les maîtres le jugeront à propos, expédiés en double exemplaire, au secrétariat général. L'un sera résumé, s'il y a lieu, dans *l'Hyperchimie*, et sera conservé aux archives. L'autre sera tenu à la disposition des membres qui en feront la demande, pour une période de temps variable, déterminée par le Secrétaire général. Tous frais de port resteront à la charge du demandeur.

Art. 9. — La cotisation des membres est de 6 fr. par an ; elle donne droit à une carte et au service de la revue *l'Hyperchimie* ; les cotisations sont adressées à M. Jollivet Castelot.

Art. 10. — Les examens d'admission comprennent les matières suivantes :

1º la théorie alchimique et l'histoire rapide de l'alchimie.

2º les éléments de physique et de chimie (sans mathémathiques) indiqués pour l'ancien baccalauréat ès-sciences. Le titre de licencié ès-sciences, d'élève des Ecoles centrale, polytechnique, normale, ou d'une Ecole industrielle, dispense de l'examen nº 2.

La Société Alchimique de France constitue une section de la **Faculté des Sciences Hermétiques**; les cours d'alchimie sont sous son patronage avec M. Jollivet Castelot comme directeur.

OUVRAGES DE F. JOLLIVET CASTELOT

La Vie et l'Ame de la Matière. — *Essai de Physiologie chimique ; Etudes de Dynamochimie.* (1 vol. à la *Société d'Editions Scientifiques*, 4, rue Antoine Dubois, Paris, 1894). Cet ouvrage, basé sur les conceptions hermétiques de la *Vitalité de la Matière*, de sa parfaite *Unité*, est une tentative de Physiologie hyperchimique transformant absolument la Chimie et la Science modernes. Il y est prouvé que *tout*, en l'Univers, se transforme, se réduit rationnellement au Dynamisme pur ; dès lors l'antagonisme entre Force et Matière disparaît, car il constitue ce mirage de la Maya que doit découvrir l'Initié ; puis il comprendra l'Unité en même temps que la Complexité — la Multiplicité universelle *dérivant* forcément de l'Un, par irradiation de la Particule Première.

L'Absolu, en un mot, se fragmente, projette sa Pensée, sa Vie jusque dans le moindre atome, puis se reconstitue dans l'Unité. On exprime donc là l'Arcane de l'Involution et de l'Evolution, de l'Aspir et de l'Expir.

Le détail d'expériences de laboratoire tentées par l'auteur se trouve consigné en ce volume, démontrant victorieusement la Transmutation des Métaux, la fabrication de l'Or.

L'Hylozoïsme ; l'Alchimie ; les Chimistes unitaires (1 vol. avec introduction de Sédir ; Chamuel, 5, rue de Savoie. — Paris, 1896). Ce deuxième ouvrage complète les aperçus du précédent volume ; il établit irréfutablement la Doctrine de l'*Hylozoïsme*, comme de l'*Unité*, montre l'accord des théories de la Science officielle, des *faits* avec ces Grandes Lois ; bref et clair, ce petit livre constitue le manuel de l'*étudiant* hermétiste, sans pour cela paraître obscur au Profane ou mystique à l'homme de science positiviste.

L'Alchimie. — (1 broch. Edition de luxe, du *Mercure de France*, 15, rue de l'Echaudé, Saint-Germain. Paris, 1896). Il ne reste plus que quelques exemplaires de cette brochure de vulgarisation élégante, tirage à part d'une étude publiée à la revue : *Le Mercure de France*. Sous un petit format très accessible, il est permis à tout le monde de s'initier rapidement aux doctrines tant traditionnelles qu'expérimentales de la Philosophie hermétique et de l'Art spagyrique.

L'Attraction Moléculaire. — (*Annuaire des Sciences Populaires*. Paris, 1895). Ce mémoire, inséré à l'*Annuaire des Sciences Populaires*, s'adresse non seulement aux chimistes et aux Philosophes mais encore au Public ; le mécanisme du Monde Atomique est complètement tracé, décrit, d'après les travaux les plus récents, mais pour *conclure* justement que : *tout vit* dans la Nature, évolue et se transforme. Ces pages restent à dessein, exclusivement *positivistes*.

Comment on devient Alchimiste ; *Traité d'Hermétisme et d'Art Spagyrique*. (1 volume, Chamuel. Paris, 1897). Divisé en trois parties, ce livre le plus complet sur le sujet, présente l'Initiation méthodique à l'Alchimie ; mais chaque lecteur peut y puiser selon son genre d'esprit. En effet, la première partie est consacrée à : L'ALCHIMIE ET LA KABBALE ; la deuxième à : L'ASCÈSE MAGIQUE vers l'Adeptat : COMMENT ON DEVIENT ADEPTE. La troisième offre sous le nom de PRATIQUE, tous les détails d'ordre expérimental, historique et critique. La Synthèse resplendit à la fin de toutes ces discussions réunies.

Ce Traité sera considéré comme une œuvre

importante d'Initiation et convaincra beaucoup de chimistes, de philosophes, car, s'adressant au savant sceptique, il l'amène par le Laboratoire, les lois de l'Analogie, à la nécessité du Transformisme minéral — de l'Hylozoïsme.

L'Hyperchimie. — (Revue Mensuelle d'Alchimie et d'Hermétisme, organe de l'*Association Alchimique de France*; direction et rédaction : 19, rue Saint-Jean, Douai (Nord); administration : 5, rue de Savoie, Paris. — Abonnements : France, 4 fr.; ailleurs, 5 fr.; Directeur : Jollivet Castelot; rédacteur en chef : Sédir; principaux collaborateurs : F. Ch. Barlet; J. Brieu; de Guaïta; Dr Marc-Haven; Dr Papus (G. Encausse); Jean Tabris; Dr Baraduc; Marius Decrespe; Dr Delézinier; Henri Désormeaux; H. Durville; André Dubosc; Auguste Strindberg; Tiffereau; G. Vitoux).

Cette revue qui compte déjà deux années d'existence, présente mensuellement les travaux divers d'ordre alchimique et hermétique. — Grâce à la valeur de ses collaborateurs, elle a publié d'importantes études, rééditant de rares ouvrages, en donnant d'inédits. — Très bien accueillie des Initiés comme du Public scientifique, cette revue constitue une innovation toute particulière; c'est en effet le *premier et le seul* journal d'Alchimie qui ait été publié par le Monde; grâce à la diffusion provoquée par ce périodique, les idées alchimiques se sont réveillées partout ; cette vieille science « Morte » d'Hermès renaît parmi les savants diplômés ! (car les Adeptes n'ont jamais perdu les Traditions sur lesquelles repose l'Association Alchimique).

On voit donc quel a été le résultat amené par cette série d'ouvrages de F. Jollivet Castelot, le cycle qu'elle embrasse. — A. Poisson a révélé les systèmes des Anciens Maîtres. Le but du directeur de l'*Hyperchimie* a été et reste de les adapter aux théories contemporaines qui doivent confirmer les vérités perçues par les Hiérophantes Egyptiens au sein des Sanctuaires.

AUTRES ÉTUDES DE L'AUTEUR

INFLUENCE DE LA LUMIÈRE ZODIACALE SUR LES SAISONS ET SUR LA VARIATION D'ÉCLAT DES ÉTOILES. — Théorie Nouvelle honorée d'un rapport à la Société Astronomique de France, 1894 (1 broch. : librairie du Magnétisme, 23, rue St-Merri, Paris). Presque épuisée ; quelques exemplaires encore chez l'auteur.

L'Épuration des Ames ; Edgard Poë et l'Occultisme ; La Réalisation des Rêves ; Lourdes Occulte ; Dégagement du Corps Astral ; L'Ame de la Foule ; Le Monument Alchimique de Rome ; Deux livres de Philosophie libertaire (critique bibl.); **La Métallothérapie ; Phénomène de Télepathie ; Les Origines ; la Physique Magnétique ; Le Temple de l'Art et l'Occultisme ; le Tarot Alchimique ; Apparition du Corps Astral ; L'École Occultiste Contemporaine.**

L'Astre des Morts (nouvelle astrale) ; **L'Hiérodoule** (nouvelle ésotérique) ; **Tablettes Isiaques** (chroniques mensuelles à l'*Aube*) ; **les Alchimistes de l'Inde.**

Publiées à l'INITIATION, au VOILE D'ISIS, à l'AUBE, etc.

LILLE, IMPRIMERIE LE BIGOT FRÈRES.

www.ingramcontent.com/pod-product-compliance
Lightning Source LLC
Chambersburg PA
CBHW071107230426
43666CB00009B/1851